智能化战争论

重塑人类认知的智能化战争机理与演变趋势

李明海 著

ZHINENGHUA
ZHANZHENG LUN

人民出版社

前　言

当今世界主要军事强国正加快推进智能化战争的发展，纷纷增加军费投入，研发人工智能技术，发展智能化武器装备，并不断应用于战争场景中，各种无人作战平台和智能化武器系统迭代翻新，战争形态从冷兵器战争、热兵器战争、机械化战争、信息化战争向智能化战争加速演变，新质战斗力不断跃升。

智能化战争的到来，正在给当今世界带来新的机遇与挑战，甚至颠覆了人类的认知。战略对手正试图打一场让我们看不懂的战争，美国国防部常务副部长罗伯特·沃克认为，以智能化军队、自主化装备和无人化战争为标志的军事变革风暴正在来临。美军正通过发展智能化作战平台、信息系统和决策支持系统，以及定向能、高超声速、仿生、基因、纳米等新型武器，实现 2035 年前初步建成智能化作战体系的目标，对主要对手形成新的军事"代差"。到 2050 年前智能化作战体系将发展到高级阶段，无人作战平台、智能感知系统、指挥控制自适应任务规划系统、作战仿真与平行系统等全面实现智能化。未来更多的新型智能武器装备将走上战场,作战空间进一步向认知空间、生物空间、纳米空间、智能空间拓展,实现真正的智能化战争。

当前,人类正在从信息时代向智能时代迈进,打赢未来混合博弈背景下的智能化战争,需要我们以新视野、新思维、新范式,超越平台中心战、网络中心战理论,运用整体观、联系观、演化观等来领悟未来智能化战争理论,加速认知中心战创新。随着大模型的快速迭代及在各领域的广泛应用,特别是对军事领域及战争的生成模式产生颠覆性的影响,未来的军事系统不仅是"物质系统""能量系统""信息系统",还是一个人机融合的"智能系统";未来智能化战争的核心是"算法"和"算力",毁伤方式将发生巨变,作战能力主要体现在认知力、决策力、自主控制力、平行交互力和群智协同力,武器的演变主要围绕智能的控制与反控制、摧毁与反摧毁展开;实现快速识别、快速响应、快速决策、快速行动,呈现即时摧毁的涌现效应。未来战争将超越"信息主导、体系对抗、精确打击、联合制胜"的传统制胜机理,开启智能化战争"算法博弈""机器主战""智能决策""极限作战"的崭新战争方式。

目前,我军智能化战争研究取得阶段性成果,但对以下几个方面我们仍要有清醒认识。第一,在智能化战争来临之际,理论研究应当先行一步,抢占未来战争理论创新制高点,并指导军事智能化作战训练的实践,这是应对智能化战争的客观要求和当务之急。第二,战争实践证明,新的无人装备大量涌现,必将催生新质作战力量,改变部队体制编制,促进新质战斗力的生成和发挥。组建智能化部队,宜早不宜迟。第三,智能化武器装备和人才培养是智能化战争的物质基础和必备条件。应加大投入,科学统筹,超常培养,加速发展。

本书第一章全面分析智能化战争产生的历史必然性,第二章重点阐述了智能化战争的基本特征,第三章透析了智能化战争的制胜机理,第四章描绘了智能化战争典型作战场景,第五章探索了智能化战争的演变趋势,第六章研究了智能化战争的作战指挥要点,第七章创新智能化战争的军事训练模式,第八章构设了智能化战争的战场环境与技术支撑,第九章创新了智能化战争的理论体系,第十章探讨了智能化战争与国家安全战略。全书力求围绕战争理论形成的逻辑主线,揭示智能化战争的本质与规律,从多视角、多层面、多维度、体系化构设智能化战争新面貌。

本书在智能化战争的科学分析和探索中只是迈出了一小步,希望能给智能化战争领域的专家学者和广大读者带来新的启示与思考。

李明海于香山

2024 年 8 月 29 日

目　录

第一章　智能化战争产生的历史必然性

21 世纪的战争艺术大师们将是那些以革新的方式重新组合,各种能力已达到战术、战役和战略目标的人。①

——伊尔·提尔福德

当今世界,新一轮科技革命和军事革命正加速发展。从世界近几场局部战争和军事行动看,现代战争信息化程度不断提高,智能化特征日益显现,各类无人作战系统大量投入实战,战争制胜观念、制胜要素、制胜方式都在发生重大变化。② 世界新军事革命速度之快、范围之大、程度之深、影响之大,为二战结束以来所罕见。以人机大战为标志,人工智能发展取得突破性重大进展,并加速向军事领域转移,这必将对战争形态产生冲击,甚至"颠覆性"影响。以人工智能为代表的颠覆性技术群,正加速推进战争形态由机械化、信息化向智能化迈进。俄罗斯总统普京表示:"人工智能具有极大潜力,谁能掌握它,谁就会脱颖而出,向前发展,进而获得巨大竞争优势,因此人工智能关系到

---

① 参见美国学者伊尔·提尔福德的《美国军事革命:前景与忧虑》。
② 《习近平强军思想学习问答》,《解放军报》2022 年 9 月 14 日。

国家未来。"①我们研究认为，**智能化战争是基于信息平台、物联网络和 AI 战场生态系统，以"数据计算和模型算法"为核心，运用智能化主战武器装备和作战方式，在物理域、信息域、认知域及相关领域进行的混合式、一体化战争**。智能化战争不仅是 AI 技术的广泛应用，也是一种新形态高端战争。智能化战争以认知、信息、物理、社会、生物等多域融合作战为重点，呈现出分布式部署、网络化链接、扁平化结构、模块化组合、自适应重构、平行化交互、聚焦式释能、非线性效应等特点，制胜机理颠覆传统，组织形态发生质变，作战效率空前提高，战斗力生成模式发生重大转变。研究掌握智能化战争特点规律，加快无人智能作战力量发展，是我军推进科技强军战略，发展新质战斗力，打赢未来智能化局部战争的一个难得机遇。当前，学术界已形成主流观点，认为下一代战争将是"智能化战争"，但同样存在不可忽视的声音，认为人工智能发展尚处在初级阶段，距离实现接近人类的智能还很遥远。② 预测未来的最好方法是创造未来，人工智能可能创造一个超过我们想象的未来智能化战争。

第一节　社会经济形态变革是智能化战争产生的物质基础

战争形态是人类社会经济形态的产物。美国未来学家托夫

---

① 参见栾海：《普京强调人工智能关系国家未来》，《解放军报》2019 年11 月 11 日。

② 李大鹏：《我们该如何应对智能化战争挑战》，《中国青年报》2019 年4 月 4 日。

勒指出:"人们发动战争的方式,正反映了他们的生产方式"。可以说,有什么样的生产方式,就有什么样的战争形态。

一、农业时代

公元前 2119 年至公元 1881 年,农业时代兴起和发展的标志是种植经济的出现,手工业生产方式决定了战争主要是使用刀枪剑戟,这一阶段经历了 4000 年。农业时代战争的基本形态是冷兵器战争,以冷兵器为主要军事装备,大多是采用近战格斗的方式。指挥官的个人能力在一定程度上可以影响战争的走向,"以少胜多"的战役时有发生。战争的技术主要依赖自然经济的技术基础,作战理论主要是方阵作战和线式作战理论。战场厮杀主要局限在陆域及近海海域,属于较低级的"全接触式"战争,战争的形式和作战域较为单一,使得早期的作战呈现出"松散性"联合特征。

冷兵器战争萌芽阶段(石器时代)。相当于新石器时代后期,即原始社会晚期。这个时代以石块磨制的兵器为代表,同时也大量使用木、骨和蚌角等材料制作的兵器。这一时期,生产力发展和私有制萌发导致了原始社会的解体,部落联盟向国家过渡,部落联盟之间不断发生激烈而残酷的原始战争。作战方式主要是徒步混战,并采用偷袭和伏击等手段。相传中国上古时期,黄帝打败蚩尤就使用了原始的徒兵战阵。

冷兵器战争发展阶段(青铜时代)。公元前 40 世纪初,西亚的一些地区率先进入青铜时代。约在公元前 21 世纪的夏朝,中国进入青铜时代,经商、西周、春秋到战国。最精锐的兵器由青铜制作,也使用石、骨制作的兵器,防护装具以皮甲胄为主。青铜工具和木工技术的发展,促进了木质战车的产生。徒步格斗被车战取代,战车兵逐渐成为军队的主力,出现了阵法作战等作战方式。夏后氏伐有扈氏的甘之战中,使用了战车。公元前11世纪,周武王伐纣的牧野之战,周军使用了300乘的战车。舟师在公元前485年建立,并多次在江河、海上作战,作战方式多为以战船列阵,箭、弩远射,接舷格斗或以船身冲撞对方等。

冷兵器战争成熟阶段(铁器时代)。铁器最早产生于公元前20世纪的小亚细亚赫梯地区。公元10世纪,铁器发展到高峰。虽然中国进入铁器时代约在战国晚期,但发展很快并居于世界先进水平。铁兵器远比青铜兵器锋利且有良好的韧性,遂逐渐取代青铜兵器,防护装具也以铁器制造为主。铁兵器的出现还促进了骑兵的迅速发展,军队的主力逐渐被重装骑兵取代,战争规模和作战空间也随之增大,原来单一的密集阵形逐渐被有弹性、机动、灵活的多元阵形取代。汉武帝尤其重视骑兵作战,多次大规模使用骑兵远程奔袭,击败匈奴。到了中国的汉代,青铜兵器已基本被铁兵器取代。

比如公元前331年,马其顿帝国与波斯帝国在高加米拉地区展开了一场战役,史称高加米拉战役(高加米拉会战)。双方在此战役中投入巨大兵力,马其顿帝国投入部队4万人,波斯帝国投入部队20余万人。此次战役波斯帝国伤亡数万人后败北,君主也于战后被杀。马其顿帝国占领其全部领土,波斯帝国就此灭亡。

高加米拉战役是农业时代典型的阵式作战。随着铁兵器的大量使用,战场上出现了步、骑、车兵的配合作战。作战时,根据兵力多寡,结合地形进行作战编组,阵式作战逐渐由单一的方阵发展为圆阵、雁阵等多种样式,规模开始增大。

在作战方法上,出现了伏击、诱击、正面突击、奇袭、迂回、包围、远程奔袭、大纵深追击与退却等多种形式。骑兵的冲击力和大规模机动,使冷兵器发挥出最佳战斗力。[①]

农业时代经历了漫长的演变过程,同时也涌现出了无数璀璨的明星,如秦始皇、亚历山大大帝、屋大维等,都在历史上留下了浓墨重彩的一笔。同时,高加米拉战役、涿鹿之战、巨鹿之战等,都让人了解到农业时代两军对垒的壮丽。农业的出现,改变了仰赖于自然恩赐的人与自然的关系。从此人们在自然界取得了一些主动。随着农业的持续进步,人类社会得以产出除满足生产者基本需求之外的粮食盈余。这一转变促成了城市的诞生,并推动了农业、畜牧业和手工业之间的专业化分工。尤为显著的是,脑力劳动逐步从体力劳动中分离出来。

二、工业时代

公元 1881 年至公元 1969 年,人类进入工业时代,工业时代兴起和发展的标志,是詹姆斯·瓦特在 1776 年制造出世界上第一台具有真正实用价值的蒸汽机。随着技术的快速发展,机器生产逐渐取代了传统的手工劳动,并逐步拓展至其他行业领域。这场涵盖工业、科学、技术等多个方面的深远变革,被统称为工

---

① 《中国大百科全书·军事》,中国大百科全书出版社 2007 年版。

业革命。工业时代战争的基本形态是机械化战争,机器大工业生产方式决定了战争主要使用坦克、飞机和舰船,进行的是机械化战争。机械化战争是工业革命的产物,是用人操纵机器去打仗,重视军队的机动能力,扩展人的四肢,节省人的体力。机械化战争中军队的进攻能力大大增强,打破了防御的优势;战场范围扩大,情况变化急剧;立体作战、纵深作战成为重要作战方式;协同作战、合同作战发展迅速,破坏力强且消耗巨大;参战人员的军事素质不断提高,战场上保障人员大量增加。

机械化战争是使用机械化武器装备及与之相适应的作战方法所进行的战争。机械化武器装备主要包括飞机、坦克、火炮、舰船等。第一次世界大战后,机械化战争进入迅速发展时期;到第二次世界大战,其规模达到了顶峰。立体战、机动战和火力战是其主要作战样式。基本特点是:战争爆发的突然性大,战场空间广阔,作战持续时间长,作战样式多,打击破坏力大,物资保障需求量大,指挥协同要求高。比如闪击战又称闪电战,是由德国名将海因茨·威廉·古德里安创建的战争模式。闪击战是第二次世界大战期间纳粹德国广泛运用的一种战术策略,通过高效利用飞机和坦克等武器装备的快捷性能,采取快速且出其不意的打击方式,以达到迅速击败敌人的目的。

第一次世界大战后,军事领域的专家们对飞机和坦克这两种全新战争工具的首次应用进行了详尽的探讨和研究。意大利 G.杜黑提出了制空权思想;英国 J.F.C.富勒提出机械化战争理论。20 世纪 30 年代,德国将军 E.鲁登道夫在闪击战思想的基础上提出了总体战理论。1933 年 A.希特勒上台后,纳粹德国继承了施利芬的军事思想,并吸取了杜黑、富勒、鲁登道夫等人的理论观点,形成了具有德国特色的闪击战理论。

第二次世界大战初期,德军利用闪击战方式发动战争,迅速占领波兰、丹麦、挪威、荷兰、比利时、卢森堡和法国。在对苏作战的初期,闪击战也取得了成功。纳粹德国实施闪击战的主要特点是:重视政治欺骗和战略伪装;先于敌国秘密动员、集中和展开军队,不宣而战;在出敌不意的时间和地点突然发动攻击,集中大量飞机、坦克和摩托化部队实施强大的首次突击;在航空兵的掩护下,以大量快速部队实施迂回包围,歼灭敌方重兵集团;以夺取被侵略国家的首都为主要目标,摧毁其指挥中心和抵抗意志,迅速结束战争。闪击战最初用于波兰。1939年9月1日,德军以装甲和摩托化部队为主力,迅速突破波兰西部防线,击败波军约80万人。德国装甲部队与空军组成的快速力量,迅速击败波军,波兰战役于1939年10月5日结束。德国"闪击战"体现了机械化战争纵深作战成为重要作战方式的特点,展示了陆空联合火力突击、大纵深迂回穿插和奔袭作战的实用性。

诺曼底登陆是第二次世界大战期间,盟军在欧洲西线战场发起的一场至关重要的大规模攻势,战役开始于1944年6月6日早,在8月19日渡过塞纳-马恩省河后结束。诺曼底登陆战役为史上最大海上登陆作战,影响深远。盟军调集36个师,共288万人。1944年6月6日至7月初,美国、英国、加拿大百万军队及补给品成功渡过英吉利海峡。至7月24日,双方约24万人被歼,盟军伤亡12.2万人,德军伤亡被俘11.4万人。至8月底,盟军重创德军40个师,俘房高级将领20人。诺曼底登陆成功使美英军队重返欧洲,改变了二战战略态势。诺曼底登陆体现了机械化战争破坏力强的特点。

机械化战争与装甲车辆、火炮技术、流水线生产、人员培训等因素息息相关。战争理论主张陆军实行机械化和依靠机械化军队取胜,包括杜黑的"空军制胜论"、富勒的"机械化战争论"、鲁登道夫的"总体战"等著名的机械化战争理论。机械化是工业时代的产物,主要围绕"手足"的博弈。机械化战争是平台中心战,核心是"动",追求以物载能、以物释能,以大吃小,以多胜少,主要是通过集群线式、接触作战,达到对对手大规模的直接毁伤。机械化战争在技术方面以机械动力和电气技术等为重点,作战能力集中体现在机动力、火力、防护力,装备形态主要表现为坦克、装甲车辆、火炮、飞机、舰船等。

三、信息时代

信息时代一般是指 20 世纪 50 年代中期,以计算机为代表,以信息技术为主体,人类社会向信息时代过渡,社会形态由工业社会发展到信息社会。美国未来学家托夫勒认为,这是第三次浪潮的信息革命。特别是 1969 年美国国防部建立的"阿帕网"(ARPANET)正式投入运行,标志着信息时代的开始。信息量、信息传播、信息处理等应用信息的程度正以几何级数的方式增长,信息时代战争以信息战为主要形态,旨在夺取和保持制信息权。敌我双方争夺信息的获取、控制和使用权,通过利用、破坏敌方信息系统和保护己方系统展开作战。战争的技术主要依赖计算机技术,信息战的基本样式是进攻信息战和防御信息战。

作战理论主要是指挥控制战、信息心理对抗、经济信息战等。信息时代的生产方式,决定了信息优势成为战争制胜的主导因素。以信息化武器装备为主导的信息化战争,载入了战争史册。

信息化战争作为一种全新的战争形态,它充分利用并高度依赖信息资源。在信息技术高度发展的时代背景下,以及信息时代核威慑条件下,交战双方主要依赖信息化军队,在陆、海、空、天、电等多维度空间,实施多兵种一体化的战争。信息化战争依托网络化信息系统,广泛运用包含信息、新材料、新能源、生物、航天、海洋等领域在内的当代高新技术以及常规武器装备,并采取相应的作战方式。此类战争通常局限于局部地区,其目的、手段和规模均受到一定限制。信息化战争以信息技术为主导的武器装备系统为基础,以信息为主要战略资源,以信息化军队为主体,以信息中心战为主要作战模式,直接目标是争夺信息资源。信息实力涵盖信息高速公路、C4ISR 系统、精确制导弹药、太空兵器,以及具备高技术、高知识、高素质的人才队伍。

海湾战争是美国等多国部队于 1990 年 8 月 2 日至 1991 年 2 月 28 日间,为恢复科威特领土完整而对伊拉克发动的局部战争,获联合国安理会授权。主要战斗包括历时 42 天的空袭,在伊拉克、科威特和沙特阿拉伯边境地带展开的历时 100 小时的陆战。多国部队以较小的代价取得决定性胜利,重创伊拉克军队。在战争中,美军首次大规模部署并应用了高科技武器系统,展现了其在空中和电磁领域的显著优势。海湾战争标志着高技术局部战争登上了世界军事舞台,成为现代战争的基本样式。

随着高技术武器的广泛应用,现代战争的作战理念、形态、方法,特别是指挥机制、部队组织结构以及战争发展与结局等方面均发生了深刻变革。这一变革对第二次世界大战以来形成的传统战争观念构成了强烈冲击,并在全球范围内激发了对未来新型战争模式的深入研究,进而引发了一场以机械化战争向信息化战争转变的世界性军事革命。

在伊拉克战争中信息化武器得到了更为广泛的应用,并对战争产生了显著且深远的影响。美英联军采取了一系列特殊形式的信息战略,旨在营造有利于己方的战争态势,包括制造舆论声势、散布虚假信息、编造谣言以及煽动情绪等,有效削弱了战争可能带来的负面影响,并显著提振了己方士气。通过发布确定与不确定的"新闻",对敌军心理产生了强烈的刺激和影响,导致敌军心理动摇,进而为联军争取到了战役的主动权,对伊拉克军队造成了强烈的心理震慑。

信息化是网络经济时代的产物,主要围绕"耳目"和"神经"进行对抗博弈。信息化战争是网络中心战,核心是"联",追求信息赋能、网络聚能、体系增能,通过建立"从传感器到射手的无缝链接,达到以体系对局部、以网络对离散的作战效果。信息化战争在技术方面,以计算机、网络信息、精确制导、隐身技术为重点。在作战能力方面,集中体现在感知力、聚合力、控制力,以及信息交互与共享能力。在装备形态方面,主要表现为精确制导武器、隐身作战平台、作战指挥自动化系统、综合电子信息系统、网电攻防系统等。

四、智能时代

人工智能的发展已有 60 多年的历程，其间人工智能经历过三次浪潮和两次低谷，从 1956 年的推理与搜索，到 1980 年的输入知识，再到 2000 年以后的机器学习。真正的机器人智能时代应该是从 1999 年开始，物联网概念同年诞生，由美国麻省理工学院凯文·艾什顿教授提出，并得到世界认同。智能时代是大量的通用机器人、工业机器人、算法模型以及大量的数据化应用或服务替代基础的人类体力劳动、脑力劳动和基础工作的时代，智能时代兴起和发展强调的是在数字化基础上，通过引入云计算、人工智能大模型、5G、物联网和大数据等高新科技，赋予系统、设备等更高级别的智能和自主决策能力。

智能化是知识经济时代的产物，主要围绕"大脑"的博弈。人工智能这个词顾名思义就是人造的智能。人工智能是与人类思考方式相似的计算机程序，是以人类行为方式产生的，根据环境感知作出合理行动，是获得最大效果的计算机程序等。这些概念是一个不断认识、优化和发展的过程。目前，编写的计算机程序有感知、有判断、能决策、会行动且有效，这个人工智能概念大家认可度比较高。

智能化战争的基本形态是无人作战，是以人工智能技术为核心，无人化装备系统为主力的战争形态。智能化战争主要依赖数据和算法，谁拥有"数据权"，谁就掌握了战争的主动权。作战样式主要包括分布式作战、蜂群作战、人机协同作战等。智能化战争依托云网支撑、跨域融合、数据驱动、算法主导、智能自主等。人工智能代替人脑决策的生产方式,决定了无人装备能够自主地执行作战任务。特别是 20 世纪 90 年代以来,人类社会开始向深度学习、跨界融合、人机协同、自主操控迈进,战争形态从信息化向智能化加速演进。

人工智能技术只是战争形态变化的催化剂,一旦与军事理论的创新相结合,战场上将呈现范式转移和改变。首先它会改变力量编成,有人无人协同作战编成已经出现,并且发展的势头非常迅猛。以美国为例,美军的力量编成,陆军预计 1/3 的地面部队将使用无人作战系统,海军将拥有 1000 套以上航行器的水下无人舰队,空军现役作战飞机 1/3 都是无人系统。有人无人协同,将瓦解方阵式力量编成。麦格雷戈在《打破方阵》一书中提出战略重组这一信息化时代陆军的新型作战组织。这本书中讲述了重型战斗群、空降空中突击群、重型侦察打击群、轻型侦察打击群。这为智能化战争部队的编成提供了可借鉴的思路,未来智能化战争编成将更自主化、扁平化、模块化。其次它改变了对抗的强弱关系,战争本质上是对抗,战争的胜负从哲学上讲,是以强胜弱。如果以弱胜强,必须在局部的空间和某一个时间由弱转为强。因此,保罗·斯查瑞等在《未来战争形态》一书中提出"隐蔽与发现、认知与迷惑、网络弹性与网络失能、攻击与拦截、行动速度与决策速度、争取民心与动摇士气"等六对竞争性作战概念,在此基础上"消耗与效果、投送与拒止"也是对竞争性作战概念的拓展延伸。人工智能颠覆了传统的作战样式,但决定战争胜负的关键是人,而不是武器,核武器战略威慑的基本地位没有变,能源是保障战争胜负的基本作用也没有变。

当前围绕智能化的世界军事竞争已拉开帷幕,世界发达国家军队为保持军事领先优势,掀起了新一轮智能化军事革命浪潮。战场空间从传统物理域向泛在认知域、社会域拓展,作战样式向无人作战、分布式作战和多域作战延伸,人机紧密耦合、灵活自主作战成为未来趋势,制智权演化为战场争夺的核心制权,战争形态开始由信息化加速向智能化转型。

乌克兰危机中察打一体无人机实战运用。2022年2月24日乌克兰危机爆发,俄、乌、美三国均将无人机投入实战或介入冲突,以美国为首的北约集团也将无人机作为重要介入手段,为乌克兰提供作战支援,呈现"冲突双方无人机积极参战、美军无人机深度介入"的新特点,再次凸显了无人机在现代战争中的地位作用,也预示着无人机在未来智能化战争中作战运用和深度参与。未来智能化战争过程中,体系化运用无人机力量和破解他国无人机深度介入的双重挑战,多方无人机行动特点对做好混合博弈背景下,智能化联合作战无人机运用具有重要意义。

作战过程中,俄乌双方动用了察打一体型等主要型号无人机,执行侦察监视、自主攻击、引导打击、毁伤评估等任务。乌克兰主要动用了3种型号无人机,以TB-2察打一体无人机为核心,综合运用"渡鸦"侦察无人机、"弹簧刀"自杀式攻击无人机等力量,执行自主攻击、引导炮兵和侦察监视等任务,重点打击俄军防空较为薄弱的后勤保障车辆、机动车队等目标(如乌军TB-2无人机袭击俄防空导弹车队,对处于行军状态的"道尔-M2"防空系统实施攻击);除自主攻击外,乌军无人机还对炮兵火力打击进行目标指引和毁伤评估(如马里乌波尔战斗,乌军无人机监控并引导炮兵精准打击俄军地面进攻分队)。俄罗斯至少动用了 5 种型号无人机,分别为"猎户座"和"前哨-R"察打一体无人机、"海雕"电子战无人机、"神风"多任务无人机和"侧翼"侦察无人机,重点打击乌军炮兵阵地、防空导弹、弹药库、油库、指挥通信类等高价值目标(如俄空天军无人机在顿涅茨克地区,摧毁乌军"艾达尔"营指挥观察所;俄军无人机精准定位并引导多管火箭炮系统摧毁乌军炮兵阵地)。美国主要以"全球鹰"高空战略侦察无人机为主要介入手段,全程监控俄军动向,为乌军提供情报支持,并深度支援乌军组织的斩首行动。

乌军无人机首先使用"定点清除战术"。冲突爆发后,面对俄军强势攻击,乌军首先选用无人机力量展开反制行动,重点针对俄军防空力量较为薄弱的作战单元和后勤保障目标实施自主攻击、定点清除。此外,在马里乌波尔战斗中,乌军还运用无人机引导炮兵摧毁俄军第 150 摩步师指挥部。但随着冲突发展,乌军无人机大量战损,逐渐暴露出"规模小、核心技术受制于人、作战潜力有限"等致命弱点。一是缺少电子战、反辐射攻击等型号无人机,难以实现突破俄军防空体系;二是自主产研能力薄弱,战损后补充困难,作战潜力严重受限。

俄军无人机精选目标察打一体。俄军无人机行动集中于冲突中后期,主要执行察打一体、多元引导地面火力、引导空对地火力、电子战和侦察监视等任务。突出亮点体现在两个方面:一是多样化引导打击毁伤效果好,采取无人机引导炮兵实施远程打击;二是精选打击目标震慑效果好,重点打击乌军指挥机构、远程火力、防空体系、后勤补给等战争潜力类目标。俄军无人机首战意识薄弱、力量建设短板明显、建设力度不足等缺陷较为明显，一是俄军无人机投入作战晚；二是无人作战力量建设重视程度不足，数量规模小，难以对乌军形成持续打压态势。

美"全球鹰"无人机是介入冲突的战略慑压新手段。美军"全球鹰"无人机协同 E-3 预警机、RC-135 侦察机等空基平台，24 小时动态监控俄军动向，幕后监视并全程支援乌军行动，向乌军传递实时情报，甚至直通一线作战部队，协调指挥"斩首"行动，致使俄多位高级将领阵亡。冲突过程中，美军不仅利用"全球鹰"等力量为乌克兰提供情报支持，还公开援助 72 架"渡鸦"侦察无人机、100 架"弹簧刀"自杀式攻击无人机。无人机已成为美军深度介入俄乌冲突，对俄展开战略慑压新手段。

俄反无人机多措并举，干扰压制美军"全球鹰"。俄军综合运用软杀伤、硬摧毁等手段，将最新型卡-31D2 预警直升机纳入反无人机作战体系，重创乌军 TB-2 无人机，成效显著，乌军主战无人机战损严重。此外，俄军还针对"全球鹰"展开反制行动，多次干扰在乌克兰上空的"全球鹰"无人机。冲突爆发后，"全球鹰"仍然保持对俄军实施侦察监视，但活动区域大幅收缩，仅限于波兰、罗马尼亚等远离俄乌边境地区空域活动，有效降低了美军介入慑压强度。俄乌冲突，不仅是未来有效应对智能化战争与危机的预实践，也是慑阻第三方军事智能方式介入，达到"打好初战瘫敌节点，攻敌要害"最佳效果。

智能化战争在技术领域以人工智能、大数据、云计算、认知通信、物联网、生物交叉技术和无人系统等智能科技为核心，这些前沿技术成为推动战争形态演变的关键因素。战争中作战双方的火力、机动力、信息力差距不大,但智能化战争中,作战能力集中体现在认知力、决策力、自主控制力、群智协同力、平行交互力等新的战斗力要素,成为左右战争胜负的新变量。同时算法的性能和效率必然受到人和系统资源局限的影响。在智能化战争的装备形态中,主要包括无人平台的广泛应用,智能弹药的精准打击,集群系统的协同作战效能,智能感知系统的全面信息收集,自适应任务规划系统的动态调整,作战仿真与平行系统的模拟与预测功能,军事云系统的信息共享与处理,以及舆情控制系统的舆论引导与管理。斩首苏莱曼尼、击毙本·拉登、纳卡冲突、乌克兰袭击黑海舰队等,让智能化战争成为各国炙手可热的新研究课题。智能化战争在某种程度上将人的体力、技能与智能的使用授权给了技术及其承载系统与实体,这将面临技术的风险和伦理的诘难。

第二节　人工智能技术是推进智能化战争
演进的直接动因

　　人类第一台计算机是 1946 年在美国宾夕法尼亚大学产生的,计算机的发明是人类社会 20 世纪最伟大的发明,它极大地改变了人类文明的进程。1956 年,人们亲眼见证了计算机强大的计算能力,科学家们提出能否造一台有智慧会思考像人一样的计算机? 随后围绕着这个思路就提出一个新的名词——人工智能,它的英文是 Artificial Intelligence,简写 AI。人工智能技术的发展历史,实际上是计算机学科的一个分支学科。

一、人工智能的核心关键技术

人工智能技术是近几十年来对人类命运构成最严峻挑战的技术之一。人工智能的核心技术涵盖了多个独立且蓬勃发展的子产业,包括机器学习、知识图谱、自然语言处理、人机交互、计算机视觉、生物特征识别以及虚拟现实/增强现实。这些技术领域各自具备独特的价值和应用前景,共同推动着人工智能的持续发展。

1.机器学习。机器学习是一门涵盖了统计学、系统辨识、逼近理论、神经网络、优化理论、计算机科学、脑科学等多个领域的综合性交叉学科。探究计算机如何模拟或实现人类的学习行为,从而获取新的知识或技能,并重新组织已有的知识结构,以不断提升其性能,是人工智能技术的核心。基于数据的机器学习是当代智能技术中的关键方法之一,其主要研究如何从观测数据(样本)中发掘潜在规律,并利用这些规律对未来数据或无法直接观测的数据进行预测。根据不同的学习模式和学习方法,机器学习存在着多样化的分类方法。

根据学习模式将机器学习分类为监督学习、无监督学习和强化学习等。监督学习是通过某种学习策略和方法建立模型,运用已标记的训练数据集,实现对新数据和实例的标记(分类)和映射,监督学习算法包括回归和分类。监督学习分类标签精确度越高,样本越具有代表性,其模型的准确度越高。监督学习在信息检索、文本挖掘、自然语言处理、手写体辨识、邮件侦测等领域广泛应用。无监督学习是利用无标记的有限数据,描述隐藏在未标记数据中的结构和规律,无监督学习算法包括单类密度估计、单类数据降维、聚类等。为便于压缩数据存储、减少计算量、提升算法速度,无监督学习不需要训练样本和人工标注数据。无监督学习可以避免由正、负样本偏移引起的分类错误问题。一般用于异常检测、数据挖掘、图像处理、经济预测等领域,在大型计算机集群、社交网络分析、市场分割、天文数据分析等方面广泛应用。强化学习系统必须靠自身的经历进行学习,是智能系统从环境到行为映射的学习,以使强化信号函数值最大。由于外部环境提供的信息很少,强化学习的目标是学习从环境状态到行为的映射,使得智能体选择的行为能够获得环境最大的奖赏,使得外部环境对学习系统在某种意义下的评价为最佳。其在机器人控制、无人驾驶、下棋等领域获得应用。

机器学习分为传统机器学习和深度学习。传统机器学习以观测(训练)样本为基础,探索不能通过原理分析获得的规律,达成对未来数据行为或趋势的准确预测。其主要算法有逻辑回归、支持向量机方法、隐马尔科夫方法、贝叶斯方法、K 近邻方法、三层人工神经网络方法、Adaboost 算法以及决策树方法等。学习结果的有效性与学习模型的可解释性,为解决有限样本的学习问题提供了一种框架,主要用于有限样本情况下的模式分类、回归分析、概率密度估计等。统计学是传统机器学习方法的重要理论基础,在信息检索、生物信息、自然语言处理、语音识别和图像识别等计算机领域获得了广泛应用。深度学习作为机器学习研究中的一个新兴领域,由辛顿等人于 2006 年提出。深度学习源于多层神经网络,其实质是给出了一种将特征表示和学习合二为一的方式。深度学习又称为深度神经网络(指层数超过3层的神经网络)。深度学习是建立深层结构模型的学习方法,典型的深度学习算法包括深度置信网络、卷积神经网络、受限玻尔兹曼机和循环神经网络等。深度学习框架是进行深度学习的基础底层框架,一般包含主流的神经网络算法模型,提供稳定的深度学习API,支持训练模型在服务器和GPU、TPU间的分布式学习,部分框架还具备包括移动设备、云平台在内的多种平台上运行的移植能力,从而为深度学习算法带来前所未有的运行速度和实用性。深度学习的特点是放弃了可解释性,单纯追求学习的有效性。经过多年的摸索尝试和研究,已经产生了诸多深度神经网络的模型,其中卷积神经网络、循环神经网络是两类典型的模型。卷积神经网络常被应用于空间性分布数据;循环神经网络在神经网络中引入了记忆和反馈,常被应用于时间性分布数据。

2. 知识图谱。知识图谱是把所有不同种类的信息连接在一起而得到的一个关系网络,提供了从"关系"的角度去分析问题的能力。本质上是结构化的语义知识库,是一种由节点和边组成的图数据结构,以符号形式描述物理世界中的概念及其相互关系,其基本组成单位是"实体—关系—实体"三元组,以及实体及其相关"属性—值"对。不同实体之间通过关系相互联结,构成网状的知识结构。在知识图谱中,每个节点表示现实世界的"实体",每条边为实体与实体之间的"关系"。

随着知识图谱应用的不断深入,一系列关键技术不断突破。

人工智能技术知识图谱

知识图谱可用于反欺诈、不一致性验证、组团欺诈等公共安全保障领域，需要用到异常分析、静态分析、动态分析等数据挖掘方法。知识图谱在搜索引擎、可视化展示和精准营销方面有很大的优势，已成为业界的热门工具。但是，知识图谱的发展还面临很大的挑战，如数据的噪声问题，即数据本身有错误或者数据存在冗余。

3. 自然语言处理。自然语言处理是实现人与计算机之间用自然语言进行有效通信的各种理论和方法，是计算机科学领域与人工智能领域中的一个重要方向，研究涉及的领域较多，包括机器翻译、机器阅读理解和问答系统等。

机器翻译是指利用计算机技术实现从一种自然语言到另外一种自然语言的翻译过程。基于统计的机器翻译方法突破了之前基于规则和实例翻译方法的局限性。基于深度神经网络的机器翻译在日常口语等一些场景的成功应用已经显现出了巨大的潜力。随着上下文的语境表征和知识逻辑推理能力的发展，自然语言知识图谱不断扩充,机器翻译将会取得更大进展。

语义理解,是指利用计算机技术实现对文本篇章的理解,并且回答与篇章相关问题,更注重于对上下文的理解以及对答案精准程度的把控。语义理解技术将在智能客服、产品自动问答等相关领域发挥重要作用,进一步提高问答与对话系统的精度。随着MCTest数据集的发布,语义理解取得了快速发展,相关数据集和对应的神经网络模型层出不穷。在数据采集方面,语义理解通过自动构造数据方法和自动构造填空型问题的方法来有效扩充数据资源。为解决填充问题,深度学习的方法层出不穷。当前主流的模型是利用神经网络技术对篇章、问题建模,对答案的开始和终止位置进行预测,抽取出篇章片段。对于进一步泛化的答案,处理难度提升,语义理解技术仍有较大的提升空间。

问答系统分为开放领域的对话系统和特定领域的问答系统。问答系统技术是指让计算机像人类一样用自然语言与人交流的技术。人们可以向问答系统提交用自然语言表达的问题,系统会返回关联性较高的答案。问答系统鲁棒性方面仍然存在着问题和挑战。

4.人机交互。人机交互主要研究人和计算机之间的信息交换,主要包括人到计算机和计算机到人的两部分信息交换,是人工智能领域重要技术。人机交互是与认知心理学、人机工程学、多媒体技术、虚拟现实技术等密切相关的综合学科。传统的人与计算机之间的信息交换主要依靠键盘、鼠标、操纵杆、数据服装、眼动跟踪器、位置跟踪器、数据手套、压力笔等输入设备,以及打印机、绘图仪、头盔式显示器、音箱等输出设备。人机交互技术还包括语音交互、情感交互、体感交互及脑机交互等技术。

语音交互是人以自然语音或机器合成语音同计算机进行交互的综合性技术,结合了语言学、心理学和计算机技术等领域的知识。语音识别和语音合成是基础研究,人在语音通道下的交互机理、行为方式等是更高层级的研究。语音采集、语音识别、语音合成和语义理解这四部分是语音交互的重要支撑。语音采集完成音频的录入、采样及编码;语音识别完成语音信息到机器可识别的文本信息的转化;语音合成完成文本信息到声音信息的转换;语义理解根据语音识别转换后的文本字符或命令完成相应的操作。语音交互比其他交互方式具备更多优势,是人类沟通和获取信息最自然便捷的手段,能为人机交互带来根本性变革,是未来发展的制高点,具有广阔的发展前景和应用前景。

情感交互就是要赋予计算机类似于人一样的观察、理解和生成各种情感的能力,最终使计算机像人一样能进行自然、亲切和生动的交互。情感交互已经成为人工智能领域中的热点方向,旨在让人机交互变得更加自然。情感是一种高层次的信息传递,而情感交互是一种交互状态,它在表达功能和信息时传递情感,勾起人们的记忆或内心的情愫。传统的人机交互无法理解和适应人的情绪或心境,缺乏情感理解和表达能力,计算机难以具有类似人一样的智能,也难以通过人机交互做到真正的和谐与自然。目前,在情感交互信息的处理方式、情感描述方式、情感数据获取和处理过程、情感表达方式等方面还有诸多技术挑战。

体感交互以体感技术为基础,个体不需要借助任何复杂的控制系统,直接通过肢体动作与周边数字设备装置和环境进行自然的交互。按照体感方式和原理的不同,主要分为三类:惯性感测、光学感测以及光学联合感测。运动追踪、手势识别、运动捕捉、面部表情识别等一系列技术支撑体感交互。体感交互技术无论是硬件还是软件方面,交互设备向小型化、便携化等方面发展,使得交互过程更加自然。目前,体感交互在医疗辅助与康复、全自动三维建模、辅助购物、游戏娱乐、眼动仪等领域有了广泛的应用。

脑机交互又称为脑机接口,直接实现大脑与外界信息传递的通路,不依赖于外围神经和肌肉等神经通道。脑机接口系统检测中枢神经系统活动,并将其转化为人工输出指令,能够替代、修复、增强、补充或者改善中枢神经系统的正常输出,从而改变中枢神经系统与内外环境之间的交互。脑机交互通过对神经信号解码,实现脑信号到机器指令的转化,包括信号采集、特征提取和命令输出三个模块。从脑电信号采集的角度,将脑机接口分为侵入式和非侵入式两大类。脑机接口按照信号传输方向可以分为脑到机、机到脑和脑机双向接口;按照信号生成的类型,可分为自发式和诱发式脑机接口;按照信号源的不同还可分为基于脑电的脑机接口、基于功能性核磁共振的脑机接口以及基于近红外光谱分析的脑机接口。

5.计算机视觉。计算机视觉是使用计算机模仿人类视觉系统的科学,让计算机拥有类似人类提取、处理、理解和分析图像以及图像序列的能力。无人机、机器人、智能医疗等领域均需要通过计算机视觉技术从视觉信号中提取并处理信息。随着深度学习的发展,预处理、特征提取与算法处理不断融合,形成端到端的人工智能算法技术。计算机视觉可分为计算成像学、图像理解、三维视觉、动态视觉和视频编解码五大类。

计算成像学是探索人眼结构、相机成像原理以及其延伸应用的科学。在相机成像原理方面,计算成像学可以适用于不同场景。随着可见光相机技术的发展,现代相机更加轻便。同时计算成像学也推动着新型相机的产生,使相机超出可见光的限制。在相机应用科学方面,通过后续的算法处理使得在受限条件下拍摄的图像更加完善,计算成像学可以提升相机的能力,例如图像去噪、去模糊、去雾霾等,以及实现新的功能,例如全景图、超分辨率等。

图像理解是通过用计算机系统解释图像,实现类似人类视觉系统理解外部世界的一门科学。根据理解信息的抽象程度可分为三个层次:图像边缘、图像特征点、纹理元素等为浅层理解;物体边界、区域与平面等为中层理解;识别、检测、分割、姿态估计、图像文字说明等为高层理解。目前高层图像理解算法已逐渐广泛应用于人工智能系统,如刷脸支付、智慧安防、图像搜索等。

三维视觉即研究如何通过视觉获取三维信息(三维重建),如何理解所获取的三维信息的科学。三维重建根据信息来源,分为单目图像重建、多目图像重建和深度图像重建等。三维信息理解,即使用三维信息辅助图像理解或者直接理解三维信息。三维信息理解可分为,浅层:角点、边缘、法向量等;中层:平面、立方体等;高层:物体检测、识别、分割等。三维视觉技术可以广泛应用于机器人、无人机、智慧工厂、虚拟现实和增强现实等方向。

动态视觉即分析视频或图像序列，模拟人处理时序图像的科学。动态视觉可以定义为寻找图像元素，如像素、区域、物体在时序上的对应，以及提取其语义信息。动态视觉研究被广泛应用在视频分析以及人机交互等方面。

视频编解码是指运用特定的压缩技术，将视频流进行压缩。国际电联的 H.261、H.263、H.264、H.265、M-JPEG 和 MPEG 系列标准是视频流传输中最为重要的编解码标准。视频压缩编码主要分为两大类：无损压缩和有损压缩。无损压缩是指使用压缩后的数据进行解压后与原来的数据完全相同，如磁盘文件的压缩。有损压缩也称为不可逆编码，指使用压缩后的数据进行解压后与原来的数据有差异，但不会使人们对原始资料所表达的信息产生误解。

6.生物特征识别。生物特征识别是一种通过个体生理或行为特征对身份进行验证的先进技术。从应用流程来看，该技术通常涵盖注册和识别两大阶段。在注册阶段，利用传感器收集人体的生物表征信息，如通过图像传感器捕捉指纹和人脸等光学信息，以及利用麦克风捕获说话声等声学信息。随后，运用数据预处理和特征提取技术处理这些数据，将所得特征储存起来。识别阶段则采取与注册阶段相同的采集方式，对待识别个体进行信息采集、数据预处理和特征提取，进而将提取的特征与存储的特征进行比对分析，以实现身份识别。从应用任务角度来看，生物特征识别技术主要分为辨认和确认两大类别。辨认是指从数据库中识别待识别个体身份的过程,属于一对多的范畴;而确认则是将待识别信息与数据库中特定个体的信息进行比对,以确认身份,属于一对一的范畴。

生物特征识别技术涵盖指纹、掌纹、人脸、虹膜、指静脉、声纹、步态等多种生物特征,其识别过程涉及图像处理、计算机视觉、语音识别、机器学习等多项关键技术。作为当前重要的智能化身份认证技术,生物特征识别在金融、公共安全、教育、交通等领域得到了广泛的应用。以下将详细介绍指纹识别、人脸识别、虹膜识别、指静脉识别、声纹识别等关键技术。

指纹识别过程通常涵盖数据采集、数据处理以及分析判别三大环节。数据采集是运用光、电、力、热等物理传感器获取指纹图像等要素;预处理、畸变校正、特征提取是数据处理的三个过程;分析判别是对提取的特征进行分析判别的过程。

计算机视觉应用的典型代表是人脸识别,将人脸识别技术划分为检测定位、面部特征提取以及人脸确认三个过程。光照、拍摄角度、图像遮挡、年龄等多个因素对人脸识别技术的运用有一定影响,在特定条件下的人脸识别技术相对成熟,在自由条件下的人脸识别技术将不断改进。

虹膜图像分割、虹膜区域归一化、特征提取和识别是虹膜识别理论框架的四个部分,基于此理论框架的研究工作不断创新。传感器和光照影响是虹膜识别技术应用的主要难题。一方面,由于虹膜尺寸小且受黑色素遮挡,对传感器质量和稳定性要求比较高,需在近红外光源下采用高分辨图像传感器才可清晰成像;另一方面,光照的强弱变化会引起瞳孔缩放,增加了匹配的难度,导致虹膜纹理产生复杂形变。

指静脉识别是利用了人体静脉血管中的脱氧血红蛋白,对特定波长范围内的近红外线有很好的吸收作用这一特性,采用近红外光对指静脉进行成像与识别的技术。指静脉识别技术应用面临的难题来自于成像单元。由于指静脉血管分布随机性很强,其网络特征具有很好的唯一性,且属于人体内部特征,不受到外界影响,因此模态特性十分稳定。

声纹识别是指根据待识别语音的声纹特征识别说话人的技术。前端处理和建模分析是声纹识别技术的两个阶段。声纹识别的过程是将某段来自某个人的语音经过特征提取后与多复合声纹模型库中的声纹模型进行匹配。模板匹配法、概率模型法是常用的识别方法。

7. 虚拟现实/增强现实。虚拟现实/增强现实是以计算机为核心的新型视听技术。结合相关科学技术,在一定范围内生成与真实环境在视觉、听觉、触感等方面高度近似的数字化模拟环境。通过显示设备、跟踪定位设备、触力觉交互设备、数据获取设备、专用芯片等实现,用户借助必要的装备与数字化环境中的对象进行交互,相互影响,获得近似真实环境的感受和体验。

虚拟现实和增强现实按照不同处理阶段,可以分为获取与建模技术、交换与分发技术、分析与利用技术、展示与交互技术以及技术标准与评价体系五个方面。获取与建模技术研究如何把物理世界或者人类的创意进行数字化和模型化,难点是三维物理世界的数字化和模型化技术;交换与分发技术主要强调各种网络环境下大规模的数字化内容流通、转换、集成和面向不同终端用户的个性化服务等,其核心是开放的内容交换和版权管理技术;分析与利用技术重点研究对数字内容进行分析、理解、搜索和知识化方法,其难点在于内容的语义表示和分析;展示与交互技术重点研究符合人类习惯数字内容的各种显示技术及交互方法,以期提高人对复杂信息的认知能力,其难点在于建立自然和谐的人机交互环境;技术标准与评价体系重点研究虚拟现实和增强现实基础资源、内容编目、信源编码等的规范标准以及相应的评估技术。

随着人工智能技术的飞速发展,人工智能从"小模型+判别式"转向"大模型+生成式",从传统的人脸识别、目标检测、文本分类,升级到如今的文本生成、3D 数字人生成、图像生成、语音生成、视频生成。特别是大模型的研发,以"大"取胜,主要是参数大、训练数据大、算力需求大。

二、人工智能技术对智能化战争的影响

(一)人工智能将对战争的暴力属性产生冲击

基于人工智能所催生的战争,是利用信息、网络和通信等科学技术,通过人类的参与,在无人平台之间进行的对抗。在认知领域中,参战人员将通过敲击键盘或触摸屏幕来完成全部作战过程。人工智能的广泛运用,将导致战争所造成的心理创伤远远大于生理创伤。同时,人类将被自己所创造的客体所捕杀。因此,战争伦理将会遭到前所未有的冲击。战争的"无人化",使得战争"流血"的政治属性遭到冲击,战争所体现出来的残酷性、血腥场面将会减少,战争的暴力属性受到挑战。

智能化时代,战争不再以消灭对方有生力量为主要目的,战争的发动时机更加难以捉摸,战争的发动门槛将不存在明显界线。因无人智能实体的参与,战争将成为虚拟战争。作战人员生命毁灭数量将会大大减少,人工智能战争显得较为"人道"。战争将更多通过对对方无人作战平台或体系的有效摧毁,遏制对方的作战能力,迫使对方在精神和意志两个方面上屈服,从而达到战争目的。

（二）人工智能将形成新的作战指挥方式

指挥是军队各级指挥员及其指挥机关对所属部队的作战和其他行动进行组织领导的活动,包括对行动的计划、组织、控制、协调等。传统指挥方式依据战争目的,基于已有力量编成,依托指挥系统所进行的一种决策和实践活动。从指挥方式上讲,战争指挥与军事理论、力量编成、作战环境等息息相关,是对军事力量一种有目的、有针对性地运用。因此,传统战争的指挥可更多地体现为克劳塞维茨所强调的"空间上的"和"时间上的"兵力集中和合理使用。对于传统的战争指挥方式,在强调"运用之妙,存乎一心"的同时,也注重强调应立足于现有的指挥理论。

基于人工智能所组成的战争装备体系,往往是在极端环境中,从极大和快速变化的信息中获取有效信息,然后执行各种作战任务。其指挥方式将会发生重大变化,这种变化表现在战争指挥主体地位方面,人类自身将处于监督或协同状态的指挥位置上,无人作战平台和装备体系将以自身所具有的智能化,直接参与决策指挥。因此,智能化战争的作战指挥是人与智能武器的双重指挥,而且在局部作战过程中,智能决策系统将代替人来进行指挥。这种变化与指挥系统获取信息的方式和速度等有关,人、智能实体(或群体)、行动实体之间,信息呈现出共享性,战场态势改变与作战行动之间融合为一体,使得战场感知与行动之间的环节大大减少,因而是一种和谐一体的指挥方式。在新型、安全的网络通信技术支持下,并行作战、协同生存、自适应区域侦察等将成为新的指挥作战方式。

(三)人工智能将改变战争的装备体系构成

基于人工智能的无人作战平台和装备的使用,是支撑智能化战争的重要物质基础,对武器装备及其体系产生重大影响。美军注重无人作战装备的研制和使用。目前,美军已经可以对由100多架无人机组成的无人机群进行有效控制和使用。在未来几年内,美军力图突破对由1000架无人机所组成的无人机群进行控制和使用。美军无人作战平台和智能装备的使用,已经开始改变武器装备体系的构成,也对武器装备体系在战争中的作用产生了较大影响。

基于人工智能的装备体系,物理空间和信息空间将成为一体,并深入到人类的认知空间,使得物理空间、信息空间和认知空间等融为一体。人工智能应用于武器装备,使得武器装备及其体系可在全时域、全空域、全频谱内投入使用。无人智能作战武器系统大大降低了对环境的依赖,也克服了因人自身的生理因素所带来的武器装备使用方面的限制。无人作战武器装备及其体系,几乎可在任何恶劣甚至不适合人类生存的环境中作战,不受操控人员生理状况的影响。人工智能武器装备体系将随着信息技术的不断发展和完善,不断重塑装备体系的构成,变革武器装备体系的功能结构和力量编成。信息技术与人工智能所形成的新作战装备体系,其作战能力将由数量型向智能型+数量型转变。[①]

三、人工智能的军事运用进入爆发期

以计算机技术为核心的信息技术的发展应用使得军事领域发生着日新月异的革命性变化,人工智能越来越多地走上战场,深刻改变着战争面貌。总结来看,人工智能在军事领域的应用主要表现在以下四个方面。

(一)智能化感知与信息处理

微机电系统、无线传感器网络技术、云计算技术、低功耗嵌入式技术的飞速发展,使得战场感知手段进一步朝着智能感知与信息融合处理的方向发展。美军、俄军、法军、德军等均装备了具有智能化信息感知与处理能力的数字化士兵系统。2021年9月,美国陆军作战能力发展司令部项目经理詹姆斯发布声明:一种能够感知、存储和分析数据的可编程纤维将用于美军军服的制作,帮助指挥官收集战场信息与部队情况,从而作出更好的决策。近年来,美国为保持在未来信息化、智能化作战中的主动权,投入大量人力、物力、财力进行人工智能装备研发,可编程纤维—神经网络开发项目,便是其中的一类。

---

① 魏继才:《人工智能对未来战争的深远影响》,《学习时报》2020年4月20日。

（二）智能化辅助决策

各国军队致力于研发多元化的军事信息系统，旨在构建高效能、全面覆盖的栅格化网络信息体系，以增强智能化评估水平和辅助决策能力。

"深绿"（Deep Green, DG）是美国国防高级研究计划局（DARPA）研发的作战指挥和决策支持系统。其命名源自 IBM 公司的"深蓝"超级计算机，大量采用先进的信息技术，如计算机建模与仿真、人工智能（有一部分子系统用到遗传算法），以及高性能计算和人机交互技术。

这个系统是一种决策支持工具，帮助指挥官们在战场上快速决策并减少对大量参谋人员的需求。这个计划被描述为"下一代以指挥官为中心的作战指挥与决策支持技术"，这种技术将预期的计划与适应性的实施相交叉，帮助指挥官未雨绸缪，确定计划何时会出错，并在需要之前就准备好备用方案。"深绿"系统是对职能的融合，它会识别将大量人员的职能转化为自动化、以指挥官为中心的过程这种需求。

此外，"深绿"可以提供适应性执行所需要的机制，这种机制被描述为"后绑定"，或在最后时刻选择态势空间图的一部分，以保持灵活性。通过使用从正在进行的作战中获取的信息，而不是在计划阶段做出的假设，指挥官和参谋人员就能够做出更符合实际情况的选择并集中精力为未来更可能出现的情况制订选择方案。

（三）无人化军用平台

自第一次世界大战起，西方国家已对小型无人机、遥控无人车和无人艇的研发应用给予了高度重视。截至目前,全球已有70多个国家致力于无人化系统平台的发展,其中各类无人机、无人车、无人船、无人艇及无人潜航器在军事领域的应用日益广泛,并备受青睐。近期,美军亦加大了无人化军用平台的部署规模,并积极推进有人平台与无人平台之间的协同编组训练,以提升作战效能。

近年来,机器人技术呈现井喷式发展,类人机器人、机器狗、机器骡子、机器蛇、机器鱼、机器鸟、机器昆虫等各种仿生机器人不断问世,并在军事领域有了越来越多的应用。俄罗斯军队正致力于推进一系列重要的技术研发项目,其中包括研制具备驾驶车辆能力的类人机器人、组建能够与人类战士协同作战的机器人部队,以及开发一套先进的指挥信息系统,以实现对机器人集群作战的高效操控。

（四）扩展人的体能、技能和智能

信息技术、新材料技术和生物技术的交叉融合使得人类对于自身的了解认识越来越深入,同时人工智能技术的进步使得人的体能、技能和智能将进一步得到扩展。比如,2013年美国国防部提出"阿凡达"计划,目的是要打造可人脑远程控制的机器人军团,以代替战场上浴血奋战的人类战士,实现人类战士在战争中的"零伤亡"。[1]

随着智能化武器装备的蓬勃发展,人工智能的军事运用进入了爆发期,越来越多的新式武器装备参与了战争。想要在智

---

① 朱启超:《人工智能推动智能化战争来临》,《国防参考》2017年第4期。

能化战争中抢得先机,我们需要加大智能化武器装备的科研发展,以适应新式装备给战场带来的更多变化。

四、人工智能技术的发展趋势

当前,人工智能技术的研发向大模型方向聚焦,一是多模态大模型。从人类视角出发,人类智能是天然多模态的,人拥有眼、耳、鼻、身、嘴(语言),从 AI 视角出发,视觉、听觉等也都可以建模,可采取与大语言模型相同的方法进行学习,并进一步与语言中的语义进行对齐,实现多模态对齐的智能能力。二是视频生成大模型。OpenAI 于 2024 年 2 月发布文生视频模型 SORA,将视频生成时长大幅提升,且在分辨率、画面真实度、时序一致性等方面都有显著提升。SORA 已成功掌握了画面想象力与分钟级未来预测能力,这些能力符合世界模型的基本特征,即模仿人类观察世界并据此进一步预测世界的发展趋势。三是具身智能。是指那些拥有物理实体,并能与物理世界进行交互的智能体,如机器人、无人车等。它们通过多模态大模型对多种传感数据进行处理,并由大模型生成运动指令来驱动智能体,此方式摒弃了传统的基于规则或数学公式的运动驱动方式,实现了虚拟世界与现实世界的深度融合。四是 AI4R (AI for Research)成为科学发现与技术发明的主要范式。当前科学发现主要依赖于实验和人脑智慧,由人类进行大胆猜想、小心求证,信息技术无论是计算和数据,都只是起到一些辅助和验证的作用。相较于人类,人工智能在记忆力、高维复杂、全视野、推理深度、猜想等方面具有较大优势,是否能以 AI 为主进行一些科学发现和技术发明,大幅提升人类科学发现的效率,比如主动发现物理学规律、设计高性能芯片、高效合成新药等。鉴于人工智能大模型所具备的全量数据优势,以及其深度学习的能力,该模型能够实现从简单的推断(inference)到复杂的推理(reasoning)的显著跃升。这种技术革新极大地提升了人类在科学发现方面的效率,并且有助于突破传统认知的边界,为科学研究与探索开辟新的可能性。未来将在以下十个方面持续发力和投入。

(一)机器自动化程度与可解释性的提升

自动机器学习(AutoML)目前已经在多个领域中初步实现对机器学习方法的自动化设计过程,但其仍然存在自动化程度不足、可解释性不强的问题。如神经网络结构搜索(NAS)在一些应用领域中取得了与人类机器学习专家可比较的水平,然而现有的NAS方法实际需要基于人工设计的神经网络基础结构。此外,AutoML的自动化过程往往被认为是一种"黑箱",缺乏可解释性。

今后自动化程度及可解释性仍然是AutoML研究的热点问题,通过提高AutoML中的超参数选择、特征表示与机器学习算法的确定和神经网络结构搜索的自动化程度及可解释性,AutoML将实现对机器学习涉及的每个环节的真正的自动化设计过程。AutoML整个体系架构的日趋完善,将推动新一代普适性AutoML平台的建设,并实现机器学习的大众化。

（二）无监督/弱监督学习逐渐成为企业降本增效新利器

在过去的几年中，深度学习所取得的巨大成功离不开大规模标注的数据集。大规模标注的背后，是传统的监督学习对于每一个训练样本完备标签的要求。随着业务规模的不断扩大，越来越多的企业发现数据的标注开始成为抬高交付成本、制约效果提升的主要因素之一。

在此背景下，无监督学习和弱监督学习通过不使用标签或减少对标签数量、质量的要求来迅速降低深度模型对于数据的标注需求，使得原本无法利用的数据如今都可以加入到模型的训练中去，进而由量变引发质变。在 NLP 领域，基于 Transformer 的无监督训练模型已持续霸榜各种 NLP 任务数据集；在 CV 领域，最新的 MPL 方法也通过额外的无标注数据集首次将 ImageNet 的 Top-1 分类准确率提升到了 90%+ 的水平。

可以预见的是，将有越来越多的人工智能企业会面临从前期的迅速扩张到稳定期高效化运作的新阶段，而在这个过程中，无监督/弱监督学习无疑将成为他们过渡到这个阶段的重要手段之一。

（三）3D 视觉技术助力产业消费升级，淡化虚实边界

作为视觉 AI 领域多年热点研究方向之一，3D 视觉技术的核心任务是对三维空间、物体及环境进行真实还原与重建。随着相关算法与硬件计算能力的不断升级，3D 视觉算法效果已得到大幅提升，三维几何重建更加精细，表面纹理重建更加清晰，带来更加逼真的视觉观感。

近年来，诸多 3D 视觉研究成果为低成本高质量的 3D

内容生成提供了良好技术支撑,基于 3D 虚拟形象的舞台演出、直播带货、教育互动等应用层出不穷,成为 AI 内容产业全新发展方向。以此为基础,结合 5G 时代流量带宽的全面升级,带有交互功能的虚拟现实、增强现实、混合现实的 3D 视觉应用将推动用户体验向真实与虚拟的完美融合进一步迈进。

用户会因为虚拟偶像生动自然的舞台表演进行打赏,会由于虚拟主播"卖力"地带货促销而下单购买,而线上平台则依靠 3D 视觉技术大大降低内容制作和 IP 运营成本,最终带来社会商业发展模式与个人消费习惯的颠覆与变革。展望未来,3D 视觉技术将在游戏娱乐、影视制作、电商直播、医疗整形等多个关键领域持续发挥广泛应用,进一步推动虚拟与现实之间的界限模糊化,实现深度融合。

(四)多模态融合加速 AI 认知升维

深度学习在多个人工智能的细分领域(如视觉、自然语言处理等)已日趋成熟化和规模化,然而要真正实现通用人工智能,必然要将这些细分领域各自所针对的信息模态整合利用,即多模态融合。多模态融合的目标是建立在图像、文字、语音等的多模态信息识别的基础上,实现不同模态信息的统一表征框架,从而起到 1+1>2 的作用。

典型的场景之一是通过图文语音联合识别,实现对隐晦和暗示性招嫖广告、儿童不良表情包等图文混合内容识别,支持审核业务深度打击不良内容。除了图文融合等跨域模态融合,同域内的不同信息维度同样可以融合,如随着深度生成技术的发展,当前的人脸识别除了传统的 RGB 图外,还需要融合深度图、红外图等信息来更好地防御越来越多元化的人脸伪造攻击,实现更强的人脸防御。

随着人工智能认知能力的提升,多模态融合也将会从图文等实质性模态,逐渐拓展到如物理关系、逻辑推断、因果分析等知识性模态,从感知智能迈向认知智能。

(五)人工智能推动数字内容生成向新范式演进

随着数字文化产业的蓬勃发展,尤其是二次元文化渗透出圈,数字内容产业面临新一轮的需求升级,伴随着 5G 商业化进程的不断加深,多元化、精品化的优质数字内容将面临更快的消费节奏,与此同时,供给侧仍存在巨大的产能缺口,数字内容产业正处于劳动密集型向科技密集型转型的阶段。

AI 与数字内容产业的深度耦合,将有希望为行业释放更大的科技势能,以 GPT-3、DALL-E 为代表的 AI 技术,已在文本、语音、图像、视频等内容生成中取得了令人惊艳的结果,然而在精确性、泛化性、合理性方面仍然面临挑战,目前的前沿研究一方面探索从模型结构(自动化搜索等)、训练形式(无监督对比学习等)等方面提升精度效果;另一方面引入知识图谱领域知识,向机器介绍常识和其他特定领域的知识进而提升常识推理效果。

伴随着技术的持续升级演进,我们预见 AI 将逐步在数字内容生成领域释放引擎级的影响力,在内容、平台、技术多方合力引导下,构筑数字内容生成新范式。

（六）边缘计算与人工智能加速融合

近年来,随着深度学习算法的迅猛发展,计算机视觉、自然语言处理、搜索推荐广告等各种领域的任务性能得到不断刷新。同时,随着边缘智能设备的广泛普及和硬件改进,基于深度学习的人工智能技术在边缘端应用落地成为了可能。

然而,在边缘端上部署深度学习模型具有很大的难度。其主要挑战表现在,边缘端等智能设备在计算、存储、功耗等方面有很大的限制。因此,边缘端模型必须满足低计算复杂度、小模型尺寸、低模型功耗等要求。未来将趋向硬件友好型的剪枝加速。根据边缘硬件的 CPU 类型来设计特定的网络稀疏化模式,适配不同硬件的模型压缩与优化加速技术是未来研究热点趋势。其次,基于自动化的 1-bit 量化方法有上百倍的理论性能提升,因此也是未来研究热点趋势。

（七）人工智能内核芯片向类脑神经计算方向演进

人工智能内核芯片已经成为人工智能时代的关键技术之一,在某些领域中的具体任务上人工智能内核芯片能够实现超越人脑的表现,但针对人工智能内核芯片的研究依然落后于人工智能的发展,人工智能内核芯片无法同时满足多种人工智能算法的加速要求,并且面对各种新型人工智能技术不断涌现的局面,人工智能内核芯片与人脑相比其自我学习能力与可扩展性存在明显不足。

未来人工智能内核芯片将在结构上更接近人脑的神经构造,获得类神经计算的能力,通过不断整合最新的人工智能技术,定制型人工智能内核芯片将逐渐演变为通用型人工智能内核芯片,在提高自我学习能力的同时,实现对不同人工智能技术在不同任务上的加速计算,从而推动人工智能内核芯片实现真正的落地。

(八)算法公平性研究推动 AI 应用走向普惠无偏见

由于数据偏差、算法本身缺陷甚至是人为偏见的存在,现有 AI 算法普遍存在对于某些特定人群效果不公平的"歧视性现象"。随着 AI 算法在社会各行业的广泛落地应用,作为辅助人们决策的重要工具,算法的公平性问题正受到越来越多的关注。过去的几年业界已在逐步探索一些针对性的解决方案,包括构建更公正的数据集、算法训练中引入公平性约束损失、提高机器学习算法的可解释性等。

但就整体而言,当前公平性研究在精度和公平性的平衡、不同场景的泛化性有效性等问题上正处于方兴未艾的阶段。随着欧盟发布《人工智能白皮书》《人工智能伦理:问题和倡议》,中国发布《协同落实人工智能治理原则的行动建议》,人工智能的治理正成为一个愈加热门的议题,而算法的公平性正是人工智能治理的关键问题。我们预见算法公平性的研究将持续深化,在人脸识别等最广泛的 AI 应用领域取得突破,为不同人群带来更加普惠无偏见的效果。

(九)隐私保护 AI 落地实用帮助算法可持续进化

人工智能和机器学习算法的广泛应用,在为人们提供便利的同时,也带来了极大的隐私泄露风险。这种隐私泄露包括用户数据在授权范围以外被处理共享、机器学习算法训练后存在数据记忆等现象。AI 算法开发中的数据隐私保护问题受到的关注以及监管日益增长,美国于 2020 年生效《加利福尼亚消费者隐私法案》,中国于 2020 年公布《个人信息保护法(草案)》。

针对机器学习中的隐私保护问题,研发出了数据匿名化、联邦学习、差分隐私等一系列方法。我们预见能够保护用户数据隐私的更加灵活高效的 AI 学习方法将在金融、医疗、社交等场景实用化广泛运用,消减用户的隐私担忧,帮助 AI 算法在场景中可持续发展。

(十)人工智能技术向安全智能方向迈进

随着人工智能技术在各行各业的广泛应用,滥用或恶意破坏人工智能系统将会给社会带来巨大的负面影响。近年来算法后门攻击、对抗样本攻击、模型窃取攻击等针对人工智能算法的攻击技术持续发展,通过篡改构造特殊数据诱骗人工智能应用产生不可信的错误结果,带来了更大的算法安全风险,因此保障人工智能应用安全可靠的需求日渐迫切。未来人工智能技术将向着安全智能方向持续演化,一方面从算法的可解释性入手提升模型的鲁棒性,另一方面化被动为主动,通过主动安全检测机制对各类攻击进行侦测与拦截,最终满足对人工智能可用性与可信性双轨并重的现实需求,推动人工智能技术在更广泛的领域安全落地。①

---

① 《2021 十大人工智能趋势》,雷锋网,2021 年 6 月 11 日。

第三节　国际战略竞争为智能化战争的发展创造了历史机遇

人类社会形态的变化和人工智能技术的发展,是智能化战争产生的内在动因;当前的国际环境特别是大国竞争,为智能化战争的产生提供了外部条件和历史机遇。加快人工智能发展是抓住新一轮军事变革的战略机遇。

一、人工智能技术上升为国家发展的颠覆性技术

人工智能是引领新一轮科技革命和产业变革的战略性技术,人工智能将从根本上改变人们与机器、设备以及彼此之间交互的方式。人工智能不仅在改变人类的学习方式、工作方式、疾病治疗方式,还将改变发动战争的方式。AI 带来了巨大的机遇与风险,这是日渐清晰的世界性趋势。为此世界各国都加快人工智能技术及产业的发展并应对其负面影响,竞相采取更为积极的科技创新与产业发展的政策支撑。

俄罗斯总统普京指出"人工智能就是我们的未来,不只是俄罗斯的未来,而是全人类的未来","它带来了巨大的机遇,但同时也潜藏着难以预测的威胁。谁在人工智能领域占先,谁就会成为世界的统治者"。人工智能是引领未来的战略性技术,世界主要发达国家把发展人工智能作为提升国家竞争力、维护国家安全的重大战略,力图在新一轮国际科技竞争中掌握主导权。

表1-1　世界主要国家人工智能政策

国家	政策	时间	内容
美国	成立人工智能和机器学习委员会	2016-05	负责协调全美各界在人工智能领域的行动,探讨制定人工智能相关政策和法律
	《为人工智能的未来做好准备》《国家人工智能研究和发展战略规划》	2016-10	提出具体建议及战略规则
	《保持美国在人工智能领域的领导地位》	2019-02	启动美国人工智能倡议行动
欧盟	提出人工智能立法动议	2016-06	将最先进的自动化机器"工人"身份定位为"电子人"
	《欧洲人工智能》	2018-04	欧盟应对人工智能发展采取的策略
	《人工智能协调计划》	2018-12	促进欧洲人工智能的研发和应用
俄罗斯	《2023年前俄罗斯无人机发展战略》	2023-06	旨在打造其国产无人机系列,确定无人机产业的长期发展目标和前景,推动俄罗斯高科技产业发展、扩大无人机基础设施并加强该领域人才队伍建设
日本	社会5.0战略	2016	人工智能作为实现超智能社会的核心,并设立"人工智能战略会议"进行国家层面的综合管理
	《人工智能指导方针》	2023-08	该指导方针明确了AI五大业务主体,明确禁止使用AI以侵犯人权、实施恐怖主义或犯罪等不当行为
澳大利亚	《人工智能路线图》	2019-11	旨在加强人工智能人力资源培养和能力建设,构建对人工智能的信任,加强标准制定,实现互操作性

自 2013 年开始,许多国家在经济振兴、科技创新、机器人、互联网等方面的政策中就已引入有关人工智能的内容。美国更是早在 2009 年和 2013 年,就已将机器人作为颠覆性技术和改变国家未来十年的重要战略。当前,世界主要国家大力发展人工智能,各经济体已将发展人工智能上升为国家战略。美国连续发力人工智能,2016 年 5 月成立"人工智能和机器学习委员会",负责协调全美各界在人工智能领域的行动,探讨制定人工智能相关政策和法律;2016 年 10 月又连续发布《为人工智能的未来做好准备》和《国家人工智能研究和发展战略规划》两份报告。2021 年 3 月,美国人工智能国家安全委员会(NSCAI)向国会递交了一份长达 756 页的建议报告,标志着美国将人工智能上升到国家战略层面。2022 年 3 月,美国国防高级研究计划局正式启动了新项目,旨在将军事决策过程与人工智能技术相结合,以提升决策效率和准确性。与此同时,欧洲亦将人工智能视为优先发展的科技领域。2016 年 6 月,欧盟委员会便提出了关于人工智能的立法动议,展现了对该领域发展的高度重视;2018 年 4 月,欧盟委员会进一步提交了《欧洲人工智能》的相关文件,为人工智能在欧洲的健康发展提供了指导。同年 12 月,欧盟委员会及其成员国联合发布了主题为"人工智能欧洲造"的《人工智能协调计划》,旨在推动欧洲在人工智能领域的自主创新与全球竞争力;2020 年 2 月,欧盟委员会正式颁布了名为《人工智能白皮书》的官方文件,该文件详细阐述了欧盟对于人工智能领域的发展战略。与此同时,日本凭借其在智能机器人研究领域的全球卓越地位,正积极致力于推动人工智能技术的进一步发展。2019 年 6 月,出台《人工智能战略 2019》,旨在建成人工智能强国,并引领人工智能技术研发和产业发展;2022 年 4 月 29 日,日本政府在第 11 届综合创新战略推进会上正式发布《人工智能战略 2022》。2019 年 10 月,俄罗斯发布《2030 年前俄罗斯国家人工智能发展战略》,第一次将加快推进人工智能发展提升至国家战略层面;俄国防部表示将在 2025 年前组建高度自主的机器人部队。军事智能化已成为全球各国军事战略的核心议题,美军尤为重视,将人工智能视为决定未来战争走向的核心技术。美军正通过战略层面的精心规划、项目研发的深入推进、作战样式的创新探索以及资金的充足投入,全面推动人工智能在军事领域的广泛应用。此举旨在迅速将人工智能技术融入现有的武器装备、情报分析体系、指挥控制系统以及无人作战平台等关键军事作战领域,以提升整体作战效能。

人工智能,因其在经济社会发展各维度均展现出的巨大价值,已然成为全球各国竞争的关键点和产业政策的主要着力点。首先,人工智能具有显著的经济驱动效应。作为一种在国民经济各行业广泛适用且持续创新的技术,人工智能的广泛应用预示着经济社会对其需求的庞大,进而推动其发展成为规模庞大的产业。其次,人工智能对其他产业具有颠覆性影响,能够加速产业技术的创新、商业模式的变革以及业态的升级,显著提升生产效率并优化用户体验。

鉴于人工智能尚处于产业化初期且发展迅速,当前并无任何国家在此领域拥有绝对优势,亦无法像掌控传统产业般实现垄断。因此,率先进入这一领域的国家有望抢占先机,借助技术代差优势赢得战略主动,反之则可能面临被其他国家超越的风险。①

二、人工智能成为新质生产力的典型代表

当前信息时代正加快进入智能计算的发展阶段,人工智能技术上的突破层出不穷,逐渐深入地赋能千行百业,推动人工智能与数据要素成为新质生产力的典型代表。习近平总书记指出,把新一代人工智能作为推动科技跨越发展、产业优化升级、生产力整体跃升的驱动力量,努力实现高质量发展。党中央高度重视智能经济发展,促进人工智能和实体经济深度融合,为高质量发展注入强劲动力。国家转变发展方式、优化产业结构、转换增长动力,迫切需要人工智能创新提供新动能。

人工智能将会扮演什么样的角色呢?这项技术的发展还有很多不确定性,因而现在要给出答案还为时尚早。但人工智能与内燃机、电力等更为相似,它不是武器,而是使能者,是一项应用领域广泛的通用技术。这使得人工智能不同于导弹、潜艇或坦克,而有更广泛的应用范围。人工智能作为新一轮产业变革的核心驱动力,将进一步释放历次科技革命和产业变革积蓄的巨大能量,并创造新的强大引擎,重构生产、分配、交换、消费等经济活动各环节,形成从宏观到微观各领域的智能化新需求,催生新技术、新产品、新产业、新业态、新模式,引发经济结构重大变革,深刻改变人类生产生活方式和思维模式,实现社会生产力

---

① 《世界主要国家人工智能战略及其产业政策的特点》,《经济日报》2019 年 4 月 17 日。

的整体跃升。我国经济发展进入新常态,深化供给侧结构性改革任务非常艰巨,必须加快人工智能深度应用,培育壮大人工智能产业,为我国经济发展注入新动能。

中共中央政治局于 2018 年 10 月 31 日就人工智能发展现状和趋势举行第九次集体学习。中共中央总书记习近平在主持学习时强调,人工智能是新一轮科技革命和产业变革的重要驱动力量,加快发展新一代人工智能是事关我国能否抓住新一轮科技革命和产业变革机遇的战略问题。要深刻认识加快发展新一代人工智能的重大意义,加强领导,做好规划,明确任务,夯实基础,促进其同经济社会发展深度融合,推动我国新一代人工智能健康发展。

人工智能是引领这一轮科技革命和产业变革的战略性技术,具有溢出带动性很强的"头雁"效应。在移动互联网、大数据、超级计算、传感网、脑科学等新理论新技术的驱动下,人工智能加速发展,呈现出深度学习、跨界融合、人机协同、群智开放、自主操控等新特征,正在对经济发展、社会进步、国际政治经济格局等方面产生重大而深远的影响。加快发展新一代人工智能是我们赢得全球科技竞争主动权的重要战略抓手,是推动我国科技跨越发展、产业优化升级、生产力整体跃升的重要战略资源。

人工智能具有多学科综合、高度复杂的特征。我们必须加强研判,统筹谋划,协同创新,稳步推进,把增强原创能力作为重点,以关键核心技术为主攻方向,夯实新一代人工智能发展的基础。要加强基础理论研究,支持科学家勇闯人工智能科技前沿的"无人区",努力在人工智能发展方向和理论、方法、工具、系统等方面取得变革性、颠覆性突破,确保我国在人工智能这个重要领域的理论研究走在前面、关键核心技术占领制高点。要主攻关键核心技术,以问题为导向,全面增强人工智能科技创新能力,加快建立新一代人工智能关键共性技术体系,在短板上抓紧布局,确保人工智能关键核心技术牢牢掌握在自己手里。要强化科技应用开发,紧紧围绕经济社会发展需求,充分发挥我国海量数据和巨大市场应用规模优势,坚持需求导向、市场倒逼的科技发展路径,积极培育人工智能创新产品和服务,推进人工智能技术产业化,形成科技创新和产业应用互相促进的良好发展局面。要加强人才队伍建设,以更大的决心、更有力的措施,打造多种形式的高层次人才培养平台,加强后备人才培养力度,为科技和产业发展提供更加充分的人才支撑。

我国经济已由高速增长阶段转向高质量发展阶段,正处在转变发展方式、优化经济结构、转换增长动力的攻关期,迫切需要新一代人工智能等重大创新添薪续力。我们要深入把握新一代人工智能发展的特点,加强人工智能和产业发展融合,为高质量发展提供新动能。要围绕建设现代化经济体系,以供给侧结构性改革为主线,把握数字化、网络化、智能化融合发展契机,在质量变革、效率变革、动力变革中发挥人工智能作用,提高全要素生产率。要培育具有重大引领带动作用的人工智能企业和产业,构建数据驱动、人机协同、跨界融合、共创分享的智能经济形态。要发挥人工智能在产业升级、产品开发、服务创新等方面的技术优势,促进人工智能同一、二、三产业深度融合,以人工智能技术推动各产业变革,在中高端消费、创新引领、绿色低碳、共享经济、现代供应链、人力资本服务等领域培育新增长点、形成新动能。要推动智能化信息基础设施建设,提升传统基础设施智能化水平,形成适应智能经济、智能社会需要的基础设施体系。

　　要加强人工智能同保障和改善民生的结合,从保障和改善民生、为人民创造美好生活的需要出发,推动人工智能在人们日常工作、学习、生活中的深度运用,创造更加智能的工作方式和生活方式。要抓住民生领域的突出矛盾和难点,加强人工智能在教育、医疗卫生、体育、住房、交通、助残养老、家政服务等领域的深度应用,创新智能服务体系。要加强人工智能同社会治理的结合,开发适用于政府服务和决策的人工智能系统,加强政务信息资源整合和公共需求精准预测,推进智慧城市建设,促进人工智能在公共安全领域的深度应用,加强生态领域人工智能运用,运用人工智能提高公共服务和社会治理水平。要加强人工智能发展的潜在风险研判和防范,维护人民利益和国家安全,确保人工智能安全、可靠、可控。要整合多学科力量,加强人工智能相关法律、伦理、社会问题研究,建立健全保障人工智能健康发展的法律法规、制度体系、伦理道德。① 如今,人工智能作为新一轮产业变革的驱动力,将重塑经济活动各个环节,从而完成新业务、新模式和新产品的探索。其影响范围广泛,从衣食住行到医疗教育,各个领域都有与人工智能的深度融合和落地应用。

---

　　① 《中共中央政治局就人工智能发展现状和趋势举行第九次集体学习》,新华社,2018 年 10 月 31 日。

表1-2　各领域与人工智能的深度融合与落地应用

行业	内　容
制造行业	智能机器人能够主动适应生产场景,为制造业中多种场景提供解决方案,使大规模定制化成为可能;机器视觉在3C电子、汽车制造、半导体等领域广泛应用
电商行业	借由人工智能技术在数据分析、处理上的强大能力,深度分析用户购买行为、类别偏向等进行精准的推荐以及营销,以提升客户转化率
金融行业	智能风控在信贷、反欺诈、异常交易监测等领域得到广泛应用
安防行业	计算机视觉所应用的"人像识别、人脸对比",可以追查犯罪嫌疑人生活轨迹及可能出现的场所,在打击拐卖儿童以及追查嫌疑人上有着重要作用

三、人工智能技术成为新一轮军备竞赛制高点

人工智能在军事领域的应用非常广泛,大量的机器人、无人机投入战争,优先发展智能化武器装备是世界各国军队追求的主要目标。美国始终保持技术优势,它实际上就是第三次抵消战略,含义就是用技术优势来抵消对方的数量优势。所以美国的战略定位是,永远不会将美军派到一场公平对称的战争中,这叫非对称作战。第一次抵消战略是20世纪50年代远程大型核技术,第二次抵消战略是20世纪70年代精确打击信息技术。前两次抵消战略都是针对苏联,第三次是针对中国。这次抵消战略有五大核心技术:深度学习、人机协同、机器辅助人类、无人系统战斗编队、网络复杂机器学习。这五大核心技术全部指向人工智能,所以人工智能已成为中美战略博弈的核心。2014年11月,美国"第三次抵消战略(Offset Strategy)"拉开序幕,实质

是围绕人工智能技术创新,挑起的一场新的世界军备竞赛。

美国国防部副部长凯瑟琳·希克斯曾指出,美国的目标是建立一支"数据驱动及人工智能授权的军队",并宣布了"复制者计划",重点关注"小、智、廉、多"平台,旨在快速开发与部署"可蜂群攻击敌人的低成本空中、陆地、海上无人机"自主系统,计划在18个到24个月内"多个领域部署数千个自主系统",成本更低、投入更少、交货更快,以便对抗中国在这方面最重要的优势。美国的国防采办开始从"高大上"有人为主的平台建设,转向无人化的"小、智、廉、多"集群系统,明显加快了无人智能建设步伐。

世界经济论坛执行主席克劳斯·施瓦布提出,人工智能是"第四次工业革命"的重要因素之一;谷歌前任CEO艾瑞克·施密特认为,人工智能对于未来国家力量的重要性足以让美国政府制定人工智能的国家战略,就像冷战时制定太空技术发展计划那样;特斯拉和太空探索技术公司的CEO伊隆·马斯克甚至声称,如果人工智能技术进步未能得到合理监管,可能会引起第三次世界大战。这些说法都表明,人工智能将对全球政治和力量均势产生极大的甚至可能是决定性的影响。

俄罗斯总统普京曾通过视频直播向16000所学校发表新学期讲话。表示称,一个国家垄断人工智能领域是不可接受的,并承诺俄罗斯将与其他国家分享在人工智能领域的成果。新美国安全中心(CNAS)技术与国家安全项目研究员格雷戈里·艾伦在近期的研究中指出,人工智能的发展潜力巨大,其可能对军事领域产生深远影响,堪比历史上核武器、计算机或飞机的发明所带来的军事变革。

以上论述表明世界主要发达国家正在加速积累基于人工智能的军事能力。世界主要发达国家一致认为人工智能对未来国家安全发挥着至关重要的作用。

表1-3　中国之外世界主要国家人工智能领域发展战略

国家	战略	时间	意　义
美国	美国人工智能国家安全委员会(NSCAI)向国会递交了长建议报告	2021-03	为美国人工智能领域的发展设定2025年目标,以实现"军事人工智能准备就绪"
	国家人工智能研发战略计划	2023-05	该计划重申了人工智能战略目标并对具体优先事项进行调整和完善,同时增加新的战略以强调国际合作
	人工智能战略	2023-12	该战略被用来指导负责任的人工智能,以推进美国外交和外交政策
欧盟	《人工智能白皮书》	2020-02	人工智能发展立足于以"欧洲人追求卓越和信任的方式"向前推进,未来人工智能发展将欧洲建设成为全球研究和创新人工智能的"灯塔中心"
俄罗斯	《2030年前俄罗斯国家人工智能发展战略》	2019-10	通过促进人工智能技术的发展与应用,确保国家安全,提升整体经济实力,谋求俄罗斯在人工智能领域的全球领先地位
日本	《人工智能战略2019》	2019-06	建成人工智能强国,并引领人工智能技术研发和产业发展
	《人工智能战略2022》	2022-04	通过培养人工智能时代人才,确立一体化人工智能技术体系,实现多样性、可持续发展的社会,应对国家层面的危机

国家	战略	时间	意　义
英国	《人工智能行业新政》	2018-04	大工业战略的一部分,旨在推动英国成为全球人工智能领导者
	《国家人工智能战略》	2021-09	该战略旨在从人工智能带来的最大经济和生产力增长中获益,建立世界上最值得信赖和支持创新的人工智能治理体系
加拿大	《泛加拿大人工智能战略》	2017	创建卓越的科学团体;培养理解人工智能经济、道德、政策和法律含义的思想领袖;支持专注人工智能的国家研究团体
德国	《联邦政府人工智能战略》	2020-11	该战略旨在通过发展人工智能来提升德国制造的核心竞争力,确立德国和欧洲在人工智能领域的领先地位
法国	《国家AI计划》	2018-03	制定开放的数据政策、建立监管和金融框架、制定道德规范。确保人工智能使用和发展是透明的、可解释的和非歧视性的
	《人工智能的国防应用路线图》	2019-11	明确人工智能的国防应用指导原则,提出人工智能技术的国防应用路线图,以发展适应军事需要的人工智能技术
	《国家人工智能第二阶段发展战略》	2021-11	通过加快在人工智能领域的能力建设,使法国成为高可信嵌入式人工智能领域的领导者

四、未来我国人工智能发展战略面临的挑战

人工智能技术与智能计算处于中美科技竞争的焦点,我国在过去几年虽然取得了很大的成绩,但依然面临诸多挑战。

一是高端算力产品禁售。高端芯片工艺长期被卡，A100、H100、B200 等高端智算芯片对华禁售。华为、龙芯、寒武纪、曙光、海光等企业都进入实体清单，芯片制造的先进工艺受限，核心算力芯片的性能落后国际先进水平，国内可满足规模量产的工艺节点落后国际先进水平。

二是国内智能计算能力弱，AI 开发框架渗透率不足。国内生态孱弱，研发人员不足；美国英伟达 CUDA（Compute Unified Device Architecture，通用计算设备架构）生态完备，形成了事实上的垄断。我国开发工具不足，资金投入不足。国内企业之间无法形成合力，没有深度适配，无法形成一个有竞争力的技术体系。

三是 AI 应用的成本和门槛高。当前我国 AI 应用主要集中在互联网行业和一些国防领域。AI 技术推广应用于各行各业时，特别是从互联网行业迁移到非互联网行业，需要进行大量的定制工作，迁移难度大，单次使用成本高。

四是美国在 AI 核心能力上长期处于领先地位，中国处于跟踪模式。中国在 AI 高端人才数量、AI 基础算法创新、AI 底座大模型能力、底座大模型训练数据、底座大模型训练算力等，都正在赶超美国，目前仍存在一定的差距。

第四节　局部战争与危机冲突为智能化战争提供了实践平台

拿破仑认为："我们正在创造一个新时代，对于过去，我们就应仅仅记住好处,而忘掉坏处。"美国是世界的超级大国,也是军事强国。海湾战争后美国先后在全球范围内打赢了伊拉克战争、科索沃战争、阿富汗战争、利比亚战争和击毙本·拉登军事行动等。每一场战争都能给人耳目一新的认知,都试验了全新的智能化武器装备,为智能化战争的产生提供了实践平台。

一、智能化武器装备在局部战争中的运用

当代智能化武器装备的显著特点,体现在其能够独立执行较为复杂任务的无人化武器平台,以及辅助操作系统上。这些系统涵盖了智能化的指挥控制系统、无人机、无人车、地面机器人、无人水面艇以及无人潜航器等。目前,全球范围内已列装的无人装备型号数量庞大,达到百余种。同时,各大军事强国也在积极研发各类智能化的无人作战平台,预示着智能化战争的新纪元正在逐步来临。

伊拉克战争中的美军,派出了不到 10 架绰号为"夜鹰"的 F-117 隐身战斗机投放了几十枚激光制导炸弹,效果较好;使用了 JDAM 航空炸弹配件,装在由飞机投放的传统炸弹上,将本来无控的传统航空炸弹转变为可控,并能在恶劣气象条件下使用的精确制导武器。弹药的制导功能是由炸弹尾翼控制附件以及全球定位系统或惯性导航系统提供;派出了 16 架 RQ-1"捕食者"无人机,其中 9 架用于执行情报、监视和侦察任务,7 架携带"海尔法"反坦克导弹的 RQ-1B"捕食者"主要担任对地攻击任务。RQ-1"捕食者"无人机为美军提供信息以及"广泛的作战能力",一半以上的摧毁时间敏感目标的信息是由无人机提供

的,任务完成率达 76.6%。在战争中,美军无人侦察机、间谍飞机和侦察通信卫星可以 24 小时实时向后方指挥部发送战场态势和情报。美军充分发挥一体化的信息保障优势,空中、地面多种侦察手段综合运用,实现了实时、高效的战场监控。

RQ-1"捕食者"无人机

在阿富汗战争中美国动用了"小鹰"号航母,舰载武器包括 3 座 8 联装"海麻雀"舰对空导弹发射装置、3 座"密集阵"近战武器系统、4 座 SRBOC 电子对抗诱饵发射装置、1 台 SLQ-36 "女水妖"拖曳式诱饵;将 AC-130 武装直升机、MH-53J 特种作战直升机、E-8C 预警机、U-2 无人驾驶侦察机、地狱火空对地导弹、GBU-28 激光制导炸弹、全球鹰无人机、B-52 轰炸机、先进的 B-2 隐身轰炸机及"利剑"机器人投入战场。美军显著提升了精确制导武器的使用比例,这一比例现已增至 55%。在美军投放的 1.2 万颗炸弹中,精确制导炸弹的数量超过了 6700 颗。

在利比亚内战中,土耳其投入了大量该国自行研制的 TB-2

型察打一体无人机,俄罗斯投入"铠甲"S1防空系统。据美国战地记者杰夫·贾沃斯基的调查显示,在利比亚内战中,有47架TB-2无人机被击落。利比亚"国民军"被击毁的"铠甲"S1只有9台(辆)。

乌克兰危机中的无人作战。这也是人工智能显示身手的舞台。据外媒Wired报道,由美国人工智能企业Primer开发的一种人工智能(AI)工具正在被用于窃听俄罗斯士兵在战场上的通信内容。该工具能自动抓取、转录、翻译和分析俄军采用未加密通信通道进行的对话。据路透社报道,美国人脸识别公司ClearviewAI向乌克兰政府部门开放人脸数据库,通过其在俄罗斯社交平台上收集的图片及搜索引擎,可以识别俄罗斯特工、确认死者身份等。乌克兰通过人脸识别技术除了实现对重要目标的识别外,还识别俄军战俘和阵亡士兵的身份,并把相关资讯公开,进行心理战宣传,这也引发了极大争议。《华盛顿邮报》评论道:"这可能是面部识别技术迄今为止最令人毛骨悚然的一次应用"。

俄乌双方大量使用"立方体""弹簧刀""凤凰幽灵"等无人机,取得了显著的效果。乌军使用澳大利亚提供的纸板无人机,利用其造价低廉,隐蔽突防能力强,且具有高度自主性的特点,在突袭俄库尔斯克机场行动中,成功摧毁俄军5架战机;乌军借助美盟态势感知支持,多次利用夜间及凌晨时分,使用无人机/艇混合编组模式,对俄黑海舰队塞瓦斯托波尔港发动突袭,致使俄军军舰严重受损。

二、智能化武器装备在武装冲突中的运用

智能化武器装备是指基于嵌入式计算、人工智能、自适应控制等技术的具有环境适应性与智能决策能力的军事装备的统称。该军事装备通常由多个核心组件构成，包括信息采集与处理系统、知识库系统、辅助决策系统以及任务执行系统等。这些系统协同工作，能够自主执行一系列复杂的军事任务，包括但不限于侦察、搜索、瞄准、攻击目标，以及收集、整理、分析和综合情报等，以确保高效、精准地达成预定目标。

叙利亚政府军收复拉塔基亚省目标的战斗。2015 年底，叙利亚政府军在俄罗斯无人战车的支援下打了 754.5 高地攻坚战。这是世界上第一场以无人战车为主的攻坚战，俄罗斯投入了 6 台履带式"平台-M"无人战车、4 台轮式"阿尔戈"无人战车和至少 1 架无人机。754.5 高地位于叙利亚拉塔基亚省西部，控制着附近多条通往阿勒颇省的道路。在叙利亚战场上，叙政府军为尽快达成收复整个拉塔基亚省的目标，于 2015 年 12 月发起对该高地的攻势。然而，由于先期准备不足、战场侦察不充分，叙政府军初次攻击失利，不得不向俄军求援。俄军除派出传统作战力量外，还首次成建制派出一个以无人作战平台为主的机器人作战连参加战斗。该连采取有人无人混合编组的新型作战模式，构建起以"仙女座-D"自动化指挥系统为核心、空中无人机"蜂群"为"眼"、地面无人战车"狼群"为"拳"的智能化作战体系，采用全维侦察和饱和攻击相结合的作战方式对目标实施高效打击。该连最终仅用时 20 余分钟，取得了歼敌 77 人的

战果,顺利夺占高地。

沙特油田遭无人机袭击。沙特阿拉伯国防部发言人马利基表示,"袭击沙特阿美公司设施的是18架无人机和7枚巡航导弹。"展示了4枚袭击胡拉斯(Khurais)油田的巡航导弹,称用于攻击沙特阿美公司设施的无人机是伊朗三角翼。也门胡塞武装代表指出,"用于攻击的无人机是'卡瑟夫'和'无敌-3',射程为1700公里,它们携带四个弹头,从三个不同的位置发射"。①

亚美尼亚和阿塞拜疆军队围绕纳卡地区的较量,为我们展示了21世纪冲突的一些新特点、新趋势,出现的新型作战方式值得我们去思考研究。亚美尼亚与阿塞拜疆之间爆发的冲突中,双方都使用了不少新型武器装备,其中最为亮眼的应该就是无人机。战斗中无人机彻底完成了从配角到主角的转变。双方在社交平台上公布大量无人机攻击对手步兵单位、装甲单位的图片与视频,亚美尼亚军队的各类主战装备,包括主战坦克、步兵战车、火箭炮和长管火炮,纷纷遭到携带导弹无人机的攻击,而以色列制造的"哈洛普"反辐射无人机,则迫使亚美尼亚军队的野战防空系统轻易不敢开机。据报道,一架隶属于阿塞拜疆的军用无人机成功实施了精确打击,一次性摧毁了亚美尼亚的一个步兵班组及其伴随的一辆装甲车。这一事件再次凸显了现代战争中无人机作为新型作战力量的重要性。双方之间的战场对抗已经逐渐从依赖主战坦克、武装直升机等传统装备,转变为更加侧重于无人机等高科技手段的运用,这些曾被认为仅作为

① 刘珊:《鲁哈尼:美国和沙特挑起地区冲突》,央视网,2019年9月19日。

战场辅助装备的无人机,如今已成为战场上的"杀手锏"。在以往的冲突中,无人机承担的主要是侦察任务,火力打击主要由有人机完成。

在此次亚阿冲突中,阿塞拜疆军队对亚美尼亚军队的攻击75%以上都是由无人机完成的。主要是土耳其的 TB2 攻击无人机和以色列的"哈洛普"自杀式无人机,此外,阿塞拜疆军队还出动了一些由安-2 运输机改装的诱饵无人机,主要用于吸引亚美尼亚军队防空火力开火暴露阵地位置,以便 TB2 和"哈洛普"进行反辐射作战。现代战场环境下,成本低廉、无人员参与、毁伤能力强大,没有太好压制办法的军用小型无人机会成为一种规模作战趋势,大规模的无人机携带导弹对没有制空权的地面装甲部队将是毁灭性的打击。此次亚阿冲突,高度发达的社交媒体直接将战争提速到直播时代,阿塞拜疆 TB2 无人机击毁亚美尼亚军队防空导弹阵地的第一视角视频在攻击数小时之后就通过社交媒体传遍了全球的每个角落,几乎相当于战场实况直播。

第二章 智能化战争的基本特征

战争只能根据概然性的规律推断。①

——克劳塞维茨

在战争的历史演进中,战争总是在改变。智能化战争是信息化战争发展到高级阶段的产物,同时也是信息化战争的超越。军事智能化正成为继机械化、信息化之后推动新一轮军事变革的强大动力,深刻影响着战争制胜机理和作战方式的发展变化。正如信息化是建立在机械化的基础之上,智能化则是建立在信息化的基础之上,智能化战争包含了机械化战争和信息化战争的基本要义,其呈现出自主性、全域性、涌现性、迭代性的基本特征②,突显了智能化战争的巨大优越性,更促使人们自觉地接受、设计和准备打赢智能化战争。

---

① 参见普鲁士军事理论家和军事历史学家、普鲁士军队少将冯·克劳塞维茨著作《战争论》,华中科技大学出版社 2019 年版。

② 安东·拉夫罗夫、阿列克谢·拉姆:《自由飞行员:国防部制定无人攻击机发展计划》,俄罗斯《消息报》2022 年 1 月 10 日。

第一节　智能化战争的自主性

智能化作战的本质是自主化作战。风靡网络的人工智能杀人蜂视频,在一定程度上展现了未来智能化、自主化、无人化作战的某些特点,其中无人化为主的作战样式的主要演进过程是,"有人为主、无人为辅",其主要特点是"有人主导下的无人化作战";"有人为辅、无人为主",其主要特点是"有限控制下的无人化作战";"规则有人、行动无人",其主要特点是"有人设计、AI控制的无人化作战"。自主化主要从"作战平台自主、指挥决策自主、行动协同自主"三方面预示了智能化战争的自主性。

一、作战平台自主

作战平台自主,主要指无人作战平台具有持续行动能力强、不需要人驾驶、反应速度更快、精准度更高等基于人工智能的特性。当前全球已有70多个国家的军队装备了军用机器人,种类已有150多种,其中美军装备的无人作战飞机已超过其飞机总数的50%以上。无人作战平台将成为未来智能化战争的重要支撑。

无人作战平台续航能力更长。长航时、察打一体的多功能无人作战平台的使用,可长期在对方前沿处于察打或半休眠部署状态,平时侦察监视对方的主要行动,战时按需随时发起攻击。比如,水下无人潜航器,续航时间长达数月,可携带水雷、鱼雷或其他攻击性武器,进入对方区域实施持续监视、秘密布雷或攻击。

无人作战平台适应能力更强。无人作战平台不需要人驾驶,所以能够克服人的脆弱性和身心极限、适应各种残酷恶劣环境。当前许多军事领域的研究就是为了保护士兵或者拓展其作战领域,而无人作战平台没有人类的脆弱性和身体极限,所以它的优势就在于"无人",不会因为人的精力、体力、情绪而影响操作能力,完成各种危险的动作,完美地执行任务。无人作战平台拥有各种战场环境及作战空间的适应能力,无论是在极寒、极热、高压、缺氧等极端气候下,还是太空、核辐射、生化袭击等人类难以生存的环境,无人化作战系统仍然可以正常执行任务。

无人作战平台精准高效。无人作战平台实现人脑、计算机、云脑的三者结合,发挥人脑的创造性、灵活性和合理性,并结合计算机、云脑的高速、高精度和高存储特点,为无人作战平台反应速度更快、精准度更高提供支撑。未来战争运用"侦察感知、干扰摧毁、链路阻塞、接管控制以及瘫痪敌作战系统"等多种作战手段,采取"点对点""端对端"的打击方法,将使"多轴攻击""精确点杀""控域夺心"等作战样式更加高效。

2023年9月22日,俄罗斯黑海舰队司令部遭袭,75架无人机+多枚诱饵弹+3枚诱饵弹巡航导弹对其进行了集群攻击。2024年2月1日,乌军12艘无人快艇摧毁俄罗斯"伊万诺韦茨"导弹艇。2月14日,9艘无人快艇又击沉了4000吨级的大型两栖舰"凯撒库尼科夫"号。在未来战争中,通过大模型指挥和控制无人机、无人地面车辆等无人系统及无人作战平台,将是一支不可或缺的新质作战力量,有着无限的发展和应用空间。

二、指挥决策自主

智能化战争的指挥决策,作战层级越低、任务就越简单,无人化、无中心的作用就越突出;如果作战层级越高、任务就越复杂,人的决策和有中心的作用就越重要。未来智能化战争中无中心、弱中心、有中心以及相互之间的混合兼容成为发展趋势,将彻底改变以人为主的指挥控制和决策模式。指挥决策自主,主要包括战场态势的自主感知、作战设计的自主高效、作战任务的自主规划等作战体系中基于人工智能的自主决策。

态势自主感知是指在特定的环境中对战场态势要素的察觉、理解和预测。主要是运用智能识别,基于联合作战体系和军种大数据作为技术支持。随着战争形态智能化的演进发展,战场态势正发生巨大变化。战场态势感知自主精准,未来智能化战场态势的瞬息万变催生了战场态势感知需求,通过对各类侦察手段的智能组网,全方位、多维度捕获战场态势信息,进而构建战场态势大数据库;运用人工智能大语言模型分析来自卫星的图像和空间数据,以支持侦察和监视任务;利用人工智能大模型分析战场地形和敌方部署,为部队行动提供最佳路径和战术建议;运用 AI 手段分析比对数据进行自主精准的战场态势感知、战场态势融合。实时响应指挥员决策的"关键信息需求",获取更加快、全、准、深的战场态势认知结果。

作战自主设计是通过人机交互的方式完成设计性决策,然后由机器自主完成侦察、判断、打击等执行性决策。人工智能系统深度进入作战设计全流程,制智权成为战场综合控制权的核心,作战设计方式由指挥系统辅助决策向人机混合决策发展。战争设计和决策是通过多维同步战场态势,将战略、战役及战术三级战场态势关联,利用网络化智能辅助决策系统,实现战略、战役及战术决策三级之间的指令传递,精准锁定作战时机窗口,果断有效决策,快速传递指令,调控战局节奏。

任务自主规划是依据作战设计,结合战场态势自主形成行动规划,全程动态自动验证并自主调整计划。在智能化战争中,智能化作战单元需要具备任务自主规划能力,利用态势感知以及信息网络获取信息,对当前战场态势和目标状态进行"预判","透视"出战场未来可能变化,在整个作战实施过程中对作战资源实现动态、灵活配置,对行动方案进行不断地优化调整,将信息优势转化为决策优势和行动优势,最终达成作战任务设计目标。美国辛辛那提大学公布:该校开发的一套人工智能系统"阿尔法",在空战模拟对抗中,指挥仿真战斗机编队,击败了有预警机支持、空战经验丰富的美国空军退役上校。"阿尔法"空中格斗中调整战术计划的速度是人类的 250 倍,从传感器搜集信息、分析处理到作出正确反应,整个过程不超过 1 毫秒。①"阿尔法"系统可同时躲避数十枚导弹并对多目标进行攻击,还能协调队友并观察学习敌方战术。

智能化战争呼唤智能化指挥决策。指挥决策活动只有主动适应并满足不同时代战争形态的发展变化需要,才能发挥出

① 刘玮琦:《智能化战争大幕拉开》,《解放军报》2018 年 5 月 17 日。

"运筹帷幄,决胜千里"的功效。① 回顾历史不难发现,人类科技发展史也是人类不断把自身功能逐步让渡给机器的过程。在军事领域,人们利用枪炮、导弹替代四肢打击功能,望远镜、雷达等侦察设备替代感官感知功能,车辆、舰艇、飞机等机动平台替代双腿行走功能。随着人工智能的迅猛发展,并深入渗透到作战指挥各环节全过程,可以预见,以往完全由人来完成的指挥决策活动,未来战争将逐步转向由人机混合智能体来完成。人把一部分决策功能让渡给人工智能,既有必要也是可行的。②

三、行动协同自主

行动协同自主,主要包括有人无人系统的自主协同和无人化的自主集群。《宋史·岳飞传》中有"运用之妙,存乎一心"。这句古人对于作战样式的精辟概括在人工智能飞速发展的今天依然适用。事实上,在智能化战争领域拓展开来,我们可以把古人所运用的作战样式分为两个部分:

一是有人无人系统的自主协同。在未来战争中,具备自我探测、搜索、侦察、欺骗和分析数据、自我攻击的无人战车、无人水面舰艇、无人潜航器、无人机组成的无人系统部队,根据作战整体意图,发现目标即可把目标方位、性质信息反馈给有人部队

---

① 王凤春:《关注智能化指挥决策新变化》,《解放军报》2022 年 1 月 6 日。

② 袁艺、高冬明、张玉军:《也谈智能化指挥"自主决策"》,《解放军报》2019 年 4 月 18 日。

指挥员或操控员。一方面,指挥员根据当前态势信息进行作战任务设计及实时确定打击目标;另一方面,无人作战系统也可根据战场情况变化判断目标性质,按照作战预案自主选择重点目标进行自主攻击。[①] 乌克兰危机中,俄乌双方采用无人机+传统火力、无人机+机动突击、微型无人机+轻步兵等方式,效果十分显著。截至2024年4月8日,双方无人机战损28677架。目前,越来越多的乌克兰无人机配备了小型、低功率智能芯片,可判断下方物体是T-72还是T-90坦克。据报道,英、美准备提供数千架人工智能无人机,相互通信、不需要人操控。大量无人机的广泛使用加速了OODA闭环并改变了最初的作战形态。无人系统与传统装备的深度融合及一体化建设,将成为未来发展的重大趋势。

二是无人化的自主集群。作战单元通过网络链接智能化无人装备,形成力量整合、功能融合、行动组合的作战集群。集群以高智能化的形式,精确打击敌战略决策和指挥系统,提升作战效能。例如,母舰蜂群集群作战,以母舰为中心,运用饱和式突防、分布式杀伤、覆盖式机动等多种手段实施作战行动。美军正推进"蜂群"作战技术研究,包括"小精灵"和"郊狼"等项目,评估低成本无人系统集群技术。无人"蜂群"系统具有侦察监视和自主攻击等功能,性价比高且可回收,能实现饱和攻击。

有人与无人系统之间的控制关系须由简单、低效的主从式协同转变为复杂、高效的合作式协同。人工智能技术能够全时、

---

① 魏岳江:《有人与无人系统协同作战模板》,《中国航空新闻》2021年5月18日。

"小精灵"无人机

全域对各作战力量的行动信息进行实时处理并共享,使得人类可以突破思维的逻辑极限、感官的生理极限和生存的物理极限,从而拓展指挥员对时间空间的认知范畴。无人系统的行为既需要与人的行为相互配合,又需要保持适度的自主性,能在人为干预与局部自主间进行权衡。行动协同自主的特点,可能对未来战争模式产生颠覆性变革,在智能化战争中,满足未来协同作战要求,将从某种程度上成为赢得战争主动的关键。

第二节 智能化战争的全域性

智能化浪潮汹涌而来,并在军事领域得到广泛深入应用。未来战争的维度将不断拓展,向物理域、信息域、认知域等多个领域渗透。物理域支撑信息域、认知域,信息域控制物理域、支撑认知域,认知域将引领信息域、重塑物理域。智能时代战争将同时发生在物理域、信息域和认知域之间。物理域、信息域和认知域都不是智能时代战争的专属领域,一切战争甚至一切历史,都源于三者的共同作用,它们在战争历史长河中此起彼伏、相辅相成,产生颠覆性突破。

一、物理域

物理域涉及陆、海、空、天以及极地、深海、临近空间等。当战争形态发生嬗变,物理域的机动力、杀伤力和防护力的跃升,经常成为影响战争胜负的关键。冷兵器战争的铁器、战马,热兵器战争的火枪、火炮,机械化战争的舰船、坦克、飞机,都是如此,概括起来就是能量主导。能量主导打速度、打力量。谁的主战平台更好、更快、更强,往往谁就更容易取胜。但武器效能不能无限发展,如今平台机动力已经囿于人的生理极限而遭遇瓶颈;核武器又告诉我们,不管火力发展有无上限,使用必将严格受限。[①]

以制智为目标的物理域作战是智能化战争在武器装备与作战平台上进行信息化升级的产物。在战争效能的发挥上,消灭"有生力量"一直是物理域作战的主题。虽然防护技术的发展已经使物理域的作战对象"发生偏转",即战争中的作战对象从原来的直接打击的人,转变为间接打击的人,且随着武器装备战斗力的增强,这一偏转愈加明显,如为了打击"人体",不得不打击"物体",但"人体"毕竟是战争双方攻击的最终目标。人工智能的介入将弥补这种缺陷,如克服信息化武器装备在米级精确

---

① 董治强:《认知域下智能化战争制胜机理》,《解放军报》2019 年 12 月 24 日。

打击、全球宽带联通及近实时摧毁的情况下难以完成的重大突破等。①

二、信息域

信息域包括网络、电磁空间、赛博空间等。重点关注信息的传输、共享和赛博能力。赛博空间是信息化战争的一个重要领域，既相对独立又嵌入其他领域之中。信息化战争的发展，使作战双方的对抗"逐渐从强度、物质和能量问题转变为结构、组织、信息和控制问题"，信息取代能量成为战争的关键。信息主导就是打精度、打整体，谁的武器平台打击精度更高，谁的作战体系信息共享能力更强，谁就更容易取胜。但信息优势到决策优势的关联也并非线性，随着信息量的持续提升，指挥员往往无法立即准确地做出判断，决策优势的形成还要诉诸于智能化的支撑。②

面对快速变化的战争局势，不断增加的信息量，无论是战术行动的攻防转换，还是军事策略的胜负之道，都要求"参与者"在任何时候都能突破个人生理条件的束缚，这是传统意义上的"战士"或"指挥官"所难以做到的。相较而言，人工智能最大的优点就是，在先进的核心算法支撑下，呈现出"1+1>2"的准确决策效果，这就能弥补指挥者在生理上的缺陷。智能化战争的出

---

① 贾珍珍、金宁：《智能化战争的作战样式》，《军事文摘》2019 年第 1 期。

② 董治强：《认知域下智能化战争制胜机理》，《解放军报》2019 年 12 月 24 日。

现并非偶然,而是智能化技术拓展下的必然选择。

三、认知域

认知域包括心理认知、感知、判断和决策等,自古以来便为兵家之所必争。著名军事理论家克劳塞维茨认为,战争是一个"充满不确定性的领域"。人工智能在军事领域的应用无疑将改变这一局面。《孙子兵法》等古代兵经有"庙算先胜""上兵伐谋"等丰富的战争思想。认知主导打智能、打设计。尤其是当战争形态趋于成熟,势均力敌的对手之间的对抗,总会以认知为主导。如果说过去能量和信息的发展水平,对指挥员筹划设计作战还有很大制约,那么今天两者的极大发展,则为他们有效达成意图提供了条件。想到即能做到,正在使战争的主导要素自然地向认知转移,智能水平更高、设计能力更强的一方,往往就能主导战局发展。① 认知域成为大国博弈、军事对抗的终极之域。

认知域作战体现了"不战而屈人之兵"的作战思想。认知空间的博弈和对抗古已有之,几乎贯穿人类几千年战争史,我国古代称之为"攻心术""心战"。冷兵器时代和热兵器时代初期,人们逐步认识到战争的正义性及人心向背等因素对战争胜败的影响,广泛采用发布战争檄文、战表、告示等方式来揭露敌人罪状,从而激发将士斗志,达到先声夺人的效果。伴随着人工智能技术的发展,可以替换人脸,使声音张冠李戴、让形象面目全非,

① 董治强:《认知域下智能化战争制胜机理》,《解放军报》2019 年 12 月 24 日。

以此用于军事,实现"偷梁换柱""以假乱真"等兵家诡道之谋,更显奇效。① 同时,还可以利用人工智能大语言模型分析社交媒体和网络上的公众舆情,用于心理战和宣传战略。在心理战和信息操作领域,大语言模型可以用于创建针对性的宣传材料,分析敌方的公共信息以判断其意图,最终实现战略目的。

当前,世界各国研制的无人机、无人舰艇、无人战车及作战机器人,其核心还是计算机编程,所有作战任务都通过计算机程序来固化,也就是说,是根据任务需要进行前期设定,尤其是攻击无人机,实施攻击还离不开远程遥控。智能化不是要让机器智能超越、取代或淘汰人,而是用它辅助、解放和增强人,通过人机智能融合,实现人的自我超越。

随着人与人、物与物、人与物互联互通,人类社会进入的是一个复杂巨系统的智慧社会。智能化时代,战场的对抗将从重物质、重能量、重信息转向重心理、重认知、重智慧。其实质是通过物理域、信息域与认知域的共同行动,即物理—信息—认知的三域会聚,从而体现出智能化战争的全域性。②

第三节　智能化战争的涌现性

智能化战争是认知中心战,核心是"算",追求以智驭能、以虚促实、以优胜劣、涌现智胜。通过快速识别处理海量信息、快

---

① 郭云飞:《认知域作战进入制脑权争夺时代》,《解放军报》2020 年 6 月 2 日。

② 贾珍珍、金宁:《智能化战争的作战样式》,《军事文摘》2019 年第 1 期。

速响应战场态势、快速制定决策方案、快速执行军事行动,推动OODA 快速闭环,实现"发现即摧毁""群起而攻之"的涌现效应。

涌现性是一种系统在低层次构成高层次时表现出来的系统整体所具有的性质,这种性质并不存在于任何单个要素当中。战争作为典型的复杂系统,其涌现性是战争各个要素不断自适应、交互、对抗和自组织的结果。战争复杂系统的涌现性,既能够让战争的进程难以掌控,又能让战争的结局扑朔迷离,需要认真研究并加以把握运用。

人工智能不仅是新质生产力的典型代表,也是新质作战能力的核心支撑。新质作战能力的涌现性主要体现在,自主涌现、集群涌现、时优涌现、全域涌现、平行涌现。其中自主涌现是平台功能的自适应、自学习、自演进;集群涌现是"数量×自主网×AI",1+1>2;时优涌现是 OODA 更快,先敌发现、决策、打击;全域涌现是体系×杀伤网×多 OODA 闭环×AI;平行涌现是基于大模型平行化的人机交互作战。未来智能化战争是 AI 主导、涌现智胜,具体包括数据算法制胜、集群协同制胜、多域融合制胜、虚实互动制胜、先发控敌制胜、认知夺控制胜。未来在物联网中,有效结合了泛在网络,这样就可以无缝连接信息空间和物理空间。战场上的人员、装备和物资等关键实体,借助全时空覆盖的物联网技术,包括物联终端和移动物联网系统,实现了高效互联。战场上数据实现了实时自动的采集、传输和处理,物联网的泛在性,特别是涌现性得到了充分的展现和应用。

一、网络泛在的涌现性

网络泛在是指某种事物或现象普遍存在,人人都可以使用或接触的特性。现代智能化战争高度依赖互联网和物联网。特别是物联网有效融合了物理实体和先进的射频识别与无线传感等技术。智能时代,移动宽带、嵌入式芯片和机器视觉等技术的深入应用,使信息网络突破了传统上计算机之间的连接,推动了作战人员、信息系统、武器装备和战场设施的联网交链,实现从互联网到物联网再到"人—机—物"泛在网络的转变。这种泛在网络已经不再是纯粹的通信手段,而逐渐涌现出与作战人员趋同、物理实体互联互控、智能机器群体集智、参战力量编组成团等跨界融合"新体系"。这种新型作战体系中,由于泛在网络"拉平"了指挥链路,将作战成员接入网络,缩短感知、判断、决策和行动之间的距离,并打破金字塔型信息集权,涌现出各层级"信息平等"的格局。

由于泛在网络"云化"了计算资源,改变了传统"算力"限于指挥所的模式,可以灵活地获取"云"脑支持,涌现出"妙算"走向体系各成员,而非局限于体系中心节点。也由于泛在网络"聚变"了信息内容,将信息多方印证、去伪存真后,在交战规则、知识模型和决策策略等引导下,与指挥作战人员的认知融合,涌现出"信号—数据—知识—智慧"的价值链转换,为"侦控打评"进程注入速度、精度等赋能因子。在人工智能技术支撑下的泛在网络中,信息以信号、知识和指令的形式穿行于物理域和认知域等,涌现出信息的个体向群体、离散向融合、表象向深层的效应。

二、数据泛在的涌现性

智能化作战依赖作战大数据:敌情侦察、战场管理是获取数据,情报分析、情况判断是分析数据,决策制定和命令计划是利用和产生数据,作战行动由数据驱动同时也生成数据。战场上的每个实体,都是物联网的终端,分配一个独有的"电子身份",通过声、光、电等各种传感器输出自身的数据,呈现出泛在性的特点。同时,实体探测到的目标环境信息数据,通过网络汇聚、传送到节点和云端。全时、自动采集、汇聚的数据,共同形成作战大数据。通过智能化系统对作战大数据进行分析处理,既可以进行多元情报智能判读与信息融合,又可以评估战场态势、优化作战方案、定下作战决心、制定作战命令计划,涌现出战斗人员与无人装备更加快速、准确的打击能力。

据美国相关统计,美国国家侦察局在乌克兰危机爆发前后,使用了 200 多颗商业卫星获取照片。美国著名的帕兰蒂尔(Palantir)、麦克撒(MAXAR)、太空技术探索(SpaceX)、卡佩拉、鹰眼 360 公司、Blacksky、Planet 等高科技公司,直接参与了对乌军情报支援和算法战支持,充分共享军民云计算、大数据、通信网络、人工智能最新技术成果,对卫星照片和其他数据进行融合分析,用于实战检验并不断优化,实现了天、空、地、军、民等多源信息的快速融合与智能识别的涌现特征。在赫尔松、克里米亚、扎波罗热、顿巴斯等敏感地区,每 2—3 个小时,推送一次战场情况。这些公司在监视俄军行动方面处于领先地位,在帮助乌军反击俄军中发挥了关键作用。

大数据时代,物理、信息、认知、社会、生物等领域之间的数据将逐渐实现自由流动,作战要素实现深度互联与物联,各类作战体系从初级的"能力组合"向高级的"信息融合、数据交链、一体化行为交互"方向发展,具备随时随地对重要目标、敏感人群和关键基础设施实施有效的控制①,涌现出超长的智能化作战能力。

三、万物智联的涌现性

随着全球互联、物联的加速升级;随着天基网络侦察、通信、导航、移动互联和高精度全球基准平台、数字地图的广泛使用,军事活动越来越透明,越来越容易被感知、分析、关联、控制,对军队建设和作战带来全方位的深刻影响。智能化战争利用的不仅仅是一般的网络,而是智慧网络,也不是一般的智慧网络,是将整个社会变成一个万物智联的网络,从总指挥到每一个士兵、从每一支枪到每一块作战地域都涌现出智能化的作战能力。

战场环境物联化。物联网的概念译自于 Internet of Things,简写 IoT。互联网解决人与人之间的联系。物联网解决人与物、物与物之间的联系,这是物联网,它的核心是解决物与物之间的关系,目的是通过物联涌现出新的作战能力。其实网上购物时,快递小哥的动态是被掌握的,这就是物联网的概念。将来如果万物互联,战场上所有的人员和装备都上网了,每个士兵领了多

---

① 沈寿林、张国宁:《认识智能化作战》,《解放军报》2018 年 3 月 1 日。

少发子弹,子弹在哪打的,什么时候打的,打的什么目标,网上都会准确记录。没有物联网的战场管理是混乱的,美军也不例外。1991 年的海湾战争,美国后勤向战区运送了 41000 个集装箱,结果由于运送混乱,到了现场以后竟有 28000 多个集装箱,没有人搞清楚里头装的啥,因为商标没有了,没办法美军只好开箱清点,然后再重新包装。结果战争都打完了,还有 8000 个集装箱没开箱,这就是没有物联网万物互联的缺陷。2003 年美国人引进了物联网的技术,实现了所有的武器装备全资产万物互联、可拆可见,它可以实时实际适量地配送,实现战场补给的最小化——不浪费,又供得上,一般储备 5—7 天。万物互联涌现出快速高效新特点。

我国北斗系统造福中国人民,也造福世界各国人民。中国坚持开放融合、协调合作、兼容互补、成果共享,愿同各方一道,推动北斗卫星导航系统建设、推进北斗产业发展,共享北斗卫星导航系统成果,促进全球卫星导航事业进步,让北斗系统更好服务全球、造福人类。北斗系统是党中央决策实施的国家重大科技工程,是我国迄今为止规模最大、覆盖范围最广、服务性能最高、与百姓生活关联最紧密的巨型复杂航天系统,为万物智联提供关键核心支撑。

第四节 智能化战争的迭代性

一、AI 的迭代

习近平主席指出,推进国防和军队现代化,必须加快机械化信息化智能化融合发展。人工智能的浪潮越来越热,技术也越来越强大。人工智能从 1956 年提出至今积累了大量的技术和人才,可以说都为我们现在的高科技产品、人工智能产品实现落地,以及这些产品应用于日常生活场景中奠定基础。

人类计算工具的历史是从公元 1200 年的中国算盘开始,到 1672 年第一台自动完成四则运算的计算装置——步进计算器诞生。其间出现了布尔代数(数学)、图灵机(计算模型)、冯诺依曼体系结构(架构)、晶体管(器件)这四个现代计算技术的科学基础。现代计算技术的发展大致经历了机械计算时代、电子计算时代、网络计算时代、智能计算时代。目前,人工智能技术的发展,正在从运算智能、感知智能向认知智能加速发展。

运算智能。这个阶段的基础理论奠定了人工智能技术发展的基本规则。这一阶段具备了存储和运算的能力,也拥有了最基本的开发工具,为人工智能研究提供了基本条件,毕竟没有工具,一切都是徒然。除此之外,这个最基本的开发工具也为后来升级更好的工具开创了良好的条件。在基础算法和原始开发工具的加持下,人们对于人工智能的研究产生了极大的动力,并且对算法程序和语言开发投入了极大的热情,也正因为如此,大家争先恐后抢占研发,为人工智能技术的迭代更新打下了非常重要的基础。

感知智能。在这个阶段,由于前一个阶段人们研究人工智能所打下的基础,现在可以获得和分析的数据飞速增长,经过数据分析与研究,人工智能的超级大规模运算成为可能,实现能说会听、能看会认。例如,完全独立驾驶的无人驾驶汽车、自主行动的机器人,它的价值是可以全面辅助或替代人类部分工作。不过运算的结果是相互的,由于需要不断的运算,那么人们所需要的数据也非常多,这就使人们被迫地加速对数据的采集,由于数据过多过杂,也让人们学会了对数据的清理,同时也增加了经验的积累。仅有数据不行,于是人们也开始研究起硬件来,并将数据转移到硬件上,这一举措使得相应的软硬件基础设施得到了快速的发展,再通过这些基础设施,反过来又带动了大数据行业的蓬勃发展。

认知智能。认知智能的意思是让人工智能去学习、学会像人类一样思考,具有自己认知的能力。在这个阶段要对前两个阶段的东西进行实际落地应用。随着人工智能技术的发展和数据积累,大部分行业会逐渐发现人工智能技术好像到达了天花板,短期之内无法再通过研究加强人工智能,于是企业便把目标转向人工智能的深入具体应用上。所以在第三个阶段,数据分布的情境化特性使得人工智能在特定情境下的垂直发展成为了可能,让机器具备能理解思考、像人一样学习和推理的能力。目前越来越多基于人工智能的科技产品诞生,例如,它不仅能下围棋,也能充当医生、老师,甚至律师,在很多方面,不仅是代替人类做简单重复的机械式体力劳动,还可以替代很多纷繁复杂的脑力劳动,释放出人类的智慧和灵感。

人工智能的发展是为了满足人民的美好生活,工具为人服务,人工智能是人创造的,也必须为人服务,要有利于维护社会公平正义,解决发展不平衡、不充分的问题,推动人类的和平稳定与人民的共同富裕和发展。

二、武器的迭代

无人化武器装备的迭代是智能化战争最显著的特点。当前,无人装备从后台纷纷走向前台,2015 年美国国防部做出重大决定,就是最晚 2021 年之前用 RQ-4 替代 U2。这个决定标志着人工智能取代现役有人装备拉开了帷幕。十年前美国国防部长已经预测到人工智能会对武器装备带来巨大的冲击。无人飞机不仅战斗力强,而且出动率高。现在美国的有人飞机最先进的 F-35、F-22,出动率也只有 50%,但是死神察打一体无人机出动率都在 90% 以上,RQ-4 也达到 75%,远远超过人类驾驶的飞机的出动率。现在全球服役的无人机超过 3 万架,数目相当的惊人。美国的无人机从 2001 年 7672 架,上升到去年的 13901 架。机器人更可怕,2011 年美国机器人只有 1.5 万个,美国国防部网站公布 2023 年将为每一个士兵配 10 台机器人,美国的陆军、海军陆战队,战场上攻击的士兵 50 万,每个人 10 台,总共 500 万台,未来智能化战争恐怕首先要过机器人这一关,面临的对手上来就是无人作战装备。我军的武器装备也有长足的进步,小型无人机战术攻击系统,它可以携带冲锋枪,50 发子弹,全重 25 公斤,遥控距离三公里。再比如说单兵携行巡飞枪,它可以带三枚导弹,在空中打对方的无人机,在地面打对方的装甲车。我们还有班组无人系统,载弹量 250 发,有 1000 公斤的载荷等。我国的察打一体无人机彩虹系列、察打一体隐形无人机彩虹 7、翼龙、翔龙等,价格便宜,性能不错。无人化武器装备正在加速迭代有人装备。2023 年 5 月 5 日,乌克兰副总理费德

罗夫表示,已筹集 3. 25 亿美元组建无人机部队,第一期已培训
1 万名无人机操作手。

三、平台的迭代

主要从有人控制为主,向半自主、自主控制迈进,不仅涉及
平台和集群控制 AI 的迭代,还涉及相关机械与信息系统的优化
和完善。

智能化战争平台已经实现了从"遥控式"到"全自主式"的
演变。在平台操纵大规模的武器数量情况下,人将无法有效控
制,甚至超出人的控制能力。"全自主式"是"人在回路外"的控
制方式,优点是基本不需要或完全不需要人工干预控制。"半
自主式"是"人在回路上"的控制方式,优点在于部分解决了"遥
控式"的缺陷,即自主武器具备一定的自主能力,在一定程度上
减少了人的工作量;缺点是人仍然没有脱离"回路"。近年来,
中东战场上出现的几千美元一架的低端无人机,在战场上的表
现却并不是"凑数"的样子,集群式出现令一些大国军队极为头
疼。这种规模化群体与传统战场上的个体叠加不同,它们依托
泛在网络,用连接的方式形成一种群体智能效应,对传统的高价
值平台产生巨大冲击。

美军试图把 U-2、F-16、F-35、F-22、XQ-58、MQ-4C 等
有人、无人作战平台连接到一起,形成从杀伤链到"杀伤网"的
升级,杀伤链本质上是网络信息体系的一种作战形态,将
C4ISR 和 K 铰链,变成 C4ISRK,把各种作战要素、作战力量、
作战单元链接成有机整体,即网络信息体系。推动不同时间

节点进入作战链路的平台灵活搭配,给对手呈现出一种随机网络式的复杂景象,而自身却能按作战任务需求,采取类似"网络打车服务"一样的资源高效动态连接方式,达成各类作战资源的快速建链,完成自我分配、自我组织、自我控制下的目标打击行动,在作战过程中呈现出能判断、有选择、会变通的智能化样子。①

四、系统的迭代

主要是探测系统、打击系统、保障系统等多平台、多任务的迭代。随着智能化战争急速发展,各国涌现出多样化的人工智能系统,这些系统所具有的功能涵盖到了智能化战争的方方面面。

探测系统。天基红外系统是美国国防部导弹防御预警系统的重要组成部分,它可以替代 DSP 卫星,为美国提供更强的弹道导弹预警能力。现役的 SBIRS 系统由 3 颗 GEO 轨道卫星和 3 个 HEO 轨道传感器载荷组成。GEO 卫星星座主要用于探测和发现处于助推段的弹道导弹,HEO 载荷主要用于将导弹预警的范围覆盖到南北两极。GEO 卫星上带有凝视型和扫描型两种传感器,扫描型探测器采用一种小型阵列扫描整个地区以建立整个地区的完整图像,它用于提供快速的全球覆盖。在凝视型传感器中,一个正方形或长方形焦平面阵列连续地观测一个特定的区域,以及红外辐射的变化。它用于精确的战

---

① 杨耀辉、张三虎、周正:《智能化战争:"强者胜"的三个维度》,《解放军报》2021 年 11 月 30 日。

区探测和跟踪。扫描型探测器对导弹发射时所喷出的尾焰进行初始探测,然后将探测信息提供给凝视型探测器,后者进行精确跟踪。

打击系统。第十二届中国航展上,中国航天科工集团展现出了一款陆军多用途精确打击武器系统——CM-501GA多用途打击系统。这是一款集成目标侦察、指挥控制、精确打击及毁伤评估功能的综合火力打击系统。该系统具备倾斜与垂直发射的灵活性,由 CM-501GA、CM-502 精确打击导弹、CM-501XA、CM-501X 巡飞弹以及指控系统和技术支援系统等核心要素组成。凭借此先进的武器装备和系统,能够实现对移动目标、时敏目标、反斜面目标、固定目标以及空中慢速目标的高效打击。

保障系统。分布式云平台是作战保障智能化的实现载体和技术基础,在智能化作战保障技术框架的算法体系中居于核心地位,为各级各类用户提供信息数据和计算服务;主要是采取分布式系统架构和多点容错灾备机制,构建集"汇集、整编、存储、分析、分发、推送"于一体的作战保障数据信息资源智能化管理系统,目的是拆除信息"烟囱",避免重复建设,加速作战保障指挥扁平化、网络化。战略级作战保障云平台,能够为决策者提供包括金融、信息、工业、交通、医疗等综合性保障数据,依据战争进程自动推演战略级保障方案,并及时提出相关建议;战役级作战保障云平台,能够动态监控战场态势,优先提供实时战损、物资补充等关键信息,实现纵向上挂下联、横向互通有无的网络化、定制化、多链路数据信息服务;战术级作战保障云平台,重点实现保障分队、装备平台之间的信息交互、数据计算和资源共享服务,能够满足智能备份、智能接替、智能更新、智能分享的作战保障信息需求。①

---

① 刘文术、陈柏澎、韩洪伟:《探求智能化作战保障实现途径》,《解放军报》2021 年 4 月 28 日。

第三章　透析智能化战争的制胜机理

如果不把现代战争的制胜机理搞清楚，那就"只能是看西洋镜，不得要领"。①

——习近平

透过战争的硝烟，我们可以看到，今天的战争已经从蒙昧野蛮的血肉之搏、攻城略地的兵戎相见发展到信息主导的精确打击、智域疆场的智能斩首。这一客观事实告诉我们，战争作为一种特定的复杂社会现象，在不同的历史时期会呈现出不同的战争形态与制胜机理。习近平主席明确指出："研究作战问题，核心是要把现代战争的特点规律和制胜机理搞清楚。"这一重要论述揭示了研究战争制胜机理的重要性，为深入推进军事斗争准备提供了根本遵循。

战争制胜机理，是指为赢得战争胜利，战争诸因素发挥作用的方式及相互联系、相互作用的规律和原理，是战争最突出最核

---

① 参见《习近平强军思想学习问答》，解放军出版社、人民出版社2022年版，第97页。

心的特质。① 战争制胜机理重在研究"打什么""怎么打"的问题。未来战争是什么样的,如何打赢未来战争,迫切需要我们准确把握现代战争的制胜机理。

信息主导与 AI 主导的制胜机理不同。信息化战争是信息主导、体系对抗、以网释能、联合制胜。智能化战争把基于模型和算法的 AI 系统作为核心能力,贯穿到各个方面、各个环节,起到了倍增、超越和能动的作用,呈现出平台有 AI 控制,集群有 AI 引导,体系有 AI 决策,算法战将在战争中起到决定性的作用,制智权成为未来战争的核心制权。

未来的智能化战争与信息化战争相比,制胜机理发生了四个方面的显著变化:一是对抗方式从"体系对抗"向"算法博弈"转变;二是作战要素从"信息主导"向"机器主战"转变;三是决策方式从"人脑决策"向"智能决策"转变;四是作战方法从"联合作战"向"极限作战"转变。

第一节　算法优势主导战争优势

近年来,人工智能迅猛发展,展现出极大的军事应用潜力。智能化作战追求制智权,敌我比拼的是智能认知水平的高低、算法算力的优劣,算法博弈将成为双方对抗的焦点。不管是基于单个武器平台的作战算法,还是基于集群武器平台的自组织算法算力,都会对作战效果产生重要影响。智能化战争将战斗计

---

① 李明海:《智能化战争的制胜机理》,《解放军报》2019 年 1 月 15 日。

划、战役规划和战略筹划都转向计算机生成,其本质就是算法和算力生成新战法。

　　依靠算法算力优势,军用人工智能可实现更精准的态势感知、更可信的战局研判、更迅速的指挥控制、更优化的作战流程、更高效的后勤保障。因此,拥有算法算力优势就可以实现信息、决策和行动等优势的高度统一,最终主导战争优势。

一、算法是求解问题的策略机制

　　算法作为用系统的方法描述解决问题的策略机制,是提高智能优势的关键和前提。实际上,"算法"是一系列解决问题的清晰指令,是按照一定规则解决某一类问题的明确和有限的步骤。未来战争获得算法优势的一方,能快速准确预测战场态势,创新最优作战方法,实现"未战而先胜"的战争目的。

智能算法

　　"算法"(英文"algorithm")一词源于波斯数学家花拉子密。

算法思想源远流长,发展历史悠久。算法作为一个复杂的体系,是数学、逻辑学和计算机科学的集合。算法起源于算术、算学,从史前时代就已出现。公元前 4 世纪,古希腊数学家欧几里得提出的求最大公约数算法是人类历史上第一个算法。南宋数学家秦九韶《数术九章》中的大衍求一术,算法相当复杂,具备了现代算法的基本特征。1956 年,在美国达特茅斯学院由明斯基(Marvin Minsky)、麦卡锡(John McCarthy)、香农等 13 位科学家召开的会议,标志着人工智能学科由此诞生,算法也进入了人工智能时代。伴随着线性判别分析算法、感知器算法、k 均值算法、长短期记忆算法、随机森林算法、t-分布式随机邻居嵌入算法、深度强化学习算法、Shor 算法、Grover 算法和 HHL 算法等机器学习、深度学习、量子计算算法的快速发展,人工智能算法进入了高速发展阶段。以围棋为例,1997 年,IBM 公司的国际象棋程序"深蓝"打败了当时的世界冠军卡斯帕罗夫;2017 年,Dwmis 团队设计的 AlphaGo 打败了世界围棋排名第一的柯洁,紧接着 Deep Mind 推出的 Alpha Zero 经过 3 天深度自主学习,围棋等级分超过所有人类棋手,经过 40 天学习打败了所有版本的 AlphaGo。机器在围棋这个复杂的脑力运动上击败人类具有里程碑式的意义,表明大数据、高算力、深度算法正在将人工智能推向新的高峰,人工智能正在从技不如人发展到接近人类智慧,逐渐从单一方面超越大众到超越专家。当前,数据和算力已经不再是人工智能发展的主要瓶颈,人工智能的创新主要就是算法的创新。人工智能技术的发展演进,主要体现在算法和算力的迭代创新,人工智能水平的高低就是算法和算力的强弱。

人工智能技术层面的效率提升,会上升为具备"类人化"的创造性思维。这蕴含着正在改变人类社会生态的无限前景,这必然会改变军事领域的作战场景。

二、算法是主导智能化战争的核心

智能化作战能力的构建,关键在于占据核心优势。算法、算力与数据不仅是人工智能发展的基石,更是解锁智能化战争胜利密码的"金钥匙"。因此,构建智能化作战能力,目标便是获得算法、算力与数据的优势。在智能化战争中,算法优势主要体现在以下三个方面。

第一,算法优势主导认知优势。大数据通过高性能、高效率的算法进行处理后,将海量数据快速转换为有用的情报。因此,占有算法优势的一方,能驱散因数据得不到及时处理而产生的"战场迷雾",使得认知更为深刻。

智能化作战作为信息化作战的高级阶段,外显的突出特点是感知、信息处理、决策、行动等诸多环节的智能化水平更高,具有高度的自主运行能力。透过现象看本质,其内在的深层次原因是融合体系支撑下基于"数据+算法"的驱动,通过高效的"运算"、自主学习训练,增强作战体系作战效能,形成优势。

2017 年 4 月 26 日,美国国防部正式提出"算法战"概念,并将从更多信息源中获取大量信息的软件或可以代替人工数据处理、为人提供数据响应建议的算法称为"战争算法",同时美国国防部决定组建算法战跨功能小组,以推动人工智能、大数据及机器学习等战争算法关键技术的研究。①

美军这一看似突然的举措实际上酝酿已久，而以算法为依托的智能认知作战更是预示着未来战争的变革、机遇与挑战，谁能抢占智能算法制高点，谁就能抢占先机，未战先胜。从阿基米德在沙盘上利用几何图形推演城市防御，人们就开始用模拟分析的方法寻找打开战争的"黑箱"，人工智能技术的发展更是使得"预演战争"成为战争制胜的关键。战争算法利用计算机对战场问题进行准确完整的描述，并能够通过实验获取战争的最优战法。如美军拓展防空兵棋系统的视线算法公式，能够在算法支撑下完成兵棋推演和作战实验，并为最终的实际行动提供理论支撑。而在实战对抗之中，具有高质量算法支撑的一方，在战前就能通过实验获取最优战法，并准确预测战场局势，从而实现未战先胜。

第二，算法优势主导速度优势。人机协同的关键是速度，速度成为制胜的核心要素。高效协同、灵活自主作战是智能化网络化指挥信息系统的发展趋势。智能化战争的作战指挥正由"以人的作战经验为中心"向"以数据和模型为中心"的智能化决策方式加快转变，战场态势感知系统借助大数据、云计算、人工智能和建模仿真技术，对海量战场信息进行精准分析和研判，使人机协同的作战筹划更加科学高效。未来无人作战将由单平台遥控向多平台集群自主加速发展，指挥链非常简易，只有"指挥员—作战集群"，体现了人机协同的快速灵活自主特点。信

---

① 金宁：《美军"算法战"能否改写现代战争规则》，《军事文摘》2018年第13期。

息共享、同步研判、交互指挥、及时纠偏是分布式指挥信息系统中指挥员于云网实时进行指挥决策流程的方式。在智能化作战系统中,指挥员根据作战场景的变化,自适应匹配作战行动,在智能化武器系统中"会思考、能辨析、强隐身、高机动、打得准"的广域战场感知网络支撑是基本要求,"察打一体"、自主搜索、发现、识别和攻击目标,实现"发现即摧毁"的智能化作战流程。

量子算法相比于经典算法,实现了指数级的加速效果,再加上量子计算机从 2003 年的 1 位量子比特,到 2021 年实现了 66 个数据比特、110 个耦合比特、11 路读取的高度集成,计算效率比超级计算机快了数亿倍,算法算力的极速跃升使人工智能实现了质的飞跃。

第三,算法优势主导决策优势。算法以其高速、精确的计算,代替人的"冥思苦想"和反复探索,从而加速知识迭代。掌握超强算法能够针对敌情变化快速提出灵活多样的作战方案与应对之策,不断打乱敌既定企图和部署。

作战设计智能交互,即根据指挥员意图,基于战场情报信息,计算提供多套作战方案或计划,供指挥员选择,包括进行战场态势判断、提出作战方案和验证作战方案。

作战任务智能规划,是指无人作战系统能够基于筹划阶段决心方案,自主生成作战行动总体计划和分支计划,基于实施阶段动态决心,自主调整作战计划或生成新的作战计划,包括全程动态自主生成作战计划和自动验证作战计划。

作战行动智能实施,是指无人作战系统在联合作战体系支撑下,自动侦测、识别目标信息,并根据目标的性质、位置、大小、状态等,智能展开精确攻防行动,实现作战效能精巧释放,包括自动接收任务与目标需求、智能计算与匹配作战要素、精巧释放体系作战效能。

作战协同智能联动,是指无人作战系统依托共享信息,围绕同一作战目标,智能同步地调整各自作战行动,达成行动上的协调一致和功能上的耦合放大,最终实现作战体系内不同作战要素、作战单元行动的同频共振,主要包括信息域的同步共享、认知域的同步交流和行动域的同步联动。

作战效果智能评估,是指无人作战单元可自主完成打击效果信息的采集汇聚、分级分类,进行基于大数据的分析比对,精准获取毁伤效果,依据效果作出下一轮打击决策,包括对打击目标实时状态进行嵌入式评估、对打击目标实时状态进行大数据分析,以及对技侦手段提供的毁伤信息进行分析判断。

战争算法,作为人工智能的核心,对于决策、指挥和协同至关重要。基于战争算法的数据自主分析系统,可以迅速缩短观察、判断、决策和行动的时间,节省数据带宽,提高数据处理和挖掘的效能,从而有效降低战场态势感知的不确定性。这一系统广泛应用于智能决策、指挥协同、情报分析、战法验证以及网络电磁攻防等作战环节。美军利用先进算法推进人机结合,实现人机深度融合,建立自主性态势模型的认知启发型构架,从计算逻辑向自主推理系统演化,降低全动态视频数据的人力负担,提高决策效率。

三、算法是战争效能跃升的关键

一是战争效率更高。智能化作战中的作战效能释放,是在战场态势信息数据驱动下实时统筹协调体系中各作战力量的聚优效应,也是基于数据驱动的高度自主反应。智能化作战行动,是整个体系的行动,感知系统不断输入战场信息数据,指挥控制中心通过"数据+算法"的高速计算优化,形成行动指令数据,作战力量系统依令而动,第一时间将自身的作战效能释放,削弱敌作战能力,形成对抗优势。[①] 运用"数据+算法"实现高度自主化作战,结合机器高速计算能力的智能化作战,能在作战中通过智能自主处理获得科学决策,提升反应速度,高效调控作战行动,夺取作战优势。实现整个作战体系的智能优化控制,对各方面的技术提出了很高的需求。智能化作战过程中,战况瞬息万变,战机稍纵即逝,只有及时作出决策,抓住战机,采取有效的作战行动,才能抢占先机,获取优势。因此,智能化作战体系感知到敌情信息后,相关数据通过战场信息网络进入作战体系后,后续的数据处理、融合,直至搜索、优化方案,形成最终应对策略,都需要系统端大量快速稳定的数据计算。云计算的不断创新发展为其提供了有效的技术支撑。在算法的支撑下,人工智能的反应速度是人类的成百上千倍。2016 年,美国研发的"阿尔法"智能软件,通过"遗传模糊逻辑"智能技术,组织全部传感器数据构建战斗场景映射,反应速度不到 1 毫秒,比人类快 250 倍,

---

① 张全礼:《智能化作战的制胜关键有这几点》,《光明日报》2019 年 7 月 10 日。

机可能比武装直升机更灵活,更有攻击力。一系列实战中越来越多的无人机大量使用,不仅仅有美国、俄罗斯这样的强国,也包括伊朗、阿塞拜疆、亚美尼亚这样的中小国家,战争正在进入一个无人时代。

一、慧眼"侦"

"侦",即智能化情报侦察,能将陆、海、空、天、电等多维传感器,进行虚拟化协同组网、自组织动态调度、多源情报自动挖掘、订单式按需使用,最大程度上拨开信息不足或信息冗余带来的"战争迷雾",开启透视智能化战争的"慧眼"。

人工智能将大大拓展战场空间和作战领域,陆、海、空、天、网、电等战场空间贯通,物理域、信息域、认知域、社会域等作战领域融合,传感器边缘计算、作战云、虚拟协同组网、自组织动态调度、多源情报自动挖掘等军用人工智能技术的应用,可实现相比信息化战争时代更强的信息获取和处理能力。

"敏捷秃鹰"吊舱验证。2020 年 9 月,美国国防部宣布,"敏捷秃鹰"吊舱完成在 MQ-9"死神"察打一体无人机上的演示验证。"敏捷秃鹰"是美国空军研究实验室开发的一种高性能嵌入式计算吊舱解决方案,可实时高效地处理海量情报监侦数据,增强无人机情报数据获取效率及态势感知能力,提高无人机的整体作战能力。

"敏捷秃鹰"吊舱计算系统采用开放式架构,机箱插装商用现货的单板计算机、图形处理器、现场可编程门阵列、固态存储设备等硬件,能处理动态影像、红外图像、音频、合成孔径雷达图

MQ-9"死神"无人机

像等。"敏捷秃鹫"吊舱利用开放式系统架构实现了快速技术升级。在试验中,引入神经形态计算系统,结合DARPA"行家"计划的机器学习算法,成功实现了无人机光电、红外传感器和合成孔径雷达探测数据的即时处理,运算速度高达7.5万亿次/秒,功耗仅500瓦。"敏捷秃鹰"吊舱将人工智能技术应用到更靠近传感器平台的位置,无人机搜集到的原始情报数据不需要像过去一样传输到地面站进行处理以获取行动数据,打击链条得以缩短,适应了打击高价值、时敏目标的未来作战需求。同时,在海域的情报搜集方面,美军也下了大功夫。

美国"海洋物联网"项目。2020年7月,DARPA授予美国帕洛(PARC)科技公司"海洋物联网"第二阶段开发合同,将大幅扩大浮标部署规模,开展基于云计算的浮标大数据分析。"海洋物联网"项目是针对海上战场态势感知能力所设立的重要研发项目,由海上浮标、卫星通信系统和基于云的数据分析系统组成,通过利用机器学习、云计算、大数据等技术,提升海上态势感知能力。[①]"海洋物联网"将开发大量浮标,这些浮标由生物安全材料制成,配备水上和水下传感器,通过太阳能电池板和/或碱性电池为传感器和搭载的电子设备提供电力。该项目采用基于云计算的软件和分析技术,用于处理浮标的报告数据,可以动态显示浮动的位置、自身状况和任务性能,处理海洋和气象模型的环境数据,还可以自动检测、跟踪和识别附近的船只,并确定海洋活动一些新指标。"海洋物联网"提供的高分辨率海洋观测信息可以提高对海洋生态的认知,提供重要的海上军事情报信息,对于实施海上联合、分布式作战具有重要意义。

二、回路"控"

"控",即智能化指挥控制。围绕决策优势这一核心,运用"人在回路"的人机协同技术,按照机器的自主权限,采取"人在回路上""人在回路中""人在回路外"三种决策与控制方式,以高敌一筹的决策质量和行动速度形成全面优势。

"精确点杀、高效控制"者胜。未来战争的作战体系将表现为高度智能化的"机器+人+网络",指挥控制系统将以"人脑+智能系统"的协作方式运行,制权争夺的重心将由"信息、海洋、天空"转向"智能、太空、网络"新三权,以精兵点杀谋取关键领域控制权将成为主导方式。针对未来覆盖全域多维、基于万

---

① 陈曦:《智能化情报手段对大国战略稳定的影响评估》,《情报杂志》2021年第6期。

物有"灵"的"互联网+物联网+知联网"一体的智能化复杂网络,对敌基础信息网、情报网、指挥网、保障网等核心目标实施网电协同攻击、欺骗迷茫、链路阻塞、接管控制等,使智能化作战网络失能失效或为我所用,达成决定性作战目的,针对智能化网络体系实施远程精确破击和高效控制的"控网瘫体战"将应运而生,控制战的地位作用更加突显。

智能化作战过程中的数据驱动主要体现在以下环节:一是智能化作战体系运行需要数据支撑。智能化作战体系之所以能够形成一个融合的有机整体,就是借助战场信息网络将所有构成要素互联互通,通过这一通道实时共享自身的位置、状态、能力等信息参数数据,做到形散而神聚。二是双方的作战对抗由数据触发。智能化作战往往都是从信息战开始,双方围绕信息数据展开攻防对抗。由于智能化作战体系自主程度较高,对抗往往从应对敌方行动自动开始,这个触发"按钮"的启动者就是信息数据。三是科学决策由数据得出。智能化作战的决策,是根据敌情数据、我情数据以及预设对策数据库,运用科学的算法计算得出,指挥员可在此基础上加入人的智慧进行优化。四是作战行动进程依数据导引。所有作战行动都是在指挥控制中心的统一调控下实施,调控指令全部根据实时敌情数据计算形成的对策方案转化而成。

人在回路上——智能化指挥决策系统的初级阶段。在计算机系统以单机或小规模局域网方式应用于智能化指挥决策系统时,计算机系统与人虽然共处一个环路,但由于计算机系统自身功能有限,以及人对计算机系统认识和运用能力的不足,致使计算机系统承担的任务主要表现为在决策人员之间传递和交互信息,系统的基本模态是以人为主。

人在回路中——智能化指挥决策系统的中级阶段。随着计算机系统网络大规模应用,实现了广域网互联互通互操作,人机交互能力水平大幅提升,人的大部分工作被计算机系统替代。指挥决策系统中人机任务分工进一步细化,协作更加频繁,人离不开机、机辅助人的程度逐步加深,系统的基本模态表现为人在回路中、人机相互协作。

人在回路外——智能化指挥决策系统的高级阶段。广域互联网络的高度融合,智能决策技术的快速发展,极大地提升了计算机系统的智能决策筹划能力和完成范围,增大了人对计算机系统的信任度,从而为形成人授权下的 OODA 环路自动运行奠定基础。该情况下决策人员只完成顶层核心决策任务,并对环路指挥决策过程进行监督或指导,系统的基本模态是人在回路外、自主运行。

三、智能"打"

"打",即智能化攻防作战。依托体系结构和算法优势,实时调集全域多维、有人无人作战平台,快速耦合作战力量,按需构建作战体系,聚焦目标,自主实施"分布式""蜂群式"协同作战,交战完毕迅速解耦待战,做到兵无常势、聚散随机。智能化作战体系自身系统采取即插即用模式,各构成单元采取模块化编组,无论增加新的功能单元还是自身的单元模块变化,都可以通过系统内部组合,实现无缝对接,形成新的体系。

智能化战争中,无人自主系统将成为主战力量,自主作战成为主流作战样式。在作战力量构成上,人工智能将占据更大比例,智能化武器装备和作战单元将成为主战力量。无人自主系统的集群作战将成为典型的智能化作战样式,根据作战目标,自主、灵活、按需构建作战体系,配置能力,分工任务,评估战果。

隐形预置的"木马式"作战通过无人作战力量,隐蔽机动至预设位置,根据需求激活并融入作战体系。首先隐蔽预置,利用特殊条件和运载工具(如火炮、飞行器等)以空中抛洒等方式,隐蔽机动至指定位置;其次适时激活协同作战,通过信息遥控或自我启动等方法激活,按照预设或实时指令投入作战。

美军无人机击毙恐怖分子。在一次遥控无人机作战任务中,发现了一处偏远的恐怖分子训练设施,美军计划用空中力量消灭这些恐怖分子。最初寻求通过轰炸机进行打击,这需要调度和定位加油飞机,获得飞越领空的许可,以及协调任务失败时的人员救援。对已在空中执行情报监视侦察(ISR)任务的遥控无人机而言,所有这些造成时间和资源密集的因素都已不复存在。

当无法使用轰炸机时,四架战斗机编队作战方案被提出。由于战斗机需要前向部署在离战区更近的地点,因此这一方案需要更强有力的作战支持,这意味着尽管已经有多架武装MQ-9"死神"无人机在营地附近执行日常的监视和情报任务,但依然需要大量支撑人员和装备的调动。两项环境因素也使作战任务变得更加复杂。首先,营地深陷在峡谷深处,峡谷底部的宽度只有15英尺。任何空中发射的武器都必须精确瞄准打击位于两山峭壁间狭窄的峡谷空间。其次,恐怖分子被分成两个完全独立的群体,相隔两到三英里。第一波攻击需要取得同时打击效果。对幸存者的再次袭击则需要迅速进行。轰炸机和战斗机的方案都被放弃,最终选择了四架"死神"无人机来执行此次作战行动。四架"死神"无人机对两处训练营地中的恐怖分子目标展开攻击,达到了同时打击的效果。

四、自主"评"

"评",即对智能化系统进行评估。现有作战评估技术根据其原理可分为统计法、解析法、仿真法和综合法,普遍对作战要素的体系性、关联性和作战过程的对抗性、动态性、随机性考虑不足,评估方法的可信度和科学性急需提高,难以适应快速、复杂、多变的战场环境。随着军事的高科技发展、作战样式的升级、装备种类不断增多,以人工智能为核心的数据驱动方法正向传统作战评估方法发起挑战,以适应时代的要求。

作战评估是"一个连续性活动,通过确定完成一项任务、创造效果、实现目标或达到最终状态的进度来支持决策,目的是制定、调整和完善计划,并使战役和作战更加有效"。自主的"评",旨在研究如何使用机器学习分析现有数据以支持战争作战层面的评估。获取和处理正确类型的数据对于生成相关且缜密的作战评估至关重要,有效的评估要求数据是客观的、纵向的、与军事作战预期效果相关、适当结构化,并要求可用数据的时间跨度足以支持作战决策。

作战评估通常依赖于两类数据,第一类是容易量化的数据,如敌方交战的频率和位置、当地国民的调查数据以及夜间环境光的卫星图像。第二类是定性评估,通常是自我评估,对实现特定战役目标的进展进行评估(例如,友军的表现)。这两种类型的数据都可以为支持评估进程提供有价值的见解,但众所周知,这两种数据都无法全面地了解当地不断变化的情况,因此需要将机器学习(ML)融入作战评估。

自主的作战评估可采取以下五个步骤来实现。

步骤一:整理数据

对于大多数作战行动,都有大量可用的(通常每年数千份或更多)潜在相关的情报、作战和环境数据。这个处理过程包括删除不必要的重复数据,并将数据重组为适合 ML 算法分析的格式。在这个过程中,可用报告中的非结构化文本被分成单句,然后分析它们与作战效能测量(以下简称 MOE)的相关性。

步骤二:制定编码标准

编码标准的制定是一个归纳过程,使用编码标准来确定可用数据中包含的信息是否表示有价值的特定输出。此步骤的第一个组成部分是审查步骤一中准备的数据子集,以确定哪些MOE 可通过可用数据进行测量。第二个组成部分是为每个相关数据源中的每个 MOE 制定具体的编码标准。这些编码标准是确定报告是否相关的一组规则。这些编码标准必须足够清晰和详细,具有可复制性,以便不同的分析师在应用这些标准时能够产生几乎相同的结果。

步骤三:构建训练数据

构建训练数据,这是 SML 方法中 ML 算法的主要输入。这些训练数据是全部非结构化数据的子集,使用步骤二中制定的编码标准对这些数据进行审查、分析和编码。ML 算法将复制人类分析师的编码,因此确保编码标准的稳健性和可复制性是构建这些训练数据的关键组成部分。

步骤四:校准机器学习算法

校准是一个迭代过程,通过该过程"微调"ML 算法,以在训练数据的分析中获得最高的准确性。这个校准过程需要反复调整一些算法参数。这些参数包括提供给算法的信息类型(例如,单个词、词组)、分析中包含的特殊词或词组的数量,以及一些更多的技术参数,此校准过程应定期重复,以确保算法在获得更多数据时仍能正常运行。

步骤五:将 ML 算法的输出转换成评估就绪的格式

ML 算法的输出是一个结构化的数据库(例如,Excel),它识别满足步骤二中制定的编码标准的所有报告。这些数据可以直接分析生成一段时间内的报告趋势线,或者与报告中提供的其他信息相结合。

这种结构化的数据库格式便于吸收到现有的态势感知工具中。它进一步确保了透明度,并使这些数据与关于作战的其他信息来源进行交叉验证。这些数据可进行自动化准备和分析,以便指挥官可以访问持续更新的评估。

第三节　智能决策优化作战行动

恩格斯指出:"科学是使人变得勇敢的最好途径。"算法的进步将推动人工智能进入指挥决策领域,显著提升指挥决策水平。作战需要遵循"正奇之道"的规律,在科学性上"以正合",人工智能的海量数据存储,算法算力具有优势;在艺术性上"以奇胜",人工智能有可能创造出更多的应对之策。

一、云脑实施智能决策

"云脑"是指帮助指挥员辅助决策的一个系统,之所以叫云脑,是因为来源于计算机的云计算。云计算的概念就类似,有人做了一个大型的计算机,存储和运算中心,都是与服务器在一起,超级巨大。然后你所用的服务,找他购买就行了,这就是云计算,它给你提供服务。阿里云、百度云,都是建造了大型的计算机,这种存储和运算中心,用户只要交少量的上网费,它的计算、存储、数据分析等业务都由云计算来完成。在云计算中利用计算的速度和大数据的分析,建立一套供指挥员使用决策的系统,就是云脑。表现出小核心大外围,未来的这个大外围就是云。例如,所有两栖登陆作战的指挥引导提供给谁,登录系统后,云脑会告诉你干什么,尽量评估风险,并告诉你怎样规避风险。遭受攻击以后,云脑还会告诉你新的应对之策,这就是能力。所以云脑可以大大减少指挥员的工作强度,提高指挥效率。未来是决策+参谋人员向三位一体结构转变,谁运用云脑谁就是战场的获胜者。美军的云脑建造了一个超强的体系云,国防部宣布美军准备建立一个战争云,投资100亿美元。主要是整合美军分散的云系统,存储军事数据,提供计算能力,实现基于人工智能的战斗。

未来在瞬息万变的智能化战场,战机稍纵即逝,云技术的出现,将有助于实现作战决策的计算量化与智能化。智能化战争有一个"大脑"的隐喻中心——"云脑",分布式的作战单元将通过云大脑链接。这个云大脑既是物理信息、生理信息和心理信息中心,也是军事指控中心。云脑决策以智能"网、云、端"体系为依托。"网",是集智能化战场感知、决策和武器控制系统于一体的智能型作战基础网络。"云",依"网"而建,以智能型资源服务层为主体,既是融合各类作战资源的"资源池",也是为作战行动提供智能化服务的"智能云"。由于多中心的耦合,即使遭受信息轰炸也能快速组网和决策。云计算以强大的数据计算能力为支撑,结合人工智能大语言模型先进的数据分析能力快速识别威胁并进行优先级分类,能够迅速对各种作战方案进行系统全面的分析评估,进行大量的作战计算和模拟推演,对比多项作战方案的全过程和最终结果,分析各方案利弊,智能选择最佳方案,同时根据方案分析中发现的问题,提出修改建议,优化决策方案。[1] 利用"云脑"结合人工智能大语言模型,还可以通过分析历史数据和当前情报,预测敌方行动或地缘政治事件,以此达到防患于未然的效果。

作为作战体系的中枢神经,"云脑"按照分布式作战理念将各作战单元链接起来。它是作战对抗的核心,既是物理信息、生理信息及心理信息中心,也是军事指控中心,同时又是颠覆性军事技术研发中心、战争设计中心等。多中心的耦合赋予了"云

---

① 谭雪平:《云技术将引发作战指挥革命》,《中国国防报》2017 年 6 月 29 日。

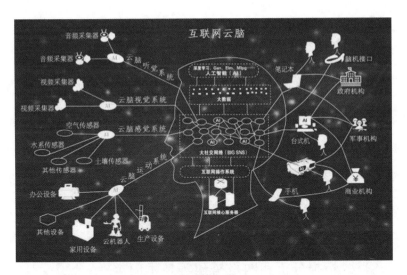

"云脑"决策

脑"特殊的战略地位,其汇聚的信息本身成为对垒双方的攻防中心,如何渗透、污染及破坏敌方的数据源、数据链与数据网,从某种程度上成为赢得战争主动的关键。智能瘫体控制战,以敌方智能"云脑"为主要作战目标,以知识域控制、赛博域破坏、物理域摧毁为主要攻击手段,削弱敌方智能"云脑"信息处理能力,使敌态势综合、指挥决策和行动控制能力失能,最终造成敌作战体系瘫痪、作战能力丧失。"云脑"入侵攻击,使用计算机病毒通过系统漏洞、预置后门等途径侵入敌"云脑"系统,抢占"云脑"计算资源,破坏智能"云脑"计算功能,使其信息处理能力迅速下降,战场控制能力失灵。"云脑"知识控制,在知识域阻断敌"云脑"的知识源,破坏已获取知识的准确性、完整性,对部分知识进行篡改,使敌智能系统失能甚至为我所用。物理精确摧毁,利用精确制导武器,对敌"云脑"的关键节点进行破击摧毁。

二、边缘计算支撑智能决策

边缘计算是将云计算的计算和存储等能力扩展到网络边缘,提供低延时、高可用和隐私保护的本地计算服务,产生更快的网络服务响应,解决云计算延时长、受网络环境制约等不足。边缘计算主要解决云计算在战场前沿存在的带宽和组网,以及建设成本问题,同时还解决了战术单元使用大型云架构时存在的权限延时问题。该技术涉及到数据处理、应用软件开发、存储技术、算法、情报分析和网络搭建等技术门类,结合了云计算的算力优势和战术单元的机动优势。边缘计算更适合局部性、实时、短周期数据的处理与分析,能更好地支撑实时智能化决策与执行。

边缘计算

军队由于作战环境复杂多变、数据传输保密要求高等特点,加上集中式数据中心建设不完善,云计算应用大大受限,海量数据处理需求无法满足,导致智能决策效率受限。使用边缘计算在靠近数据源的位置进行处理,可以很好地解决这一问题,展现出良好的应用前景。现代战争中,高效精确的战场情报是决定胜负的关键因素,无人机侦察则是获取战场情报的重要手段。[①]通常,无人机获取的图像通过数据链和无线网络传输到地面控制站,由情报人员进行筛选、判读和标注,获取有用信息。但这种做法无法满足情报处理的实时性要求,因此导致智能决策效率及效果大大降低。将边缘计算引入无人机侦察目标识别,可较好地解决这一问题:通过在无人机上安装计算芯片,对视频进行实时处理,仅将含有目标信息的关键帧传回地面控制站,减轻网络负担和后方情报处理压力,便于云端更快捷地做出精准的决策。与此同时结合人工智能大语言模型,可以实时翻译和解码包括少数民族和区域性语言在内的多种语言,能够快速处理和分析大量文本数据,如情报报告、通讯拦截和公开源信息,以提取关键信息和模式,自动生成军事行动报告、情况简报和其他官方文档,从而更有效地解决情报分析与处理的问题。

在军事后勤应用中,无人运输车能自主完成装卸、运输、投送等任务,有效减少人员伤亡,显著提升战时后勤保障能力。然而,这需无人运输车不断监控周围环境,生成大量实时数据。传统的云端处理不仅延迟高,还存在数据安全隐患。采用边缘计算技术后,无人运输车能够独立完成终端计算、实时同步处理数据,快速作出最优决策,确保在复杂环境下安全行驶。

---

① 张清亮:《边缘计算,助力军事智能化》,《中国国防报》2019年5月21日。

三、作战资源端辅助智能决策

端是指作战资源端,负责全面感知,并且在作战流程上的分立智能和联网智能,既能自主决策,又能为战争体系提供分布式智能资源,使新的战争体系涌现出群体智能。

随着网络信息体系的不断完善和智能化武器系统的广泛运用,各作战力量、作战单元、作战要素可以动态随遇融入并依托联合作战体系,分散部署兵力、快速转换任务、动态聚合效能,以应对复杂多变的战场态势,成为智能化作战不同于信息化作战的兵力编组形态,因此作战资源端对于战场态势的感知,以及自主决策显得尤为重要。

分散聚能的战场布势,就是各参战兵力依托云联支撑的联合作战体系,借助信息的高度共享和快速流转,通过节点状部署、网络化机动、虚拟式集中,使各级指挥人员能够利用作战资源端采集的战场态势数据,通过智能化信息系统的大数据分析、多源情报印证等辅助方式,对战场态势进行深度感知和精确预测,快速、高效地预判态势并做出决策。从而实时、动态、弹性地组合分散配置于多维广阔战场空间的各作战要素、武器平台及作战保障系统,实现作战力量分布部署、作战模块按需重组、作战效能跨域融合。

第四节　极限作战颠覆作战样式

极限作战突破了传统战争的界限,颠覆了传统的作战样式,使战争效能剧增,出现了真正意义上的全天候、全时空、全方位、全领域的智能化战争。

一、突破人类生理和思维极限

一是突破人类生理极限。智能化武器系统可按"预设"享有一定"自主权"。作为智能化战争主力军,无人作战系统的出现突破了有人装备设计及战场行动受限于人类生理极限的制约,甚至已经开始表现出超越人类能力的不可逆转性的趋势。

二是颠覆传统指控思维。由信息系统辅助人逐渐转变为智能系统部分代替人。信息化作战强调基于系统,提升人的指挥控制活动。未来智能指挥控制系统将拥有强大的自主指挥、控制能力,可独立获取信息、判断态势、做出决策。这将颠覆传统指挥控制方式,实现由信息系统辅助向智能系统代替的转变。

三是改变作战空间进程。一方面,智能化作战空间和领域呈现极度拓展特点。未来智能化作战是立体、全维、全领域作战,战争空间将从传统的空间领域,向极地、深海、太空等极限拓展,特别是向认知域、信息域渗透并贯穿其他领域,作战领域更加模糊。另一方面智能化作战进程极度加快。无人自主作战大幅压缩"观察—判断—决策—行动"周期,从信息化战争的"瞬时摧毁"发展为智能化战争的"即时摧毁"。智能化战争的胜利,是通过预警时间提前、决策时间缩短、作战行动向前延伸,达到先手布局、先发制人的效果。

二、颠覆传统作战样式

目前,传统作战样式已经向空中的无人机蜂群作战、地面的机器人蚁群作战、海上的无人机鱼群作战等转变,并成为世界强国推进军事智能化发展的一个重点。群集实际上是一个生物学的概念,它通常是指相互联系的群体所组成的环境。比如蜜蜂组成的群体称为蜂群,蚂蚁组成的群体称为蚁群,鱼组成的群体称为鱼群,这就是群体。其特点是单个智能很低,但集中在一起的时候,凭借简单的规则可以实现很高的智能。它们有三种行为规律:一是灵活性,这个群体灵活;二是稳健性,即使个体失败,哪个蚂蚁掉队了,其他蚂蚁还会堆上,不会受影响,仍能完成任务;三是自我组织性,就这个群体既不受中央控制,也不受局部监管,不需要上级下达的指令,也不受个别的监管,只要给它任务,它就去完成。如美国从三架 F-18 大黄蜂飞机上,扔下了103 架智能无人机。这些扔下来的无人机,可以集体决策,自适应飞行,航路恢复,然后再收回。中国在数量上保持世界冠军,但控制力要弱一些。未来蜂群一旦用于实战将是颠覆性的变化。这种颠覆表现在三个方面:看不见、防不住、耗不起。

随着智能化时代的到来,新型作战样式将层出不穷,异彩纷呈。一是侵入式独狼作战,这是单套无人系统的独立作战,具备渗透式侦察打击能力,可突破敌方严密防御体系,执行隐蔽抵近侦察、目标监视跟踪、精确打击评估等任务。二是有人无人协同体系破击战,这是基于智能无人系统,在人的参与下快速达成作战目的,实现破敌体系的作战样式。三是无人系统编队独立作战,这是由多套无人系统构成作战单元执行的多目标搜索、协同定位、跟踪与攻击等复杂任务。四是母舰蜂群集群作战,这是以母舰为运输载体和指挥中心,运用饱和式突防、分布式杀伤、覆盖式机动等手段,形成有人无人混合集群作战样式。

无人机蜂群作战

"以小博大、集群消耗"者胜。一是全域消耗控制战。大型武器平台将面临小型化、低廉化、隐身性武器系统的非对称攻击威胁。微小型纳米机器人可轻松越过多重监控和障碍,对指挥控制中枢和敌方领导人实施精确侦察、控制和"点杀"。无人潜航器等水下兵器,可组成集侦察监视、干扰迷茫、快速突击、战场评估等功能于一体的自主作战系统,成功躲过敌人"耳目",实时掌握敌情目标动态,从水下向空中、海上、陆地投送兵力,对敌多域目标实施高机动分布式打击。二是"蜂群消耗战"。基于微型机器智能体的集群作战,在智能网络支撑下,具有自组织、协同攻击、低成本高效益、抗毁性强等特点。其中无人"蜂群"可实现全覆盖侦察、自主干扰、欺骗诱饵,进行分布式协作攻击。无人"蜂群"混合编组成本低,面对瞬息万变的作战场景和作战目标,能够自主协同、分布式杀伤、饱和攻击,低成本消耗敌方高价值防御体系,把战斗力分散在多个平台,受损恢复力和整体突防力大大增强,使对手无力还击,防不胜防,以较小代价达成最大作战效益。

三、具备超强超常作战效能

智能化战争把人工智能的特性和潜能发挥到极致,导致作战效能接近极限。

一是目标小、难发现。比如微型化隐身机器人,雷达和声呐很难发现。美国在"蜻蜓"中嵌入"光极"芯片的混合无人机,更小更轻更隐秘,续航时间高达几个月。英国芯片设计公司 ARM 和美国国防高级研究计划局还针对属于近零功率射频和传感器操作(N-Zero)计划的传感器进行合作。通过该计划,ARM 将为 1000 名美国国防高级研究计划局员工提供访问其知识产权的机会。N-Zero 计划专门用于军事用途的产品,它的目标是开发能够在低功耗状态下检测光、声音和运动并长期保持休眠状态的传感器,以达到延长传感器使用寿命的目的。

二是造价低、破坏大。2019 年 7 月 22 日,委内瑞拉首都加拉加斯及 10 余个州发生大范围停电,地区供水和通信网络也因此受到极大影响。停电发生约 1 小时后,委新闻和通信部长罗德里格斯在委内瑞拉国家电视台发表讲话时表示,初步调查结果显示,造成本次大规模停电的原因是委供电系统中最主要的古里水电站遭到电磁攻击。委内瑞拉国家电力公司也表示,是古里水电站遭到攻击,进而导致供电中断的。比如甲虫大小的微型无人机只要扫描到人脸景象,经数据分析和确定即可直接撞向目标头部,携带的弹药足以穿透大脑。

三是对抗难、代价高。未来运用智能化武器极限作战具有核武器的威力,特别是极大体量的智能化武器装备,极低成本的机器人自动生产,极度灵活的机器人集群作战,不仅使战争形态发生革命性变化,而且能实现战争威力极大化。未来,可将昂贵的武器系统分解为数量众多、尺寸小巧、成本低廉、分布广泛的无人平台,采取集群饱和攻击的方式对作战目标实施高效打击,将数量优势转化为质量优势。同时如果不能与人工智能和平相处,而是将其运用于恶性斗争,那么给人类带来的灾难将不亚于核战争。

第四章　智能化战争典型作战场景

科学及与之相联系的技术进步通过一系列革命步骤——向前的巨大步伐,给了我们一幅关于自然界的全新图景。[1]

——伯纳德·科恩

安德烈·博弗尔[2]认为:"每一种情况都有适合于它的一个特殊的战略。"人类逐步迈入智能化时代,在人工智能、大数据、脑科学等新理论、新技术推动下,战争样式发生多样性的变化,传统的作战方式有了极大的变革,各国顺应自己的需求创造出了智能斩首战、马赛克战争、认知域作战、赛博空间战、灰色高端战、跨域混合战、全球公域作战等多种颠覆人们对战争认知的新型智能化作战样式。

这些新型战争样式无疑都使用上了新型的智能化武器装备,通过无人作战平台、深海深空智能装备,对陆、海、空、

---

① 参见美国著名科学史家伯纳德·科恩的著作《自然科学与社会科学的互动》,商务印书馆 2016 年版。

② 安德烈·博弗尔,法国战略理论家,陆军上将。

天、电、网等全领域造成全面的多样性打击,相信在不久的将来,还会有更多的新型智能化战争场景出现。

第一节 智能斩首战

一、智能斩首战概念

斩首行动,通常指针对敌军主要指挥官开展的定点清除行动。智能斩首,就是利用 AI 和大数据等先进技术,全方位、长时间搜集追踪、智能匹配敌军主要指挥官及其重要关系人员各种数据信息,通过定点狙击、精确炮击、导弹突击等精准火力实施的清除行动。其主要的理论来源有两个,一是美国空军上校沃顿的"五环理论",他将"领导层环"作为最核心的第一环,是战争发起后首选要给予重点打击的目标;二是英国军事学家富勒提出的"瘫痪攻击",即通过对敌方指挥系统的重点精准打击,使敌人失去组织指挥战斗的能力。在实际应用时,常常选择具有决策权力的敌对国家首脑人物、战场指挥官和指挥控制中心予以打击,以达到快速决定战争胜负的目的。

二、智能斩首战特点

随着人工智能技术的发展,战争样式不断迭代翻新,在智能化时代呈现出一系列新特点,正颠覆性地改变人们的固有认知。"斩首行动"作为一种特殊的高端战争战术行动,在大数据、生物识别、人工智能等技术的支撑下,以一种耳目一新的姿态展现在人们面前。

特点一:战场行动的单向透明性。战场控制有人,交锋无人,利用雷达、传感器、摄影摄拍等装置再配以人工智能系统的辅助,现代的无人机达到自动识别、自动打击,无需人工干预,进而极大缩短指挥控制周期,深度优化反应链条,达成对可能战机的精准捕捉,或是使用远程操控,隔空实施打击[1],而敌方不知道反击的目标和对象。

特点二:作战场景的多能适配性。无人系列武器的出现已经对传统安全防护领域产生了颠覆性的影响。无人系列武器装备所展现出的迅速反应、超高续航、深层隐蔽、快速收尾等优势,实现了即时摧毁,颠覆了传统作战样式,极大地拓展了"斩首行动"适配的多种领域,是未来智能化战争形态演变的催化剂。

特点三:作战指挥的流程重塑性。OODA 循环理论的基本观点是:武装冲突可以看作是敌对双方互相较量谁能更快更好地完成"观察—调整—决策—行动"的循环程序。智能斩首行动分为情报侦察、火力打击、战场评估和善后行动四步展开。情报侦察,利用线人、电子设备侦听、侦察机等多种途径和手段,准确获取斩首目标的位置、行动等高度机密信息,对斩首目标的一举一动严密监控。火力打击,通过情报

---

① 李明海:《快准狠!美军无人机实施斩首行动颠覆传统作战模式》,《国防时空》2020 年 1 月 8 日。

侦察获取到的信息,配合部署的无人机等智能化武器装备进行火力打击。战场评估是根据战场实际情况,依据斩首目标的各种反应,洞察战场的不确定性因素,对预设的作战进程进行适时修正完善。善后行动,斩首行动后引导舆论,其一旦与舆论战手段配合使用,往往可以产生极大的军事效益。

特点四:压制敌方的心理威慑性。如《孙子·谋攻篇》所述:"上兵伐谋,其次伐交,其次伐兵,其下攻城。"心理博弈在军事领域的运用从古至今一直在流传,并在智能化深入发展的今天愈发重要。智能斩首行动看似规模不大,用兵精小,但是一旦成功,将对敌方人员造成极大的心理压制。通过对敌凝聚核心的定点清除,可以有效震慑敌军士气,瓦解敌军抵抗意志。①

三、智能斩首战实例

美军无人机"智能斩首"苏莱曼尼将军。2020 年 1 月 3 日凌晨,美军出动 MQ-9"收割者"无人机发射 3 枚 AGM-114"地狱火"导弹,在伊拉克巴格达机场附近定点袭杀了伊朗"圣城旅"指挥官卡西姆·苏莱曼尼。

（一）作战背景

苏莱曼尼是伊朗在中东利益拓展的灵魂人物,在国内国际都是敌人的眼中钉,作为伊朗伊斯兰革命卫队"圣城旅"旅

---

① 甘林:《未来战争中如何实施"斩首行动"》,《军事文摘》2021 年第 7 期。

长,负责领导伊朗在海外的情报战和特种战,早在 2007 年,美军特战部队的突击队员已追踪上从伊朗进入伊拉克的苏莱曼尼。为了避免交火后的争议性政治问题,决定监视这支车队,而不是立即实施打击。

一是苏莱曼尼组织策划反美战线。美国驻伊拉克大使馆遭到打砸和火烧的暴力冲击。美国原总统特朗普指责是伊朗策划了这次暴力冲击,称伊朗将承担全部责任。美国可能不得不采取先发制人的行动来保护美国人的生命。中东多国,包括阿富汗、伊拉克、黎巴嫩、也门等,都有伊朗支持的军事组织,这些武装人数超过 30 万,伊朗建立了一条从伊朗—伊拉克—叙利亚—黎巴嫩的"什叶派之弧",使得伊朗对于中东局势产生极大的影响。"什叶派之弧"最大特点是反美、反犹,是美国中东霸权政策最大阻碍。尽管是多个中东小国,但是在伊朗的领导下,此地区什叶派力量形成的防线足够阻挡美国进一步吞噬中东的石油资源。"什叶派之弧"创建领导者正是苏莱曼尼。

二是苏莱曼尼行踪隐蔽。作为伊朗情报中心指挥官,苏莱曼尼行程不事先通报,对于谍报、通讯、保密等比一般人更为通晓和谨慎。自 2019 年 9 月,美中央司令部和联合特种作战司令部就开始追踪苏莱曼尼,此次苏莱曼尼深夜到达巴格达国际机场,出现较为有利的时间窗口。根据总统指令,美军制定了无人机智能斩首行动。美军事前掌握了苏莱曼尼此行将经过黎巴嫩的贝鲁特、叙利亚的大马士革,到达伊拉克的巴格达,显然,在巴格达地区美军具有更多的作战资源和战场控制权。美军联合特种作战司令部协同中央司令部决心组建以 MQ-9 无人机为主体的联合特遣部队,在巴格达机场外 U 形路段发动攻击。

(二)作战经过

一是基本经过。2020 年 1 月 2 日,苏莱曼尼自伊朗首都德黑兰乘飞机抵达叙利亚首都大马士革,之后没有在叙利亚首都会见任何人,而是下飞机就直接乘车到贝鲁特。苏莱曼尼在贝鲁特待了几个小时,并于当天晚上按照相同程序返回大马士革。在大马士革机场,苏莱曼尼和其他乘客一起登上飞往巴格达的鞑靼之翼航班。2020 年 1 月 2 日 23 时 27 分,苏莱曼尼乘坐的飞机从大马士革起飞,飞行 1 小时 5 分后到巴格达,于巴格达时间 1 月 3 日凌晨 12 时 32 分降落。苏莱曼尼和他的两个同伴很快就被穆汉迪斯及其随行人员接走。

二是打击流程。苏莱曼尼乘坐的飞机从大马士革起飞后,美军 MQ-9 无人机 3 架先后从伊拉克阿萨德基地起飞至机场待命出击,苏莱曼尼自下飞机到乘车准备离开机场,全程都被在约 9000 米高度巡航飞行的 MQ-9 收割者无人机追踪。当苏莱曼尼乘坐的车辆通过机场外道路时,美军 MQ-9 无人机操作员根据卫星回传的高清热成像画面确认目标。美军联合特遣部队指挥官下达攻击命令,在无人机激光照射定位后,操作员根据指令按下发射按钮,MQ-9 收割者无人机发射激光制导导弹击中车辆。1 月 3 日 0 时 55 分,苏莱曼尼他们乘坐的现代斯塔克斯和丰田亚洲龙离开机场不足5分钟就受到攻击。两辆车遭到3枚导弹袭击,前面的现代轿车先被命中,后面与它相距100—120米的丰田车加速躲过了第二枚导弹却没躲过第三枚导弹。

三是兵力使用。(1)MQ-9无人机该无人机可提供对高价值、稍纵即逝和时间敏感目标进行打击、协调和侦察的独特能力。一套完整的作战系统由装载若干机载传感器、武器的飞机、地面控制站与视距链路、卫星链路以及执行24小时任务部署的操作和维护人员组成。(2)美国陆军AH-64D"长弓"阿帕奇武装直升机安装了长弓火控雷达,具有强大火力和重装甲,最大特点是配备了AGM-114L"长弓海尔法"导弹,这种导弹使用主动雷达制导,可以对目标的位置和特征进行记忆,具有发射后不用管功能。(3)特种作战部队。美军设有联合特种作战司令部,各军种均有特种作战部队,伊拉克阿萨德基地就驻有特种作战部队。特种作战部队反应灵敏,能够迅速对各种冲突做出精确分析,缩短作战时间。美国政府非常注重特种作战部队的建设,形成了完整的特种作战部队的组织和指挥体系。(4)情报支援系统。来自情报人员、电子监听系统和其他监视系统的机密信息支援了此次打击任务。主要包括:美国中央司令部情报局联合情报中心以及在中东地区的美军军种情报组织、非军方的情报支援力量。具体手段上包括特工、线人等人力手段,语音监听和电话跟踪等技术手段,无人机侦察影像分析判读等专业手段。

（三）行动特点

总体上看，该次袭杀行动实质上是一场小规模多兵种联合作战，也是大区域跨境混合作战，力图通过战术行动取得战略效果，体现了美军最小接触战争理论指导思想。从无人机专业视角看：

一是确立以无人机为主体力量筹划作战行动。此次作战，美军从情报侦察、信息传输、分析判断、定下决心到指挥协调各种力量，程序方法得当，以无人机为主体设计行动方案、调配支援力量，最大限度发挥了无人机的攻击效能，是一次成功的定点清除战术行动。相比直升机、特战分队，中空长航时侦察打击一体无人机具有远程追踪能力强、攻击时效性强、使用隐蔽性强和打击威力大的突出优势，美军高层可以通过无人机任务分队和指挥链路直接观察指挥到一线战况，卫星链路信息传递可实时传输作战画面。行动中，无人机使用窗口期和部署位置都占据主导地位，攻击时间窗口均以无人机力量发挥作用为主要标准。从伊拉克阿萨德基地到巴格达距离170公里左右，基本在直升机作战半径边缘，但却很有利于无人机发挥作用。无人机具有昼夜长时间的目标跟踪锁定和激光照射引导能力，还可以实现双机协同照射引导攻击。美国MQ-9"收割者"无人机打击伊朗"圣城旅"指挥官苏莱曼尼座车使用的是两枚不同战斗部的AGM-114P"地狱火"空地导弹。攻击指令下达后，MQ-9"收割者"无人机对苏莱曼尼座车发射的第一枚AGM-114P"地狱火"

空地导弹采用了特殊的"刀刃"战斗部,也就是 R9X 的新型"地狱火"空地导弹。这枚导弹如果击穿丰田越野车的车顶,6 片锋利的刀刃在车内进行高速旋转,可使车内人员完全失去行动能力。之后,无人机发射第二枚具有高爆战斗部的AGM-114P"地狱火"导弹,完成攻击任务。

二是精选无人机攻击时机和路径。下达攻击指令的时机选择很巧妙。如果在机场内就动手暗杀伊朗"圣城旅"指挥官苏莱曼尼,则有可能伤及伊军士兵和毁坏机场设施。而如果等车队完全离开机场,则有可能利用地形和建筑的掩护,迅速脱离美军 MQ-9"收割者"无人机的跟踪。那么,就在车队即将离开机场之时发动攻击,既可以保证将附带伤害降低到最小,还可以对伊朗形成最为强烈的震慑效果,可谓一举多得。在具体行动上,攻击路线和时间窗口选择也非常精细。通过研判巴格达机场地形和无人机攻击性能特点,分析具体攻击路线和方法,那么可以选择的路线有 3 个:A 段:该段路为机场出口环形道路的左段,该段路线比较直,距离1.7 千米左右,汽车行驶 50 秒左右。B 段:该段路为机场出口环形道路的中段,该段路线为环形,影响目标行驶速度,适合目标跟踪锁定,汽车行驶 70 秒左右。C 段:该段路为机场出口环形道路的右段,该段路线比较直,距离 1.7 千米左右,汽车行驶 50 秒左右。机场外 U 形路中 2 条路段是直线,1 条路段是环线,比较适合无人机光电跟踪系统目标稳瞄和激光照射引导打击,但 A 路段距离机场较近,B 路段适合无人机稳瞄跟踪,C 路段更适合无人机攻击。

三是无人机精确协同攻击。从美军无人机定点攻击行动经验来看,无人机定点清除行动都是 3 机协同作业,此次行动 3 架无人机配合非常有效。1 号机指挥预警,传输攻击态势和情报,配置于机场西南侧,紧盯巴格达机场 A 段苏莱曼尼的出行车辆,为 2 号和 3 号机提供时间预警;无人机任务操作特别是动目标跟踪操作难度高,没有一定时间预警和智能跟踪手段,难以迅速做出反应。2 号机负责攻击行动,3 号机负责拦截和攻击。据此,我们可以看出,美军无人机战术协同和实战操控水平均处于很高水准上,能够在很短时间内锁定跟踪目标,实施激光照射和引导打击。

四是行动突然隐蔽。为达到行动快速隐蔽,美军从技术手段、指挥程序和协同方法等多个方面,制定了无人机攻击作战的各种预案,以确保无人机为主体的攻击行动突然高效。苏莱曼尼显然没有充分察觉。MQ-9 无人机中高空巡航速度快且静音效果好,5 公里外基本听不到声音,具有良好的攻击隐蔽性。第一代 AGM-114"地狱火"空地导弹都是在低空环境下发射,如果直升机高度超过 600 米,则半主动激光导引头难以捕获照射指示信号;第二代 AGM-114"地狱火"空地导弹,代表型号就是 AGM-114K,则根据"察打一体"无人机中高空飞行的使用要求,将发射高度大幅提升至 4500 米以上。美国继续对 AGM-114K"地狱火"空地导弹进行改进,发展出专门满足 MQ-9"收割者"无人机使用要求的高空发射版本,MQ-9"收割者"无人机在通常的巡航飞行高度上就可以发射,还具备全方位攻击目标以及通过控制弹道提高毁伤效能的能力。

五是无人机作战保障有力。空域保障充分。伊拉克作为一个驻扎有大量美军甚至武装力量都是在美国扶植下建立起来的国家,其天空基本上被美国空军所控制。而MQ-9"收割者"长航时中高空大型"察打一体"无人机基地设在伊拉克、控制中心设在美国本土,其平时的主要任务就是在重点地区上空,比如巴格达国际机场这样各方势力混杂的区域,进行长时间的巡航和监视。情报保障精准。在此次暗杀行动中,由于美军已经全程掌握了伊朗"圣城旅"指挥官苏莱曼尼的行踪,从他下飞机到乘车准备离开机场的过程都被一直在9000米高度巡航飞行的MQ-9"收割者"无人机所跟踪。但是苏莱曼尼本身是特种部队指挥官,行动极为隐秘,仅靠无人机侦察是不够的。无人机虽然是高技术武器装备的代表,但是其自身也有一些不容忽视的短板,比如很难在夜间或是恶劣天气情况下执行任务、载弹量较小、缺乏对情报资料的实时分析判别等。从客观上来讲,无人机遂行攻击任务,必须得到其他无人侦察机、有人战斗机或是地面作战力量的配合,提高相互支援能力。苏莱曼尼从德黑兰到达大马士革的那一刻起,直到他在巴格达遭袭身亡,都受到严密监视。在大马士革机场,苏莱曼尼和其他乘客一起登上飞往巴格达的鞑靼之翼航班。据美国《纽约时报》报道,来自情报人员、电子监听系统、侦察机和其他监视系统的机密信息支援了此次打击任务。

乌克兰危机中,据俄罗斯媒体地带网报道,截至2024年1月19日,俄军在俄乌冲突中阵亡了约3100名军人,其中包括366名中校及以上的军官。该冲突中俄十余名将领被精准斩首,说明俄军指挥机构、通信系统、指挥官的声纹特征、活动轨迹等被西方掌握,并与前线部队武器系统实现了有效交链。乌军通过天上的光学、SAR和电子侦察卫星等,跟踪侦察俄指挥机构、通信系统的大致动态变化情况,利用RQ-4、RC-135、E-8C、P-8等空基有人/无人平台,对俄军指挥所精确侦察和定位,然后采用便携式专用电子设备侦测和关联计算,确定俄军指挥员所在,实施精准斩首与打击。

智能斩首行动带来新的警示,未来战争已经进入以智能化+先进制造业为核心的新型战争形态。先进制造业赋予战争新形式、新载体,完成打击目标的关键动作和最后一击。智能化斩首行动这种作战方式付诸现实,需要精准、远程、智能化的杀伤能力。智能斩首行动成功的关键是强大的情报系统以及无人机、导弹等智能化武器装备。其中情报系统负责掌握目标任务的地理位置信息、行动规划以及随行人员配备等多面的信息,为后续的打击做好准备工作;在各方信息完备的情况下,无人机提前部署并做好准备,在关键时间点进场,随后导弹发射精确命中并杀死目标。智能化时代,使"智能斩首"成为可能,使用人工智能、大数据、通信卫星等技术可以定位斩首目标精确位置,破坏敌方信息传媒,如电话、无线电频谱、电缆和其他传输手段,实施精准打击。

第二节　马赛克战争

一、马赛克战争概念

2017 年,美国国防高级研究计划局下属的战略技术办公室最先提出了"马赛克战"的概念,该概念借鉴了马赛克拼图的思路,从功能角度将各类传感器、指控系统、武器平台、兵力编队等各种作战要素视为"马赛克碎片",通过动态弹性通信网络将"碎片"链接形成一张物理和功能高度分散、灵活机动、动态协同组合的弹性作战效果网,利用人工指挥和机器控制,快速、灵活、自主地重组一支更加解耦合型的军事力量来创造己方的适应性,提升敌方的决策复杂度或不确定性。[①]

形象地描述,"马赛克战争"是在战场上,根据作战任务的性质与规模,"拼接"、搭配为一个合适大小、形状、色彩的"大块马赛克",即具备完成作战任务所需功能的作战体系,就是将作战力量构建为像装饰材料马赛克那样的功能各异的小单元。马赛克的各个部分虽然是碎片,但组合在一起能够发挥更大的整体作用。即使破坏一些马赛克碎片,其还能随机变化成另外一个整块,继续履行作战职能,并不影响马赛克的整体效果。

---

① 付翔:《人工智能支撑马赛克战机理研究》,《航空兵器》2020 年 9 月 16 日。

"马赛克战争"概念的核心理念是借助人员命令和机器控制,对部队进行迅速组合和重组分解,从而提高部队的适应能力和灵活性;充分利用人工智能(AI)技术将综合集成的复杂作战体系拆分,形成简单灵活的作战组件,从"大而全"变成"小而散",从一网联三军到动态组网,从网络中心到去中心,从一条链(杀伤链)到一张网(杀伤网)再到一片云(作战云)①。通过动态组网使分散部署的有人和无人单位可以利用自适应性和表现出来的复杂性,延迟或阻止对手实现目标,同时破坏对手作战体系的重心。这个体系中的某个部分、部分组合被敌方摧毁时,能自动快速反应,形成虽功能降级但仍能相互链接、适应战场情境和作战需求的作战体系。

二、马赛克战争特点

马赛克战争体现了去平台化、去中心化的思想,在体系构成、兵力生成、火力杀伤、指挥控制等环节均有显著变化,具备鲜明的特点。

特点一:自适应性和弹性强的体系架构。马赛克战争围绕实现战略目标,根据军事行动类型和任务需求,在战时将平时分散部署的作战要素自适应组合,形成不同配置和表现形式的新型作战体系,为指挥员提供具有创造性、出人意料的方式和手段,打乱对手的战略部署和行动计划。体系中的

① 刘鹏:《美军马赛克战的"阿喀琉斯之踵"》,《中国国防报》2022 年 11 月 7 日。

某个作战要素受到攻击摧毁后,体系中其余部分能自动快速反应继续组合,形成虽功能降级,但仍能兼顾杀伤力、生存力和弹性并适应战场情景与需求的新型作战体系。该作战体系在完成任务后可迅速解体,释放出作战要素,为下一次重构作战体系做好准备。根据任务的调整变化,一次作战行动中可能有多次作战体系"解体、重构"过程。这种马赛克式的灵活性,可以扩展至其他领域。以 F-35 多用途飞机为例,其异构性(每架飞机可搭载多种杀伤性武器)和快速组合性(任务指挥官可以轻松地切换每架飞机的武器携带类型)体现了该型战机的类马赛克特征。

特点二:成本低速度快的兵力生成模式。传统高性能武器装备是赢得现代战争的关键,但是规模有限。无论一架战机有多大能力,都不可能同时出现在两个或更多地点,而且战时核心装备一旦损失,就会面临全体系崩溃的可能。除高性能武器装备外,马赛克战争也寻求采购大量结构简单、功能单一、可模块化组合的作战要素,一是可以有效降低研制风险,缩短研制周期,提高采办效率,加快兵力生成速度;二是可以减少系统集成和测试需求,以及可能的体积、重量、功率、成本和冷却能力需求,降低装备采购和兵力生成成本。[1]当可配置兵力资源总数相当时,战场数量越多,马赛克战争的作战优势越突出。随着战场数量的增多,每个战场可分配

---

[1] 郭彦江:《美国马赛克战概念发展分析》,《航天防务》2020 年 4 月 2 日。

到的兵力资源逐渐减少,单一集成作战模式依赖部队规模的优势受到限制,而马赛克作战模式下,各作战单元可以根据战场态势,识别最优组合,使各平台的作战能力得到充分发挥,不对称优势明显,作战效用增加。①

特点三:跨域感知和打击重构的杀伤网。美军在空中、地面、水面及水下等作战域拥有众多杀伤链。这些杀伤链通常是线性的,并只在单个作战域发挥作用。杀伤链条中任何一个环节出现故障、错误,都将导致链条的断裂,整个链条功能失效。马赛克战争将这些杀伤链交叉重构,将众多独立且具备各种作战功能要素的小型作战平台聚合在一起,并利用先进技术将其构建成覆盖陆海空天网各作战域的分散、灵活、机动、自主的杀伤网,这些网络可以将不同配置的独立传感器、反制措施、武器和决策要素组合,然后开始行动,使任意武器平台可获取任意传感器信息,实现跨域感知和跨域打击,以达到既定目的。杀伤网的节点具有高度分散的特点,形成具有良好的韧性和较多的冗余节点,由于没有缺之不可的关键节点,对手很难对杀伤网进行致命性破坏。即使某一节点被破坏,也不影响杀伤网发挥整体作战效能。

特点四:分布式指挥控制加快了作战速度。马赛克战争注重战术灵活性,主张权力下放至战术层。在作战时,专注于利用节点能力来构建杀伤网络,减少对核心和跨域指挥节

---

① 《博弈论视角下马赛克战的有效性分析》,《国防科技要闻》2021 年 5 月 17 日。

点的依赖。这一策略旨在推动战术层面跨军兵种联合作战体系的形成。只要网络连通性得以保持,通过构建一个闭环的"观察—判断—决策—行动"循环,就能构成有效的杀伤链路。杀伤链路的构建取决于作战任务的不同以及敌方作战能力的变化,节点编配可以根据任务需求进行动态调整。马赛克战争分解后的部队数量众多、规模较小、成本较低,具有更大的组合能力,采用分布式指挥可以更好地调整部队要素,能够使各节点灵活地组合,从而更好地完成给定任务并加快决策速度。通过整合人工智能,马赛克战争可以摆脱对中心节点的依赖,增加判断和决策节点数量并尽量前移,加快"观察—判断—决策—行动"循环速度。

三、马赛克战争基本思想

"马赛克战争"的基本思想是将复杂的作战体系分解为更小的、易于管理和组合的单元,这些单元类似于马赛克瓷砖,可以根据作战需求进行快速拼接和重组。这种作战方式强调去中心化、分布式决策和自适应协同,通过动态网络将各个作战单元连接起来,形成灵活多变的作战体系。

一是分散与重组。将复杂的作战体系分解为数量更多、规模更小、功能更单一、更易组合的作战模块,类似于马赛克拼图的碎片。这些模块可以随机组合、快速拼接,形成不断变化的新作战体系,即使部分模块受损,也不会影响整体功能的发挥。

二是动态协同。利用高度分散、灵活机动的通信网络，将各个作战模块动态链接起来，形成高度协同的作战网络。这种网络能够根据战场环境和作战需求的变化，快速调整作战模块的组合方式，实现作战能力的快速重组和优化。

三是智能化与自适应。借助人工智能和机器学习技术，提升作战系统的智能化水平，使其能够自主感知战场态势、分析作战任务、制定作战计划并控制作战行动。这种智能化和自适应能力使得"马赛克战争"能够在复杂的战场环境中保持高度的灵活性和反应速度，有效应对各种突发情况和威胁。

四是多重作战优势。通过将各作战要素打散并重新组合，"马赛克战争"能够形成对竞争对手的多重作战优势。这些优势包括信息优势、决策优势、行动优势等，使得美军能够在未来的大国竞争中占据有利地位。

五是去中心化与去平台化。"马赛克战争"强调去中心化和去平台化的作战思想，即不再依赖于单一的高价值作战平台或指挥控制中心。通过将作战功能分散到多个低成本、低复杂度的平台上，"马赛克战争"能够形成更加灵活和难以被摧毁的作战体系。

四、马赛克战争作战流程

"马赛克战争"强调比对手更快更好地做出决策，而不是打消耗战。通过马赛克战争更具组合性的兵力设计、人工指挥和机器控制的作战过程,可加快决策甚至自主决策,因此可以作为"决策中心战"的基础。更具组合性的兵力设计,可以让部队更加分散地部署,重组能力更强,可预测性更低,让敌陷入决策困境。人工智能工具可辅助指挥员提高决策速度。

（一）组合性的兵力设计

整体式多任务部队和体系的配置并不灵活,因此限制了给定部队的组成,这会降低部队的适应性,使其行动更具可预测性,并降低迷惑敌军的能力,而这一能力正是侧重于获得决策优势的作战概念的组成部分。

将目前整体式多任务部队分散为数量众多、功能更复杂的较小部队,为敌方创造更复杂、更难以评估的场景,从而更好地实现决策和信息优势,对手将需要制定和部署更多对策。反之,对手将不得不承担相应风险,即分解后的部队可能构成效果链,从而绕过其计划且能够建立防御。例如,一艘护卫舰和几艘无人水面舰艇可以取代由三艘驱逐舰组成的水面行动组;还可以用一架配备有防区外导弹、传感器和电子战设备的无人机作为指挥、控制、情报、监视与侦察平台,替代一个攻击机机队。在地面部队方面,不必依靠大型部队,小型部队及其分队可以依靠中小型无人地面车辆（UGV）和/或无人机增强战斗力,从而提高其自卫、监视侦察和后勤能力。

这些更分散的部队可以看作杀伤网或效果网,而不是预先定义的杀伤链,这些网络可以将几种不同配置的独立传感器、反制措施、武器和决策要素组合在一起,然后再开始行动,以达到既定目的。更进一步,效果网中的部队要素可以在作战前和作战中动态组合和重新组合,包括更改某些部队要素的功能。在组合式部队中,即使是功能有限的无人机也能够用作传感器、诱饵或通信节点,并且在作战过程中还能改变作用。如今美军的分散有助于其预先配置的效果链转变为适应能力更强的效果网。随着分布式作战方式的采用,以及快速组合和重组能力的增强,组合兵力设计具有如下作战优势:

提高效率。分解后的部队数量众多、规模较小、成本较低,因此指挥官可以更好地调整部队要素的能力以适应任务和指挥官的风险承受能力。反过来,更有效地使用部队的能力也可以使指挥官承担更多计划风险,并有效分配部队以同步执行更多任务。

扩展行动范围。与传统部队相比,组合部队的分配能力使其能同时进行更多任务并达到更多目标,有可能破坏对手的决策程序。

加快作战节奏。分散部队具有更大的组合能力,能够使指挥官更灵活地组合部队。通过整合人工指挥和机器控制,指挥与控制流程将进一步加快作战方案的开发速度和指挥官的决策速度。与传统部队相比,更快的决策速度和同时采取更多行动的能力,将使指挥官能够更好地控制作战节奏。

改善实施作战策略的能力。更精确地调整部队使其适应任务的能力、分配部队以执行更多任务的能力、更好地控制作战节奏的能力,以及承担更多计算风险的能力,使指挥官能够奉行以机动而非损耗为核心的作战策略。

(二)人工指挥和机器控制

为充分发挥分散的可组合部队的价值,指挥与控制流程将依靠人工指挥和机器控制的整合。如果没有自动控制系统,指挥官将无法充分利用部队的可组合性为敌军制造困境,或根据敌军的防御和反制措施重组部队。机器控制也将使指挥官减少对部队作战的技术性细节的关注,从而将注意力更多地集中在运用作战艺术上。

在指挥与控制流程中,指挥官制定一种综合作战方法,以反映其策略、运用作战技巧,并遵循上级指挥官的指示。指挥官通过计算机接口确定机器控制系统需要完成的任务,并选择对手的规模和效果估计值。机器控制系统将确定可以执行任务的部队清单,来实现以环境为中心的指挥、控制和通信,然后指挥官从清单中选择最适宜于执行任务的部队。

机器控制系统将查询每个参与部队和部队要素的能力,以帮助指挥官分配任务。查询结果将显示部队与任务地点的距离数据、与任务相关的能力数据,以及物理特征数据。通过对潜在行动概念进行建模和仿真,机器控制系统将向指挥官提出一个或多个作战方案。完整的作战方案包括要同时执行的任务、要使用的部队、执行任务所使用的战术,以及相关移动性和机动性。指挥官及其参谋人员将审核机器控制建议的作战方案,以确保其与战略和更高的指导方针保持一致,这提高了指挥官可以管理的任务数量和控制范围的上限。机器控制系统可以对能够支持指挥官命令的部队要素和战术组合进行全面评估,因此最终建议的作战方案可能包括人通常不会想到的新颖方法。尽管其中一些非常规作战方案的成功概率可能比传统战术低但却可能出乎敌军之意料,从而在实践中更加有效。如果机器控制系统建议的作战方案与指挥官的意图不一致或不反映指挥官的作战方法,指挥官可以更改任务命令,并重新运行系统以生成不同的作战方案。

目前,建立指挥关系通常是为了支持指挥官控制所需范围,而不考虑通信可用性或支持指挥官任务所需的部队。这种方法可能会对通信网络的连接性或带宽提出无法实现的要求。马赛克部队的可组合性和机器控制系统的采用,将使以环境为核心的指挥、控制与通信顺利进行。在以环境为核心的指挥、控制和通信中,指挥关系基于通信可用性而建立,而不是不顾现实条件,坚持为所需指挥与控制结构构建网络。使用以环境为核心的指挥、控制与通信组织任务非常重要,因为在未来以决策为核心的冲突中,通信和认知局限可能会妨碍单个指挥官指挥大型分层部队。借助机器控制系统,初级指挥官只需很少的人员就可以管理部队。除了支持以环境为核心的指挥、控制与通信外,在整个部队中分散指挥节点还将提高部队的适应性,并为敌军制造更加复杂、更难以评估的作战局面。

马赛克战争的作战过程通过组合兵力设计、人工指挥和机器控制实现,其重点是比对手更快、更有效地制定决策。效果网中的部队在行动之前和期间可以进行动态组合和重组,这将能够提高其适应能力,并为敌军带去更大的复杂性和不确定性。

五、马赛克战争实例

"马赛克战争"是一种"低成本分布式作战管理"。因此集成化程度高、费用高昂的多功能高价值平台(如航母、F-35、F-22战机),将逐步替换为体积更小、具备特定功能的武器平台,如具备监视、侦察或打击功能的无人机、无人艇、无人潜航器、无人战车等。

目前 SpaceX 公司的"星链"卫星最新发射数量已达 3558颗,高分布性、灵活性、快速重构性等特点更加凸显。当"星链"全面建成后,可在全球实施全天时无缝侦察和监视,使战场态势对美单向透明,让美掌握态势感知主动权;可提供覆盖全球的大带宽、高速率军事通信服务,为美军构建起覆盖无人机、战略轰炸机、核潜艇等作战平台的强大指挥通信网;可显著提升定位精度和抗干扰能力,为远程精确打击提供更精准导航定位信息,提高毁伤效能;可搭载天基武器系统,甚至直接作为武器平台,成为遍布太空的"智能卵石"。[1]

---

① 李小历:《警惕"星链"的野蛮扩张和军事化应用》,《国防科技工业》2022 年第 5 期。

据报道"星链"与无人机交叉互动,利用大数据和人脸识别技术,已介入乌对俄的有关军事行动,并取得较好的作战效果。从俄乌冲突来看,未来作战的关键点之一是掌握制信息和制电磁权,提高建设"透明战场"的能力。以"星链"提供信息传输和精确制导、无人机自适应编组实现低成本远程攻击为代表的作战方式已具备马赛克战争的特点,"星链"+无人机成为"马赛克战争"雏形。

从俄乌战场态势看,为对抗俄军,北约支持下乌军的某些战法打法正隐现"马赛克战争"的雏形。因此,直面大国高烈度竞争环境的"马赛克战争"这一新型作战概念,是美国下好"先手棋"的尝试,虽然目前不尽完善,但值得高度关注。①

第三节　认知域作战

一、认知域作战概念

认知是指大脑接收处理信息、产生思维想法的过程。认知域作战是为达成国家政治军事目的,综合运用谋略、科技、舆论、情报、心理、法理等方式手段,影响目标对象认知,进而改变其决策和行为的认知对抗行动。认知域作战是一种新形态作战样式和高级战争方式。

如何理解认知域作战？一是认知域作战源于、涵盖、超

---

① 许成钢:《"星链"+无人机——"马赛克战"雏形显现》,《华西军工》2022 年 5 月 22 日。

越"老三战";二是认知域作战是国家总体战、全局政治战、新时代人民战争的重要组成部分;三是认知域作战属于多域精确战、高端战争的范畴,将会成为我军一种新的联合作战的主要样式;四是政治工作,但又不包含政治工作的全部。认知域作战是通过影响目标对象的情感、意志、思维等,进而改变其决策和行动。

美军将"认知战"作为战法创新的主流思维,正逐步上升为顶层战略设计,美军和北约还提出"人类域作战""影响力作战""叙事战"概念。俄军的"心智战"旨在"改变敌方社会的世界观、价值观",剥夺敌方政权影响力,并将目标受众置于己方控制之下,而不是击败敌方的军队并夺占其领土。

阿尔文·托夫勒[1]认为:"今天的战争会影响到输油管道内汽油的价格、超级市场里食品的价格、证券交易所里股票的价格。它们还会破坏生态平衡,通过电视屏幕闯入我们每个人的家庭。"

随着人工智能和脑科学技术的发展,人脑的无穷潜力被开发,并催生出读脑、类脑、控脑、强脑等以大脑为直接目标的认知域作战新模式。物理域、信息域、认知域作战空间中,认知域成为大国博弈、军事对抗的终极之域。认知域作战中,大脑作为认知载体,或将成为未来战争主战场,通过特殊手段直接作用于大脑认知,以影响其情感、动机、判断和行为,甚至达成控制大脑的目的。未来战争中,制脑权的争夺

---

[1] 阿尔文·托夫勒,世界著名未来学家。

即将成为认知域作战的制高点。

认知域作战的武器是信息,凡是信息可以传播到的地方,都可以成为战场。信息传播的关键是媒介,而媒介在当下的网络社会无处不在,为开展认知域作战提供了先决条件和有效支撑。

认知域作战

二、认知域作战的特点

认知域作战是为达成国家安全战略目的,融合运用军事、政治、经济、舆论、心理、法理等方式手段叙事,影响目标对象认知,进而改变其决策和行为的认知对抗行动,是一种新形态作战样式和高级战争方式。认知域作战脱胎于传统的作战方式并与之有千丝万缕的联系,但同时又具有自身鲜明的特点。以下通过政治性、进攻性、模糊性、创新性四个特点,探究认知域作战的奥秘。

特点一：国家首脑认知叙事的政治性。国家首脑认知叙事是代表国家战略意志和国民认知的较量，紧紧围绕实现国家政治意图、服务政治大局、争取政治主动来展开。主要依托国家战略传播体系，争夺的重心是文化、信仰、价值观、意识形态等，根本上是影响人的政治立场、政治态度。认知叙事，可能会取得比火力摧毁、兵力夺控、攻城略地更大的战略收益。国家首脑代表国家利益进行认知叙事具有显著的政治意义。国家首脑的认知叙事，是将语言修辞作为实现军事目标的手段。不同于常人话语，首脑叙事更为宏阔，言论影响力更大。[①]

特点二：混合战争认知作战的进攻性。认知域作战中传统与非传统战争方式手段的混合、战场环境的混合等突破了传统战争的样式，在混合战争视角下，意识形态宣传与灌输、价值观与文化的渗透、传统的舆论心理法律和信息网络战等其他软实力，都是认知域作战混合样式的主角和手段。横向融合多元多域，冲突方包括美西方阵营和域内域外国家。纵向融合多层多级，贯通战略战役战术多层级，呈现了战略传播体系的立体交锋对撞场景。美国乔治城大学教授胡安曼·弗雷迪说："宣传也是一种战略资产，就像外交和威慑一样。"认知作战的进攻性体现了传播学的一个原理，就是"首映效应"，白布一旦被染黑就很难漂白。人们对一件事

---

① 李明海：《认知域正成为未来智能化混合战争主战场》，《环球时报》2022年3月17日。

情的首发消息,往往高度敏感,很容易把先进入视野的假象误认为事物的真相。率先发声的认知叙事策略具有很强的进攻性。以语言为武器,强势叙事、迅速发声既能压制对手形成话语主导权,也能潜移默化地塑造对方受众的思维习惯,引导作战对手跟风追随,形成话语非对称优势,从而实现"认知打击"。

特点三:国际传播平战界线的模糊性。认知争夺中的国际传播具有平战一体、军民一体、全时累积释能的特点。认知域作战是一场不间断的、常态化的斗争,不是仗打起来才有、打起来才用,而是常态在战、随时在战,平时塑造影响甚至更重要,作战效能持续积累、逐步释放。往往是先开场、后收局、全程用,作战行动停,而认知攻防的国际传播不停,甚至战争本身结束多年,认知域的国际传播仍在持续。认知争夺中的国际传播具有筹划的隐蔽性、行动的长期性、效果的涌现性。其作战行动需要流程化驱动,以"分众设计—目标画像—策略定制—信息试验—效果评估—策略优化"为主轴,统筹设计军事作战与认知作战行动。认知叙事属于语言艺术范畴,并不神秘。争夺"叙事"主导权,应灵巧进行选择性叙事。选择性叙事是在认知叙事斗争维度上赢得胜利的重要手段,和平时期打造国际传播平台是战时的基础。

特点四:AI赋能认知攻防的创新性。认知域作战技术是翅膀、是支撑,内容+技术两者融合才能叠加增效。特别是信息化智能化时代,人工智能、大数据、脑科学、神经科学等新兴技术手段全要素融合、全流程渗透,为主导认知、推高认知、颠覆认知等提供了强力支撑和广阔空间,正在引发认知域作战的迭代升级和深刻变革。认知域作战是数据知识的武器化叙事,创新技术手段、专业力量、概念战法是认知域作战的关键。认知域作战遵循进攻与防御的基本原则,攻在于突破对方的逻辑、情感、意志等认知防线,防在于建立己方思想、心理、信念等精神免疫系统,具有攻防一体、无形无界的特点。科技赋能认知叙事的内容渠道不断创新,相比于传统方式更容易达到干扰对方视听、搅乱对方思想、引导国际舆论的效果。

三、认知域作战的发展趋势

认知是人们获得、加工及应用信息和知识的过程。当前,认知域逐渐成为角逐的新战场,认知战逐渐受到各国重视。随着科技革命的发展和战争实践的拓展,认知战正呈现出加速演变趋势。

趋势一:认知科技正成为战争演进的基本动力。科技改变战争形态,也改变认知战方式。如果说信息网络的大规模普及,推动了信息域成为作战域,数据和网络规模的指数级增长是信息域成熟的标志,那么认知科技的大规模应用,认知技术不断迭代发展,将成为推动认知战成熟的标志。未来认知环境、认知感知、认知控制、人工智能等方面技术,将折射出认知技术对社会认知对抗、军事认知对抗可能产生的变革性影响。人类正进入全民传播时代,全球网络空间正纳入高度联动,网络已成为国家行为体和非国家行为体全面博弈的作战空间,传播之争和传播之战已成为高烈度军事行动层面的一部分。当前世界主要国家纷纷布局认知技术前沿,开展认知技术竞赛,通过建模和分析,谋求渗透控制人脑网络、信息网络和社会网络;通过深算、精算、妙算等,旨在最大限度把握人们的认知世界和认知域的掌控权。

趋势二:认知领域正成为混合战争的重要战场。智能时代,人类交流方式正发生复杂深刻变化。线下交流更多让位于线上交流,各种新媒体平台成为公众了解战场的主要渠道,大型社交平台成为认知博弈斗争的主阵地。因此,未来战争的作战域将不断拓展,空间域从陆海空天网向深空、深海、深地拓展,而逻辑域则从物理域向信息域、认知域拓展。战争不再局限于传统战争的实体性威胁,而在转向大众媒体、技术进步带来的社会意识威胁。围绕传播平台的封锁与反封锁、主导与反主导将成为认知战争夺的焦点,以信息为弹药进行国际话语控制权争夺成为当今认知对抗的主要方式。在混合战争视角下,意识形态宣传与灌输、价值观与文化的渗透、传统的舆论心理与法律攻防和信息网络战等,都成为认知战的重要方面。混合战争可通过认知战等综合博弈手段,实现小战甚至不战而胜的目的,而认知领域攻防将是一场不间断的、常态化的斗争,作战效能也将持续积累、逐步释放。

趋势三:认知优势正成为高端战争的制胜优势。战争行动自由是军队的命脉。从认知维度看,对战场环境、作战对手认知越深,行动就越自由,相对优势就越大。但随着战争中作战数据指数级增长,指挥人员开始面临数据沼泽、数据迷雾、数据过载的认知困境,拥有信息优势并不等于拥有认知优势。人工智能技术的一个重要军事应用方向,就是实时处理海量数据,帮助指挥人员摆脱认知过载,快速形成认知优势。在智能化战争中,认知优势将主导决策优势,决策优势主导行动优势。认知优势具有 4 个关键指标:更强的信息获取能力、更快的人工智能机器学习速度、更有效的突发事件处理能力和更高的开发应用新技术新知识的能力。例如,以数据驱动的智能传播为新特点的舆论战与传统军事行动已经高度协同与融合,这种虚实一体的作战样式具备了比单纯军事行动更强的作战效能,使传统作战方式发生根本性改变。认知优势的联动与叠加,将加速推进作战效能转化,成为战争制胜的根本性优势。

趋势四:认知理论正成为打赢战争的博弈前沿。认知战是软实力和硬实力的结合,是当今时代影响国家安全的重要因素。当前,认知空间的渗透与反渗透、攻击与反攻击、控制与反控制的争夺激烈,认知科学理论正在进入军事领域,认知负荷、认知增强、认知免疫、认知颠覆等概念,已高频度出现于国外认知战研究领域。外军认为,认知域是人类战争的"第六作战域",是大国竞争时代"交织的冲突领域"中的核心,是未来军事理论创新的重要方向。显然,认知战已成为赢得未来战争的战略制高点,认知理论已经成为理论创新前沿领域,认知科技将加快推进认知战成为智能化军事革命的重要"引爆点"。由于认知战的新技术、新理论、新样式正处于加速孵化之中,也许未来战争将会呈现出令人惊诧的全新景况。

四、认知域作战实例

进入智能化战争时代,认知域作战已经成为大国博弈的重要样式,各国各方都力图以相对可控的方式达成政治目的。洞察把握认知域作战概念及特点,分析认知域作战实例,对于打赢未来战争,具有紧迫而重要的现实意义。

在越南战争中,美军曾通过制造虚假信息、散布谣言等方式来误导北越军队的判断和决策。例如,美军会故意泄露一些虚假情报或战果报告,以制造美军在战场上取得重大胜利的假象。这些虚假信息通过媒体传播后,对北越军队的士气产生了不利影响,部分士兵甚至开始怀疑战争的意义和前景。这种通过认知作战手段来直接影响敌方认知和心理的方式,在一定程度上削弱了北越军队的作战能力。

在海湾战争中,1991年美国发动的"沙漠风暴"行动是一个典型的陆战场认知域作战案例。在这场战争中,美国军队充分利用了先进的情报和通讯技术,对伊拉克进行了全面的信息战和认知域作战。具体来说,美国通过干扰伊拉克的通讯系统,成功破坏了伊拉克军队的指挥和控制网络,导致伊拉克军队在战场上出现了严重的指挥混乱和作战效能下降。这种认知域作战手段不仅削弱了伊拉克的作战能力,还极大地影响了伊拉克士兵的士气和战斗意志,从而在物理战场上取得了显著的战果。

在科索沃战争中,北约通过大规模空袭南联盟的基础设施(物理域行动),同时配合网络战、电子战等信息域手段,对南联盟政府和民众的认知产生了深远影响。随着基础设施的瘫痪和民众生活的艰难,南联盟政府的抵抗意志逐渐瓦解,最终接受停火协议。这一过程中,北约综合运用了物理域、信息域和认知域的作战手段,实现了对南联盟的全面压制。

2020年9月27日,阿塞拜疆和亚美尼亚两国为争夺纳卡地区控制权爆发了冲突,此次冲突有两方面原因,一方面领土历史遗留问题,另一方面受疫情影响经济下滑,为了转移矛盾。纳卡冲突超出传统战争边界,两国的战事报道不再局限于官方新闻发布会和公告。新兴的社交媒体,成为了政治动员的宣传武器。比如,亚美尼亚总理在脸书上发表本国军队伏击敌军的视频,阿塞拜疆一个车队被"掐头去尾",进退不得。阿塞拜疆马上发布了无人机击毁对方坦克、装甲车,甚至轰炸防空导弹基地的视频。除了普通的战事报道,两国还将短视频这种新媒体方式当成国际声援的基地。双方大量发布对方误伤平民的视频,民房被毁、民众伤亡如同地震一般引起国际社会上的谴责，对战局产生至关重要的影响。

第四节　决策中心战

一、概念提出与发展历程

概念提出：决策中心战（Decision-Centric Warfare）是美军提出的一种现代战争理念，它着眼大国对抗的作战需求，立足维持和巩固美国的海上优势，推动美军从"信息为中心作战"向"决策为中心作战"转变，从"掌控信息优势"向"掌控决策优势"转变。这一概念，旨在通过技术手段升级作战平台，并大规模部署有人/无人分布式作战系统，以人工智能和自主系统为关键技术支撑，为己方指挥官提供更多可选择的"作战方案"，优化己方决策过程，同时向敌方施加高复杂度的认知障碍，干扰其指挥决策能力，使其难以做出有效决策以应对复杂战场态势，从而在新的维度上实现对敌方的压倒性优势。这一理念强调认知域作战，视认知域为制胜领域，通过决策优势占据作战优势。

其提出，首先是应对大国竞争的战略需求。强调：①对手军力增强。随着以中俄为代表的大国竞争对手军力的不断增强，极大地撼动了美军自海湾战争以来确立的军事优势地位。这些国家正在有针对性地发展其战略和作战系统，以抵消美军的军事优势，美国海军的"战略舒适期"结束。②寻求新制胜机理。为了再次获取对以中、俄为代表的竞争对手的战场优势，美军试图寻找一种新的制胜机理，通过智能化手段实现战场上的颠覆性优势。

其次是基于现有作战概念的局限性。基于：①网络中心战的不足。进入21世纪以来，随着战争形态的演变和作战方式的不断变革，美军发现传统意义上的网络中心战越来越难以适应战场实际。网络中心战依赖战场的高度透明和可控，但在复杂多变的战场环境中，通信网络往往成为打击的重点目标，指挥员对战场态势的理解和掌控面临挑战。②OODA循环理论的启示。"OODA"循环理论（观察—判断—决策—行动）为美军提供了新的思路。决策中心战聚焦于破击对手的"判断"阶段，通过增加战场态势的复杂性，使对手难以判断战场形势和作战意图，从而降低其决策质量和速度。

再次是智能化技术的发展推动。动力：①人工智能和自主系统的兴起。人工智能和自主系统的快速发展为美军提供了新的作战手段。这些技术可以大幅提升作战指挥的效率和灵活性，为决策中心战的实施提供有力支撑。②技术创新的牵引。美军正在研发一系列高新技术，包括人工智能、无人系统、自主系统等，以提升决策效率和作战效能。这些技术的应用不仅可以提高作战指挥的效率，还可以提供更多的作战选择，从而给敌方施加高复杂度。

最后是战略与预算评估中心的推动。包括：①报告发布。美国战略与预算评估中心（CSBA）作为美军作战研发的主要支撑机构,相继发布了多份报告,正式提出并阐述了决策中心战的概念。这些报告详细分析了决策中心战的背景、核心思想、制胜机理以及具体实现形式。②理论验证。CSBA通过推演等手段验证了决策中心战的有效性,特别是在增加战场态势复杂性、降低对手决策速度和效能方面取得了显著效果。

发展历程:决策中心战的概念最早由美国战略与预算评估中心于2019年12月提出,并发布了《重夺制海:美国海军水面舰队向决策中心战转型》报告,旨在推动美军从"信息为中心作战"向"决策为中心作战"转变。

(1)理论深化。随后,美国战略与预算评估中心于2020年2月发布了《马赛克战:利用人工智能和自主系统实施决策中心战》报告,将马赛克战作为实施决策中心战理念的战场赋能手段,进一步深化了决策中心战的理论体系。

(2)实践探索。美军在实践中不断探索决策中心战的应用方式,通过研发高新技术、调整部队结构、优化作战流程等措施,逐步推进决策中心战的实施。例如,美海军已对自身部队结构进行了调整,在不增加采购或维护成本的情况下增加舰艇总数,提升复杂度,构建决策优势。

(3)未来发展。随着技术的不断进步和战场环境的不断变化,决策中心战有望在未来的战争中发挥关键作用。美军将继续加大技术创新力度、推进组织变革和战略调整,以完善决策中心战的理论体系和实践应用。

二、主要特点与核心要素

主要特点:(1)高复杂度与认知障碍。决策中心战通过增加战场态势的复杂度,向敌方施加认知障碍,使其难以做出有效决策。(2)快速决策与行动。依托智能化辅助决策系统,指挥官能够更快更有效地做出决策,并迅速组织行动。(3)分布式协同作战。通过分布式部署和协同作战,形成强大的体系对抗优势,提高作战效能。(4)适应性与灵活性。决策中心战强调作战体系的适应性和灵活性,能够根据不同的作战环境和任务需求进行快速调整和优化。

核心要素:(1)分布式部署与多样化战术。通过分布式部署,提高作战力量的生存能力和灵活性,增加敌方的打击难度。同时,实施多样化战术,使敌方难以预测和应对。(2)人工智能与自主系统。利用人工智能和自主系统技术,实现作战平台的智能化升级,提高作战效能和决策效率。(3)智能化辅助决策系统。建立智能化辅助决策系统,通过大带宽、高时效、低延迟的广域信息网络,共建和共享通用战场态势图,为指挥官提供智能化决策支持。(4)无人自主系统。无人自主系统是决策中心战的关键支撑之一,通过无人系统的广泛应用,增强作战灵活性和适应性。

三、基本思想与体系结构

基本思想:(1)强化认知优势与决策优势。利用人工智能和自主系统技术,提升作战平台的智能化水平,使指挥官能够更快、更有效地做出决策。通过创造复杂战场态势,向敌方施加高复杂度,降低其决策质量和速度,从而在认知域形成对敌优势。(2)分布式部署与多样化战术。实施分布式部署,提高作战力量的生存能力和灵活性,增加敌方的打击难度。采用多样化战术,根据战场态势灵活调整作战方案,提高作战效能。(3)构建"杀伤网"与体系对抗。将各种作战功能要素打散,利用自组织网络构建成一张高度分散、灵活机动、动态组合、自主协同的"杀伤网"。通过这种"杀伤网",实现体系对抗的优势,提高整体作战效能。(4)智能化辅助决策系统。建立智能化辅助决策系统,通过大带宽、高时效、低延迟的广域信息网络,共建和共享通用战场态势图。利用智能化辅助决策工具,为指挥官提供更多可选择的作战方案,提高决策效率和准确性。(5)应对大国竞争与强敌挑战。"决策中心战"概念着眼大国对抗的作战需求,旨在维持和巩固美国的海上优势。针对中俄等竞争对手的崛起,通过实施"决策中心战",创新作战样式,变革力量组成,重获大国竞争的绝对优势。(6)超越物理域和信息域。"决策中心战"不仅关注物理域和信息域的作战行动,更强调在认知域形成对敌优势。通过掌控决策优势,实现对敌的颠覆性优势,确保在复杂多变的战场环境中占据主动。

体系结构:(1)智能化辅助决策系统。这是决策中心战的核心。通过大规模部署有人/无人分布式作战系统,利用人工智能和自主系统技术,实时收集、处理和分析战场信息,为指挥官提供多种作战方案选择,提高决策速度和准确性。(2)分布式作战网络。基于先进的通信网络,构建高度分散、灵活机动、动态组合的作战网络。这一网络将各种作战功能要素紧密连接,实现信息的共享和协同作战,增强整体作战效能。(3)无人作战平台。无人水面舰艇、无人机等无人作战平台在决策中心战中扮演重要角色。它们可以执行高风险任务,减少人员伤亡,并通过数量优势形成复杂的战场态势,增加敌方决策难度。(4)多域作战能力。决策中心战强调跨域作战能力,即在海、陆、空、天、网、电磁等多个领域实现无缝连接和协同作战。这种能力有助于美军在多维战场环境中占据优势。

四、军事需求与价值意义

军事需求:(1)大国对抗需求。"决策中心战"概念着眼大国对抗的作战需求,旨在维持和巩固美国的海上优势,应对中俄等国的崛起对美国全球制海权的挑战。(2)技术支撑需求。实施"决策中心战"需要强大的技术支撑,包括人工智能、自主系统、广域信息网络等高新技术,这些技术的研发和应用是实现"决策中心战"的关键。(3)组织变革需求。为了适应"决策中心战"的需求,美军需要进行一系列组织变革,包括调整指挥结构、优化作战流程、改革训练机制等,以提高决策能力和作战效能。

价值意义:(1)推动军事理论创新。"决策中心战"概念的提出,标志着美军信息化建设进入了更高阶段,也是美军智能化转型的重要牵引。它突破了传统作战模式的局限,为现代战争提供了新的理论视角。(2)提升作战效能。通过智能化辅助决策和分布式作战系统的应用,"决策中心战"能够显著提升美军的作战效能,使指挥官能够更快、更有效地做出决策,从而占据战场主动权。(3)应对新兴威胁。面对拥有先进传感器、无人机、低噪声潜艇等武器系统的对手,"决策中心战"提供了一种有效的应对手段,通过制造决策困境来削弱敌方的作战能力。

五、决策中心战的实战与要求

决策中心战是所有战斗人员和平台通过超联网等高科技连接,以比敌人更快的决心和行动确保"感应(Sensor)—决心(C2)—射击(Shooter)"节奏优势的战争行为方式。乌克兰危机中,在美国"星链"卫星的支援下,乌军出动了无人机特种部队(Aerorozvidka)、K2部队(战斗组K2)以及军事情报组(Military Intelligence Team)三支特殊任务作战部队,他们以军民融合的形式,将北约国家的军事和民间高科技运用于作战平台,国内外的军事和民间专家协同作战,利用分布式节点众多的优势,部署实现多样化战术,在保障己方战术选择优势的同时,向俄军施加高复杂度,以干扰俄军指挥决策能力,取得较好的战果。

适战性:快速决策与行动。在现代战争条件下,战场态势瞬息万变。决策中心战通过智能化辅助决策系统,使美军能够快速生成多种作战方案,并迅速选择和实施最优方案,提高作战效率和灵活性。

复杂战场态势应对:面对敌方复杂的战术和战略手段,决策中心战通过分布式作战网络和无人作战平台的应用,形成多样化的战术和复杂的战场态势,增加敌方决策难度,降低其作战效能。

跨域协同作战:多域作战能力使美军能够在不同领域实现无缝连接和协同作战,增强整体作战效能。这有助于美军应对来自不同方向的威胁和挑战。

局限性:技术依赖性强。决策中心战高度依赖智能化和自主系统技术。如果技术出现故障或被敌方干扰和破坏,将严重影响美军的作战效能和决策能力。

数据融合与处理能力要求高:战场信息的实时收集、处理和分析需要强大的数据融合与处理能力。如果数据处理不及时或不准确,将影响作战方案的生成和决策的准确性。

作战单元协同难度增加:分布式作战网络虽然提高了作战单元的灵活性,但也增加了协同作战的难度。如果各作战单元之间无法有效协同和配合,将难以形成整体作战优势。

对人员素质要求高:决策中心战要求指挥官和作战人员具备较高的智能化素养和决策能力。如果人员素质不足,将难以充分发挥智能化作战系统的优势。

第五节　灰色高端战

一、灰色高端战概念

灰色高端战是指针对具有类似先进军事能力的对手在电力、网络、食物、交通、金融等社会系统进行大规模、高强度、技术先进的战争，是介于战争行动和非战争行动之间的行为，在法理上处于模糊地带，既涉及道义问题，也涉及到国际法问题。灰色高端战争在各领域展开全面对抗，可以说是场内有场、局外有局。冠以战争之名，就是各关键领域高度混合的战争，战争触角大概率会延伸至社会各个角落。

对于灰色高端战中的"灰色地带"，美军特种作战司令部做出了较为清晰的定义："灰色地带"是指一类介于国际冲突与体系和平二元状态之间的竞争互动。"灰色地带"行为是国家或非国家行为体采取的一种低于战争门槛的竞争策略，这类模糊了战争与和平边界的手段，综合运用军事、经济、政治、外交等工具，寻求以长期的、渐进式的手段改变现状。

高端战争是针对强敌对手进行大规模、高强度、技术先进的常规战争。灰色高端战中的高端体现在战争对手高端、战争行动高度混合、战争技术高水平。战争场景针对大国高端冲突，它主要发生在大国之间，可能造成大量的弹药和物资消耗，需要整个国家的经济社会基础支持，其规模大、强度高和力量运用方式独特。战争行动涉及领域十分广泛，除了传统的陆、海、空等领域之外,还涉及到太空和网络等新的空间。战争技术含量极高,必须有国家财力、科技资源、工业制造的基础支撑,换句话说,大国才有此条件。

二、灰色高端战特点

当前,以人工智能为代表的高新技术快速发展,正在从根本上改变战争的规则和攻防格局,利用高端武器聚焦高端领域展开的高水平军事斗争将成为战争的新样式。设计未来战争、打赢未来战争,首先应深刻把握战争大势,在充分认清灰色高端战争本质特点基础上,识变求变应变,运筹谋划。

特点一:高段位战争对手实施有限的"试探"。灰色高端战将高新技术装备等军事力量应用到大国竞争的战略思想中,其运用的范围和强度控制在战争门槛之下,行动烈度和要素均低于诱发对手军事响应的阈值,其核心目的是在避免发生直接冲突的前提下,尽可能地扩大己方的行动范围和影响力,其基点是大国博弈、强大军队间的对抗。灰色高端战主要针对高端领域、打击高新目标,是在高段位对手之间过招与较量。一方面通过非战争行动试探对手底线,通过智能化"网络空间水军"生成器等工具,以密集的"观点炸弹"在短时间迅速形成对目标的舆论冲击,探测对手底线红线。另一方面通过智能态势感知探明对手在战略指导、行动样式、环境装备等方面的特点规定,为深化军事斗争做充分准备。

特点二:高层次战争概念提出渐进式"蚕食"。为谋求未来战争中的战略优势和主动,世界强国纷纷加大军事理论创新力度,积极预测未来作战环境,加强对技术的感知力、理解力、运用力,不断着眼技术装备创新战略战术,将各种无人机、无人船舰、无人车等智能化武器装备同现有武器装备有机整合,超前设计军事力量建设与运用,瞄准高新领域,开发新的战争样式,创新具有独特优势的战争理论,力争形成高敌一等的军事指导,形成非对称作战优势。灰色高端战将利用呈现出基于新机理、使用新概念、运用新理论、应用新技术全新战争面貌的优势,通过渐进方式抵消对手相对优势,慑止对方军事行动能力,迫使竞争对手陷入两难境地:若采取军事行动可能被指违反国际法发动战争,若不采取行动将被迫接受现状,造成政治上不利的既成事实,进而改变双方竞争态势。

特点三:高技术战争手段进行隐蔽式"侵略"。随着智能技术、信息技术、量子理论等高新技术与理论广泛运用于军事领域,智能算法、无人作战平台、网络攻击武器、精确打击武器、新概念武器等不断运用于战争实践,例如,采用网络攻击、虚假信息、代理人竞争、军民混用、联合军演等手段开展低烈度斗争,增加对手的研判和防御难度。战争手段越来越向全域化、远程化、精确化、智能化、无人化、无形(隐身)化和无声化,以及量子化、高能化等方向发展,灰色高端战将利用高端技术手段,模糊军事与非军事行动之间的界限,掩盖真实意图,通过拉拢盟友或伙伴国举行军事演训、巡航、搞经济援助等行动,在特定地缘范围内达到提升敌我军力对比优势,规制地区国家政策导向,推动对手国内问题国际化、复杂化、多边化,甚至颠覆对手国内政权之政治目的。

特点四:高混合战争方式进行多域式"进攻"。灰色高端战背后是多域攻势,战术运用并不局限于军事力量这一行动主体,而是在很多情况下以军事实力为支撑的国家及政府行为、协调一致的联盟行为、军民力量混编,在各领域展开全面对抗,呈现场内有场、局外有局的形态,是各关键领域高度混合、平战一体实施的战争。政治战、舆论战、心理战、法律战等对抗方式无所不包,陆、海、空、天、电、网无孔不入,核、生、化等威胁无时不在,体现综合性多域"作战"理念。智能系统、平台和武器等高端作战工具对目标国家的政治安全、军事安全、经济安全构成全面威胁,灰色高端战的影响既广泛又深远。

特点五:高强度战争对抗展开持久式"消耗"。大国博弈、劲旅对抗,战争烈度将更高,未来战争一旦发起可能是快速而高强度的军事冲突,战争对抗行动具有全域性、全时性特点,作战人员及目标将遭到智能自主、精准高效的高强度打击,且对抗不停顿、无间断,攻击与防护目标种类与数量多,高成本技术装备使用多、消耗大,战争伴随着海量的财富消耗和大量的人员损失。灰色高端战采取从外部施压的方式,从目标国周边环境入手,利用人工智能技术深度伪造图片、视频,通过社交媒体平台制造舆论,将其国内问题国际化、军事化,利用战略资源和竞争能力的消耗及巨大的长期性竞争压力,引导对手进行高消耗、低效率的大范围防御部署,开展军备竞赛,增加应对周边安全的军事成本,最终迫使对手因无力应对而改变目标政策。

三、灰色高端战实例

2021 年 5 月,以色列与巴勒斯坦哈马斯武装在加沙地带持续 11 天的冲突中,面对藏匿于加沙地带巴勒斯坦民众聚集区内的哈马斯武装目标时,以色列军队使用先进信息收集技术、分析算法和人工智能主导的决策支援系统,并成功结合多种武器平台实施了精确打击。此次冲突为灰色高端战争的典型战例,作战过程中双发使用大量的高技术手段。以色列国防军的"铁穹"防空系统大战哈马斯的"卡桑"火箭弹,从此轮"卡桑"火箭弹的打击情况看,"战果数"与"发射数"一如既往地不成比例,"铁穹"防空系统 80% 以上的拦截率防御哈马斯大量火箭,发挥了不俗的效果。那通打给巴勒斯坦普通民众,号称"敲楼顶"的电话,加上接踵而至对特定民众的精确轰炸,既昭示出了以色列军队情报部门对加沙地带渗透之深,也展现了以色列精良的武器技术和巨大的情报优势,更震慑了哈马斯,达到了在媒体和社交网络上影响国内外舆论心理战的目的。

乌克兰危机中,作为俄罗斯主力军的瓦格纳雇佣军发挥了极其重要的作用。在 2023 年俄乌之间的春季大攻势过程中,从1月占领索列达尔小镇,再到切断乌军补给线,再到乌军春季反攻,瓦格纳士兵在战场上英勇善战,面对乌克兰投入了不计其数的军队,仍然能保持高强度的进攻。如今,瓦格纳集团已经成为了俄罗斯的重要军事力量之一,这支军事力量既给争夺战赋予正面效应,又有效打击了乌军的士气,但是该武装力量游走在法律的灰色地带,这成为俄罗斯灰色高端战争的成功战例。

第六节　跨域混合战

一、跨域混合战概念

跨域混合战概念首先在于作战域的拓展,强调将作战域从物理域、信息域向认知域等其他无形对抗领域拓展,其次是经济、政治、外交、网络、舆论等传统与非传统军事手段的混合。未来战争将是基于人工智能与人机混合智能的多域跨域混合,这是智能化战争一个鲜明的作战场景。简而言之,跨域混合战是界限更加模糊、力量更加智能、样式更具颠覆、调控更加自主、目标更加隐蔽的战争行动。

智能时代的跨域作战,将从任务规划、物理联合、松散协同为主,向异构融合、数据交链、战术互控、跨域攻防一体化拓展。未来智能化战争的攻防模式,如果事先建立陆、海、空领域固定目标和运动目标的算法库,最终形成"目标—卫星—指挥所—武器系统"或者"目标—卫星—武器系统"直接的循环关系和闭合反导信息回路,陆、海、空、天"多域"的界限被打破,军种的界限被打破,战略、战役、战术被压扁,攻防模式将发生根本性改变。多域混合战的作战概念的提出并不是一蹴而就,而是在各军种作战概念的基础上发展起来的。跨域混合战综合运用各作战域的能力,创造和利用相对优势,以在竞争、危机、武装冲突或战争中战胜对手,实现并维持作战优势。跨域混合战争的战场既是空间上的全维战场,也是跨领域的战场,国家间战略角逐的空间已经延伸至政治、经济、文化、外交、军事等各领域,单一军事行动的成败不再能决定战争的胜负,战场将蔓延到破坏对方的能源供应、基础设施、水利电力、生产体系、经济结构和金融市场,乃至煽动对方社会的内部混乱。全维战场和战场的总较量才是战争结局的决定性因素。近年来,美国等西方强国的跨域混合战争理论强调综合运用政治、经济、军事、外交、舆论等国家战略资源和战略工具聚合发力,既包含有传统总体战思想,又带有较强的时代性。

跨域混合战中,竞争或对抗双方为了在最小风险下更好地实现其政治目的,往往会优先选择除传统战争外的其他一切手段实现不战而屈人之兵。跨域混合战中,外交战虽然在明面上是"文战",但也有刀光剑影,有些通过军事手段得不到的东西,不排除通过外交战能够达成目的。跨域混合战争重在改变观念、争夺人心,更加重视精神和意志的征服,借助不断发展的媒介技术,舆论战得以冲破对手传统的封锁限制,更加容易在目标国内部"兴风作浪"。跨域混合战争中,国与国之间的争斗,如果不是到了图穷匕见的程度,经济战就是达到削弱甚至拖垮对手目的的上上之选。跨域混合战中,颠覆战通过抹黑丑化目标国执政当局特别是其军队和安全部门,逼迫其自我功能解构,从而推翻执政当局,摧毁现行制度,控制国家政权与经济命脉,必要时以维和行动的名义占领其领土。传统战争的重要形式是武装斗争,对抗的主力是正规军事力量,而跨域混合战争很大程度上是非军事手段的综合对抗,正规军事力量通常只起辅助性作用。①

二、跨域混合战特点

战争是时代的产物,不同时代的政治、经济、军事、文化、科技等都会以不同方式映射进战争,给不同时代的战争打下鲜明时代烙印。② 混合战争主要体现在战争的界限混合。战争的和平与战争状态是模糊的;战争的主体混合,国家行为和非国家行为交织。战争的攻击方式混合,政治、经济、军事、外交、文化、认知等混合使用。国家是属于战争状态还是和平状态模糊,但追求的是效率,而不是强度。智能化武器确实丰富和发展了这种混合。当前,跨域混合战争突破了传统的战争形式,强调综合使用多领域力量,注重全频谱综合

---

① 许三飞:《试析混合战争基本构成》,《解放军报》2021 年 8 月 12 日。

② 郭若冰:《深刻认识和科学应对混合战争》,《军事文摘》2023 年第 3 期。

运用军事和非军事手段、常规和非常规战术,呈现出传统战与非传统战聚合发力的特点。

特点一:战争形态的混沌性复杂性突出。战争能够独立存在于人类社会实践中,有着很多内在的规定性。如今国际冲突形式和安全威胁类型越来越多样化,跨域混合战争的战争形态日趋模糊,已经无法用传统战争形态的标准加以界定、描述。跨域混合战争是由多种领域、多种形式、多种威胁、多种对抗对象构成的复杂混合体,不能明确区分其战争类型。因此,在战争中使用智能作战任务规划,成为跨域混合战取胜的关键。跨域混合战争中竞争对抗领域、方式和手段混合,往往是不宣而战,日常交流交往甚至是某些援助支援中都隐含有政治算计在其中,敌与非敌行动难以确认。跨域混合战争更多表现为不同领域不同时段会有不同战果,但战前数据越多、模型算法越精、对作战对手研究得越透,无论是人机混合决策,还是机器自主决策,其胜算越大。跨域混合战争形态的混沌性,让人难以及时预警战争、准备战争、应对战争、打赢战争,甚至有的中小国家在感受到战争氛围之前就已经面临分崩离析的境遇。

特点二:战争主体的多元性多样性鲜明。战争主体在传统战争中具有鲜明的标识性,而跨域混合战争发生在战争的所有层面,战争行为主体更加多元,具有跨域性。跨域混合战争的力量主体日益多样化,面临的对手不仅是传统的国家行为体,更多的是各种类型的非国家行为体,包括宗教集团、恐怖组织甚至是个人等。无论是国内的还是国际的组织或个人，都有可能以人工智能技术支撑的工具、平台和手段参与其中，并发挥独特作用。跨域混合战争中战争力量类型多维，能够综合使用政治、经济、外交、军事、舆论等多领域力量，新型社交媒体平台、民用无人机等非军事力量在战争中的运用越来越广泛，对战争的决定性作用越来越大。跨域混合战争强调诸多力量的协调配合实现最大的作战效果，这表明国家力量强大固然重要，但整体力量结构是否合理，能否迅捷有效地集中使用力量并打出组合拳则更为关键。①

特点三：战争样式的融合性迭代性超强。跨域混合战争极大扩展了战争空间，将对抗领域由传统的陆、海、空、天电多维空间拓展至社会心理层面，是在物理域、信息域和认知域三者的融合域中同时进行的全频谱战争。战争结局不仅取决于物理域，还取决于虚拟域，不仅取决于军事领域，还取决于非军事领域。军事手段是打赢混合战争的基本依托，但仅凭军事手段难以取得战争最终的胜利，只有在战略、战役、战术各个层面综合运用政治、经济、外交等手段，才能发挥综合制衡效应，才能赢得彻底和持久。未来战争是正规和非正规作战界限趋于模糊、作战样式趋于融合的战争，比如常规作战、恐怖袭击和非常规作战等战争样式的混合；作战、维稳和安全等军事行动的混合；击败敌军和争取民众等作战目标

---

① 君潭：《透视混合战争基本特性》，《解放军报》2021年8月19日。

的混合。网络战、心理战和舆论战等多种作战样式,在人工智能、大数据、云计算等新型技术的支撑下混合并用,使作战效能叠加融合,产生从量变到质变的效能,用最低成本实现政治意图和军事目的。

特点四:战争行动的隐蔽性持久性突显。与传统战争相比,跨域混合战争的手法更加隐蔽,不易被察觉。跨域混合战争运用更多非军事领域斗争、非军事手段,让战争目标被分解到日常交流交往过程方方面面,降低了战争实施的敏感度。跨域混合战争更强调不宣而战,长线筹划、长线准备、长线推进,当时机出现时,快速升级,降低了混合战争实施时间敏感度。跨域混合战争往往使用人工智能深度伪造假新闻、假视频和假文字等手段,开展高强度信息心理对抗,潜移默化地分化政治力量、迷惑对手心理、软化对抗意志,达成攻心夺志效果,形成由内而外的瓦解,降低了混合战争实施的心理敏感度。跨域混合战争更强调"第五纵队"的作用,在隐蔽战线用保护民主、人权等名义掩盖干涉的军事行为,增强行动的隐蔽性和合法性,让人难以及时有效地应对。跨域混合战争的危害一般在国内出现政治危机、民众意识严重分化时才真正显现,而此时警觉发现可能为时已晚。因此,跨域混合战争能够成为一种有效的非对称方法,其危害可能比传统战争更为致命,也更难防范。

三、跨域混合战实例

乌克兰危机爆发后,乌克兰副总理费多罗夫迅速主导开发了一款基于智能聊天机器人的"电子敌人"(e-Enemy)情报众筹应用程序,并号召乌克兰民众大量下载,从而将手机拍摄到的俄军即时动态和定位情报上传汇集,供乌军发现、打击目标。该软件可标明所报告的事件(如俄军装甲车队在移动)、位置坐标、精确到时刻的时间、事件类别(人员、装备等)等俄军信息,据统计已有多达4000万次的下载,平均每天收到2000条俄军位置等信息。除此之外,乌还开发了"阻止俄罗斯战争""乌克兰复仇者""空中警报"等聊天机器人,为乌民众通过手机报告俄军动向提供了更多可选平台。这些实时情报为乌军发现识别俄军目标并实时精准打击发挥了重要作用。此次冲突充分地展示了跨域混合战的特性,力量主体日益多样化,乌克兰的民众以智能化的应用程序参与其中。

跨域混合战争中"智能态势感知+智能决策指挥+精准军事打击"等方式,在政治、社会、军事各领域同时打击对手。从"军对军"的军事战争全面拓展到"军民结合对军和民"的跨域混合战争,推动非常规作战、非军事破坏行动在战争体系中的比例和作用迅速上升,并从非正规形式向正规形式转变,从一般行为意义上的辅助性战争活动向高度有组织的战争行动转变,发展成为非传统的战略性战争行动样式。

第七节　联合全域战

一、联合全域战概念

"联合全域战"概念包括海上、陆地、空中、网络、太空、电磁领域的作战,融合所有作战领域的力量,实施联合作战。[①]其核心主要是开展基于多目标、多任务、跨军兵种、跨领域的OODA闭环试验与应用。

近年来,美国陆军提出"多域作战",海军提出"分布式海上作战",不仅拓展了作战域,更着重于推动力量要素从"联合"走向"融合"。2019年,"联合全域战"概念的提出则将全域融合从军种概念上升到联合概念,是对"多域作战"等作战理论的继承、延续和升级。2020年,美军正式从多域战转向了"联合全域战"概念开发。美国国防部阐述了该概念内涵:将涵盖陆、海、空、天、网络、电磁、认知、灰色地带等可能涉及的全部作战领域,是美军未来应对势均力敌战略竞争对手的全新作战样式。

"联合全域战"是美军联合形式的演进,将以创新的体系架构打造全域一体的联合作战能力,其实现有三个关键要素:一是建立以动态云环境为基础的关键支撑体系,提升分布式作战能力;二是改革组织编制,实现力量结构向全域要

---

① 李锦星、郭舜:《浅析联合全域作战》,光明网,2021年7月5日。

素融合转型;三是优化指挥控制机制流程,实现真正的联合全域指挥控制。

二、联合全域战特点

特点一:决策优势。作战目标由摧毁敌人有生力量转变为获取选择权、掌握决策优势。中国人民解放军的体系破击战概念和俄罗斯军方的新一代战争理念均把信息和决策作为未来冲突的主战场,而美军现有面向战区级高端冲突的想定不适应未来以信息和决策为主战场的新型冲突。因此,为适应未来以决策为中心的冲突形式,美军认为重点在于比对手做出更快、更好的决策,而不是与敌方打消耗战。"联合全域战"的核心——联合全域指挥控制正是关于决策的艺术和科学,其目标是能够在竞争连续体中达成作战和信息优势。这一策略体现了"联合全域战",将作战目标由最大限度地消灭对手的有生力量转变为剥夺对手的决策能力与决策权限,从而击败对手。

特点二:全面改革。改革兵力设计、采办模式、作战方式、指挥权限和指控架构。"联合全域战"要求打破传统军种间的界限,根据战场任务,从所有作战域中精选可用作战要素,进行快速组合或重组,注重追求作战效果最优化。"联合全域战"从单一军种和聚焦于作战域的兵力设计和指挥控制方式转变为面向任务的方式,建立分布在全球各地作战区域的联合全域作战中心(ADOC),ADOC 和作战管理团队利用共享的、情境相关的全域、各军种及所有合作伙伴的态势理解，取代由孤立的作战域或军种架构产生的碎片化态势感知。"联合全域战"从作战规划时就充分考虑所有领域的融合，并在整个执行过程中在全域范围内动态调整和再分配任务，推动联合作战进入全域融合的新阶段。

特点三：支撑体系。构建以动态云环境为基础的关键支撑体系，连接每个传感器到每个射手。"联合全域战"的核心——联合全域指挥控制，理想状态是提供类似拼车服务的云环境，未来战场如同"市场"：指挥官或作战人员作为"买方"，各作战能力作为"卖方"，买方向众多卖方提出能力"竞标"，"交易物"为作战能力，"交易平台"就是指挥控制体系。该指挥控制架构通过利用不同的通信路径和机器到机器的数据传输构建全域杀伤网，以此克服单域和跨域杀伤链的脆弱性，将所有域的传感器与射手互连，增强武器平台之间的可组合性，创造更多的杀伤效果，使作战行动不可预测，从而让对手陷入多重困境。

特点四：分布式作战。利用人工智能、自主性等新兴技术实现分布式作战和任务式指挥。人工智能等新兴技术是实现"联合全域战"分布式指挥控制架构及任务式指挥的关键引擎。一方面，人工智能大幅提升决策支持工具的效率，使指挥官尤其是缺乏资源的低级别指挥官能够管理快速、复杂的作战，控制分布式部队，从而实现任务式指挥；另一方面，随着"联合全域战"中作战空间的延伸，战场要素和数据量爆发式增长,人工智能技术可作为人脑的辅助和延伸,显著提升指挥官判断和决策的效率与科学性。自主性技术能够支撑更加分散的兵力设计方案,使军队能够运用更多数量的无人平台,增强武器平台的可组合性,创造更多的杀伤效果,为对手制造多重困境。

三、联合全域战能力需求

一是联合全域态势感知能力。该能力是指依托战场全维分布的感知终端和网络,实时收集汇总可支撑指挥员感知理解的战场态势,多元结构的海量作战数据,并借助战场信息通信网,战场态势数据的多维交互,利用指挥信息系统实现战场态势数据的标准化、格式化及高效融合。通过深度挖掘发现战场态势数据的复杂关系、隐性关联和潜在价值,建立健全战场态势数据的生成、流转、处理和分发机制,按照指挥和作战行动的需要生成基于大数据支撑的准确实时、直观易懂、支持训算、便于分发的数据化战场态势图,为实现基于数据的作战指挥、形成基于网络信息体系聚优提供必要条件。

二是联合全域指挥决策能力。该能力是指作战指挥员及其指挥机关依托指挥信息系统,按照作战任务和指挥权限,围绕联合/全域作战目标,对作战力量和作战行动组织实施的人机结合的筹划和决断。随着人工智能、大数据等技术的进一步发展,高度智能化的指挥信息系统将实现态势感知、情况判断、方案优选、任务规划、行动协同和效果评估的自主化、无人化，将会出现人在环路之中人力主导、人在环路之上人力掌控和人在环路之外机器自主决策的智能化指挥决策新模式，指挥决策的时效性将更强、科学性将更高，从而更加有力地支撑体系聚优的高效组织实施。

三是联合全域协同打击能力。该能力是指协同交战时使用高速数据链实时分发网络内的传感器数据，将参与体系聚优的各军兵种作战平台的指挥控制系统、传感器系统、武器系统联为一体，达成武器装备的要素级、平台级跨域联动，实现先敌发现、先敌决策、先敌开火、先敌评估，真正做到发现即摧毁。随着智能技术的发展，无人车辆、无人舰船、无人飞行器、机器人士兵将大量走向战场，人机协同将是体系聚优的主要方式，并逐渐向无人集群协同对抗的方向发展。

四是联合全域支援保障能力。该能力是指依托一体化保障信息平台，以作战效能的生成和对抗条件下的战斗力维护为核心，及时收集作战、后勤、装备等相关支援保障信息，为各级指挥所及作战部队实时感知支援保障需求、可视掌控支援保障资源、智能筹划支援保障任务、快速动员支援保障力量、精准配送支援保障资源、全程调控支援保障行动提供支撑，实现全系统、全过程、全方位的实时、精确、经济、高效支援服务保障。

五是联合全域基础支撑能力。该能力是指依托天地一体化信息基础设施和云服务，通过统一管理泛在分布的基础资源,形成可供全军共用、功能强大的"泛在网络",支持作战单元、作战力量所达之处随遇接入、动态组网;通过整合各作战单元内的信息、知识、服务等各类资源,形成"泛在信息""泛在服务",支撑信息共享环境和各类作战应用构建;通过统一认证授权、网络准入控制、动态安全防御、跨域安全交换,增强体系安全保密能力;通过综合运维管理,增强对各专业管理的集成和统一运维能力,确保提供任务时空范围内的全时、全域、连续的网络与信息服务。另外联合全域业务协同管理能力,是通过对业务资源及全局业务协同需求信息获取、动态规划和运维支撑,实现政治工作、后勤物资、装备、训练、国防动员等业务资源一体化管理、高效协同和调度,也是为部队遂行体系聚优任务提供重要支撑。

四、联合全域战实例

"海神之矛"联合全域特种作战。美军开展一系列军演验证和实战检验"联合全域战"的可行性,形成了跨地域的大规模演练和联合全域作战。每次演习和作战都不断引入最新的技术和武器系统,以更贴近实战的方式检验和评估发展成果。其中美军的"海神之矛"联合全域特种作战行动,虽然只有"联合全域战"的雏形,但这是一个国家与一个人的战争,在联合作战力量和智能化武器装备的运用上具有鲜明的联合特征,在美国海军特种作战发展小组突袭本·拉登住所的军事行动中,RQ-170侦察机对区域实施监控,并为奥巴马及其高级国家安全顾问提供了连续的视频信号。RQ-170同时也监控了巴基斯坦军队的无线电广播，以预警巴军对此次军事行动的反应。这次突袭行动是RQ-170真正意义上的联合全域作战。RQ-170对"猎杀"本·拉登的贡献体现在筹备作战期间，美国国防部联合特种作战指挥部目标与分析中心以及国家地理空间情报局，依据无人机与侦察卫星所传回的数据，对美军整个作战行动的情况进行了详尽的勘察和绘制。这包括了对本·拉登藏身之处的详细描绘，如各类设施的布局、出入口的具体位置，以及周边山川河流的地理图景等，为美军提供了至关重要的作战参考信息。

在2007年的调查中，"9·11"事件嫌犯曾提及本·拉登的联系人。经过对巴基斯坦境内捕获的基地组织头目及其继任者之间关系的深入剖析，成功构建了与本·拉登的信息传递网络图。2010年8月，帕拉蒂尔（Palantir）公司凭借其卓越的大数据关联分析技术和人类行为模型算法，通过对全球基地组织头目通信记录的关联搜索和事件追踪分析，最终确认艾哈迈德为本·拉登与基地组织之间的唯一通信信使。随后，通过对艾哈迈德的联络关系和行为进行持续监视和跟踪，准确掌握了本·拉登在巴基斯坦阿伯塔巴德镇的藏匿地点。基于这些关键信息，美国在2011年5月派出特种部队成功击毙了本·拉登。帕拉蒂尔公司，作为此次行动的主要技术支持方，是位于加州硅谷的一家专注于数据集成、信息管理和定量分析的知名企业。

在突袭行动结束后,分析人员使用了一系列手段来确定本·拉登尸体的身份。其中之一便是遗传基因分析法,这种测定 DNA 类型的方法已经普遍使用了许多年,通常是用来确定罪案受害者的身份,以及解决父子血缘关系问题等。首先,美方通过利用从数名本·拉登家庭成员身上采集的 DNA 样本进行比对,几乎可以肯定这就是他的尸体。美国官员还称,本·拉登的身份是通过"面部识别"技术确认的,它指的是一种比对面部特征的技术。但目前还不清楚美军海豹突击队是如何进行比对的。美军在将本·拉登海葬前,还对遗体进行了拍照。但迄今美国当局尚未公布任何照片。

本·拉登与美国之间进行了持续长达近十年的猫鼠游戏。在 2001 年至 2006 年期间,美国运用了常规的军事手段,包括侦察机和卫星进行 24 小时不间断地搜索,以及山地部队和特种部队的地面推进,尽管多次接近成功捕获本·拉登,但实际效果有限。自 2006 年起,随着装备技术水平的提升,美军战场战术发生了显著变化。通过利用可长时间留空的无人机挂载制导武器,美军具备了随时发现、确认并打击目标的能力,此后,美军每年都取得了显著成果,多次成功击毙"基地"组织的领导。

美军联合全域作战演习。"会聚工程 2022"演习期间规模不断拓展,从最初仅限于少数作战单元的小范围测试,逐渐扩展到全球范围内多个作战司令部的联合全域作战演习。

美军在"会聚工程 2022"演习期间,演示了联合全域、跨域协同的新能力,这些能力可增强战场环境中全域探测、跟踪和交战能力,验证了"联合全域指挥控制"(JADC2)的可行性,未来可促进美国及盟友力量融合,并使其更具韧性。

美军在加利福尼亚州彭德尔顿营地、华盛顿州刘易斯-麦科德联合基地和得克萨斯州布利斯堡等地,使用2部海军"宙斯盾"舰载SPY-1雷达通过陆军IBCS,为空军F-35提供火控级信息,还使用海军陆战队地面/空中任务导向雷达(G/ATOR)为数架空军F-35提供火控级信息。此次演习演示了一体化防空反导架构,使用"联合航迹管理能力"(JT-MC)架构,以陆军"一体化防空反导作战指挥系统"(IBCS)为核心,集成海军"协同交战能力"(CEC)火控网络、"宙斯盾"武器系统,空军"空域指挥控制"(AC2)系统和海军陆战队"远征濒海持久传感器"(MELPS),共享雷达数据并创建一体化空情图。

第八节 全球公域战

一、全球公域战概念

"全球公域"(Global Commons)概念源自西方经济学。英国经济学家加勒特·哈丁(Garrett Hardin)的"公地理论"被应用到全球资源、环境等问题的研究,由此拉开了"全球公域"研究的序幕。

全球公域是指主权国家管辖之外的人类共有资源、区域与领域,"全球公域"特指公海、外空、极地和网络空间等领域或区域。这些领域也称为"新疆域",包括国际海洋、国际空域、外太空、网络空间等国际公共领域,它们日益成为主权国家愈发活跃的活动场所,与国家的安全和发展的关联日益增强,且具有极大的军事潜力。全球公域成为新的战场空间难以避免。随着科学技术迅猛发展,人类活动不断拓展到新的领域,自然也将冲突带到这些领域,并使这些领域发展成为新的战场空间。近年来,美、俄等大国强国纷纷将国家利益的触角延伸到太空、网络、临近空间、极地等领域,进行战略布局,出台相关战略规划,大力加强在这些全球公域的军事力量建设。

两次世界大战及冷战期间,国际海洋、空域被视为"安全堡垒"与"高边疆"。这些领域,包括外太空、网络空间等被称为全球公域。海洋全球公域主要指公海和国际海底区域,是人类开发利用历史最悠久的传统全球公域。国际空域主要指位于领空与外层空间之间的空中区域,是国际贸易与人员流动较为频繁的全球公共领域。外太空被称作人类活动的"终极前沿",是目前非军事化程度最高、人类面临威胁最小的全球公共领域。网络空间作为超越国界的全球信息共享空间,是新兴的虚拟全球公共领域。不同于地缘政治的概念,全球公域不属于国家的主权事务,因此,应对全球公域挑战应依靠非军事手段,包括政治、外交、经济、民间、法律等领域的合作。

全球公域作战自空海一体战发展而来,但有所区别,全球公域作战要求整合陆、海、空、天、网络、电磁等所有作战领域的作战能力,而空海一体战仅注重空、海两个作战领域。全球公域作战概念立足于战役和战争层次,适用局部战争、地区性战争直至全球性战争。作战力量机动空间,超出了国家主权的辖属区域,不但涉及洲内和洲际范围的空中和海洋,更对太空、网络、极地、深海等新兴作战领域予以高度重视。

随着信息化革命和全球化进程的不断深入,主权国家与国际社会的依存日益强烈,其活动空间日益扩大,并已经远超其国土范围,全球公域已成为各国博弈的热点。全球公域概念的提出和演变,是人类文明发展的必然。应当认识到,当前和未来一个时期,世界格局深度演变,我国面临的安全形势将日益复杂。在未来"全球公域"的冲突和战争中,我国将面临来自美国的战略威慑。中国的安全和发展,在很大程度上,系于全球公域。有效维护国家安全和发展利益,要求我们必须以前瞻的视野,加强在"全球公域"战略威慑和战略指导,以更加有效牵引军事斗争准备。

二、全球公域战特点

全球公域战指"全球公域进入与机动",美军延续其基于联合作战的基本原则,结合发展形势、战争形态、作战概念等变化进行调整,总体上体现以下特点:攻势作战、以攻助防,跨域攻防、协同增效,弹性分布、机动塑势,认知对抗、扰乱决策。

特点一:攻势作战、以攻助防。在全球公域实施攻势作战和先发制人作为重要准则,强调利用对方薄弱环节,抓住转瞬即逝的战机,凭借远程火力、快速机动、伪装欺骗和军事技术优势,在全球公域抢先发动有效进攻,并阻止其做出反应,从而掌握战场主动。注重攻势运用、以攻助防。把握战场兵力机动性、进攻性的灵魂本质,充分发挥智能化、远程化、高超声速打击武器慑战威力,通过高密度快速火力投送,打破强敌作战部署,毁瘫其体系要害,增加其战争成本和代价,并以积极主动的攻势作战提升整体生存能力。

特点二:跨域攻防、协同增效。力求掌控全球公域制权,在物理域、信息域、认知域实施一体化动态并行作战,在决定性时空集中优势作战力量,形成战斗力聚合效能,取得决定性战果,最大限度减少其在目标敌国附近作战力量损失和资源消耗。跨域协同是"空海一体战"和"全球公域进入与机动"一脉相承的基本战法。基于作战力量的多域融合,促进作战手段的多域运用,实现作战行动的跨域攻防,达成作战效果的一域聚焦,核心是多法攻、多法防,以多域对一域,形成"组合域优势"。新概念和新机构的建立,则有利于充分整合陆、海、空、天、网各作战领域的力量,从装备发展、体系组网和指挥控制等方面推动解决有关难题。(1)发展多能化武器平台。实施跨域作战,要求贯彻可在各军种间实现共同操作、可在合适领域形成互补增效、可在必要情况下适当冗余交叉的能力发展原则,尽可能扩大武器平台的作战通用性,从而实现多招并用、免被一击致命,力求陷对手于"攻未必克、防不胜防"的境地。(2)构建网络化信息系统。跨域作战手段的实现,要求重点推进末端信息系统的横向一体化建设。通过在多平台、多谱段传感器,与各种动能与非动能武器之间,建立冗余重叠、直达交互的通信链路,推动全要素入网在线,构建多域一体、抗扰抗毁的目标定位和火力支援协同系统,为实现跨域攻防提供大范围、大流量的信息交互和安全通联。(3)推行混合式指挥控制。在对抗激烈的战场环境下实施跨域作战,给指挥体制带来巨大挑战。为此调整高层联战指挥体制的同时,积极推动在战区、联合特遣部队,以至下属各组成部队和联合分遣队等各级司令部构建"混合嵌入式"指挥体制,重点是在非隶属部队之间建立一种看似交叉模糊但更具适应性的相互支援式指挥关系,确保战场指挥官一旦需要,能不受线性纵向指挥体制影响,随时随地从其他部队横向获取所需能力,夺取当时当地优势,协同完成作战任务。①

　　特点三:弹性分布、机动塑势。立足全球公域广域分布的全维作战力量,利用智能化指控和通信系统网络实现弹性组合、即时聚能,并通过战斗力灵活机动,限制敌关键能力、打击敌要害目标、减少或隐藏自身弱点,将敌置于不利境地,

---

① 刘昱:《美军"全球公域进入与机动"作战思想》,《军事文摘》2017 年第 3 期。

为行动自由创造条件。"全球公域进入与机动"作战思想,在战略运用上改变"空海一体战"的"本土攻击—远海封锁"两阶段模式,转而采取建立在威慑基础上的"近海阻遏—远海封锁—本土攻击"三阶段逐步升级模式,以求在控制战局升级风险与保持对对手升级优势之间取得平衡。(1)近海阻遏。利用对方近海岛链平时受控、战时易堵的地理特点,围绕塑造一种对手动必受制、打必持久、战必多线的局面,阻其达成速胜目的。立足前沿防御,依托岛链构筑美盟军自己的"反进入/区域拒止"体系,打造更具生存力和韧性的多层防御态势。(2)远海封锁。"空海一体战"将远海封锁作为本土攻击的后续选项,其目的是在战事陷入持久后,通过海空经济封锁,切断对方对外贸易并引其内乱,最终赢得战争。(3)本土攻击。"前沿防御、相互拒止",是综合考虑国际政治、联盟关系,以及军事可行性、经济可承受性等因素作出的战略选择。新概念将"机动"与"进入"并列,其用意是将战区内的前沿作战与防区外的力量投送结合成为一个整体。

特点四:认知对抗、扰乱决策。通过全球公域认知攻防力量,向对手思维意识实施持续定向冲击,通过超出敌认知的非常规力量机动、战术变化、行动欺骗等,在出其不意的时间、空间,以出其不意的方式打击敌军,在战略战役战术各个层面干扰对手决心意志和作战决策,有效夺取并保持战争主动权。

三、全球公域战演习

2005 年 2 月 5—11 日，美军在内华达州内利斯空军基地秘密进行了"施里弗-3"太空战模拟演习。这次演习虽然被命名为"施里弗-3"，但与 2001 年 1 月和 2003 年 2 月在美国科罗拉多州施里弗空军基地进行的"施里弗-1"和"施里弗-2"太空战模拟演习重点不同。本次演习的重点是探讨假想在未来发生的反恐战争中如何使用航天装备支援陆海空联合作战。此外，"施里弗-3"还演习了空间系统防护，并将"临近空间"飞行器引入演习。

"施里弗-3"演习的主要目的，正是借"反恐"之名，在总结近几次高技术局部战争经验教训的基础上，进一步探讨航天技术和新型装备如何直接支持美军未来联合作战。实际上，冷战结束后，美国在战略对手解体的情况下反而加速军事航天力量的建设步伐，把保持与发展全面的空间军事优势作为其称霸 21 世纪的主要战略举措。这些新型军用卫星系统着重提高航天装备直接支援陆海空联合作战的能力。美国还在大力发展微小型卫星及其星座技术和编队飞行技术，推进卫星系统向网络化方向发展，并与无人机等相关系统一起，组成天、空、地一体的 C4ISR 体系，进一步缩短信息的快速获取、融合和分发时间，在信息优势方面进一步拉大与对手的"代差"。[1]

---

① 　陈有荣：《全面透视美军"施里弗-3"太空战模拟演习》，《解放军报》2005 年 2 月 23 日。

由于历史时期与环境条件的变化,"施里弗"太空战系列演习的侧重点不断调整,总体上又表现出不断演进、逐渐升级的态势。前 5 次"施里弗"太空战演习主要检验太空能力在美国国防战略中的作用及美国法律、政策对太空作战的影响,检验美军 21 世纪联合部队可用的太空能力、战术与技术。自 2009 年开始,"施里弗"太空战演习开始强调赛博空间与太空一体化在支持国土防御中的重要性,并突出美国盟军、商业领域在太空与赛博空间能力方面的关键作用,重点演练赛博空间作战与太空战之间的联合能力。2017 年特朗普执政后,"施里弗"太空战演习更加注重散布的各种太空机构、力量如何在多域环境中展开无缝的联合作战,探索国家、商业航天领域与盟国如何在更高层次上构架,以协同保护美国及盟友的太空利益,"确保美国在太空领域的绝对领导地位"。①

国家利益所在,就是武装力量的潜在战场。我们既要提高在国际海洋、国际空域、网络等全球公域作战的能力,也要做好在太空、极地、深海、临近空间等全球公域作战的准备。

四、全球公域战实例

中美全球公域科技战。

一是科技脱钩。美为维持其在科技领域的霸权地位,打

---

① 王涛:《美军"施里弗"太空战系列演习》,《军事文摘》2020 年第 17 期。

压中国高科技企业发展,美不顾国际规则,对中国科技企业采取"断供""卡脖子"等措施,推动对华"科技脱钩"。

二是市场挤压。为打压中国科技企业的发展,美国还将以人权、国家安全等借口极力拉拢和施压世界其他国家排挤中国产品,挤压中国科技产品在国际市场上的份额。

三是投资监管。美国将中国企业的海外科技投资视为安全问题,对其进行围追堵截。美国以"窃取知识产权""威胁国家安全"等为由,不断限制中国企业对海外科技项目的投资。

四是执法恐吓。炮制所谓的"中国盗窃论""中国渗透论",切断中外科技学术交流。严格限制中国留学生签证。

五是代替竞争。通过吸引高科技制造业回流美国本土,或者从中国迁往第三国,弱化中国高科技产业在全球供应链中的地位。

六是把持标准。美善于利用自身科技的先发优势,争夺行业科技标准的设置权,不仅可提高跨国生产的兼容性与联通性,扩大市场需求规模,降低技术转移风险与交易成本,还可控制全球产业链、打压竞争对手。

七是设置壁垒。美国会利用全球性技术贸易壁垒,例如绿色壁垒、动植物检验与检疫的合格评定程序等,阻碍中国的高科技出口贸易。

八是构建高科技封锁联盟。美国通过政策胁迫与技术联盟策略巩固技术霸权。美国将积极运用外交手段维护技术霸权,包括向外国政府施加压力,建立技术禁运和管制的国际联盟等。

第九节　元宇宙战争

一、元宇宙战争概念

元宇宙战争是在元战场或技术支持条件下进行的军事活动。元宇宙战争遵循现实世界军事活动的常识与原理,依照现实世界人的意识组织实施军事活动。元宇宙战争是军事人员通过虚拟现实技术沉浸虚拟战场、触感现实战斗,将有关军事活动的一切相关事物进行深度连接,达成战场要素的全面、系统、有机的融合,从而提升感知、理解、认识战场、把握战争规律的能力,并指挥控制现实军事活动,最终达成军事目的。

元宇宙战场的构想不仅仅来源于相对科幻的元宇宙,更重要的是来源于各领域的网络化、信息化、智能化建设,使得军事活动进行现实与虚拟的顺畅链接、深度交互成为可能。

随着战场感知、认知技术的发展,使得对战场和战场要素的感知、理解与认识变得更加全面、更加具体、更加精确。元宇宙战场是现实世界和虚拟世界的有机统一体,元宇宙战场通过虚拟现实技术与军事装备连接,具备人机交互的网络化、信息化、智能化特征,是现实世界和虚拟世界共同构成的军事活动空间。元宇宙战场从表现形式看,就是元宇宙的高级阶段,元宇宙战场不仅需要具备元宇宙的所有特征,而且需要叠加政治、经济和复杂多变的军事目的,有组织、有计划地使用武力进行激烈的军事对抗。①

二、元宇宙战争特点

元宇宙战争具有与现实世界的平行性、对现实世界的能动性、融合多种技术于一体的综合性等诸多特点。这些突出特征,决定其作用于思维认知的不同特点规律。

特点一:跨领域构塑。元宇宙源自现实世界、呈现于虚拟空间,具有贯穿现实与虚拟的多域联通特征。所谓"众口铄金,积毁销骨",这种跨越不同领域、打通关联空间的跨域特质,最能从不同角度影响和塑造人的思维。最典型的案例就是游戏开发商越来越注重用建立在历史事实和现实感受基础上的虚拟故事吸引人感染人。②

特点二:折冲性浸染。元宇宙与其他技术手段的一个很大不同,在于其构塑的是一个源自现实世界但又反作用于现实世界母体的虚拟世界。在这个复杂领域空间中,人的思维认知在现实世界与虚拟空间之间往来折冲、相互印证、反复确认、不断修正进而产生新的思维认知,并对两个世界都产生施动性影响。

---

① 李伟强、邓红艳、庄天义:《元战场与元战争:未来智能化战争的主战场与主要形态》,《军事文摘》2022年第21期。
② 陈东恒、翟婵、冯亚茹:《元宇宙:未来认知战的新高地》,《解放军报》2022年3月3日。

特点三：交互式影响。元宇宙作为融合多种前沿科技于一体的复杂系统，在认知战运用上具有天然优势。多数人深陷虚拟世界、网络游戏，重要的是虚拟空间赋予玩游戏的人超时空体验和成就快感。如果武侠小说是成人的童话，那么可以"随心所欲"纵横驰骋的元宇宙，则打造了一个超级童话世界，其对人的思维认知、价值追求、道德观念、情感意志、行为模式等的影响不可估量。

特点四：叠加式融合。元宇宙主要有以下几项核心技术：

一是扩展现实技术，包括 VR（虚拟现实技术）和 AR（增强现实技术），扩展现实技术可以提供沉浸式的体验，可以解决普通屏幕显示问题。

二是数字孪生，能够把现实世界镜像到虚拟世界里，这也意味着在元宇宙里，可以看到很多虚拟的分身。

三是用区块链来搭建经济体系，随着元宇宙进一步发展，对整个现实社会的模拟程度加强，我们在元宇宙中可能不仅仅是在花钱，还有可能赚钱，这样在虚拟世界里同样形成了一套经济体系。作为一种多项数字技术的综合集成应用，元宇宙场景从概念到真正落地需要实现两个技术突破：第一个是核心单项技术的突破，从不同维度实现立体视觉、深度沉浸、虚拟分身等元宇宙应用的基础功能；第二个是多项数字技术的综合应用突破，通过多技术的叠加兼容、交互融合，凝聚形成技术合力，推动元宇宙稳定有序发展。

元宇宙战争

三、元宇宙军事实践

元宇宙的核心技术之一是虚拟现实（VR）。在我国虚拟现实常被翻译为虚拟仿真。随着人类计算机科学技术的不断发展，虚拟仿真逐步从构想、理论到实践应用，专用军事元宇宙的实践，将对战略推演、战役战术演训、军事教育、士兵社交、军属服务等产生重要影响。

战略推演。随着元宇宙及相关技术的发展，战争和武器系统、作战理论和作战思想可能在元宇宙中进行设计、验证，并对作战过程和结果进行战略推演。通过构建"战争元宇宙"，利用人工智能大语言模型进行战术和战略模拟推演，将军力部署等相关数据输入元宇宙，形成虚拟战场，进行接近实战的元宇宙战略推演，可以评估不同冲突情景的可能结果，在反复试错修正中形成最佳作战预案和数套应急预案。

战役战术演训。战役战术演训对军事而言非常重要。真实的战场充满了种种不确定性，因此需要通过不断进行战争演习做好充分准备。战役战术演训的具体实施方式既可以是传统的实战演习,也可以是现代的虚拟战争、合成虚拟战场元宇宙等。在虚拟战场上,士兵和战斗的决策人物可以超越现有条件,将想象中的概念、战斗操作、队形等模拟出来,进行训练。未来的元宇宙战役战术演训,能将数据捕捉、存储、分析技术和新的合成虚拟环境技术相结合,更好地解决虚拟战役战术演训的现有技术问题。

军事教育。自2020年年初新冠疫情暴发以来,美国军事教育机构就开始寻求通过战场模拟、战争游戏等虚拟方式来增强教育效果。其中,美国陆军的国家模拟中心使用增强现实技术构建多区域虚拟战斗场景,还通过打造军事元宇宙,将军人的个人信息和历史战斗记录导入虚拟战场中。[①]

"完美"的元宇宙军事用途是将士兵训练、教育、实验和社会生活的虚拟环境基础无缝地结合在一起。实现这个"完美"的元宇宙军事用途还需要较长时间。

四、元宇宙战争实例

乌克兰危机中,泽连斯基身在基辅战场核心,却能足不出户地在美国国会、欧洲议会等会议中演讲,并争取到巨大支持,这就是一种元宇宙式的线上线下融合场景。元宇宙战争,可以通过有张力的艺术形式来呈现表象,利用社交媒体进行病毒式传播,实现触达本质的效果。例如,泽连斯基在美国国会演讲后播放的视频,以极具对比性的方式,呈现了

---

① 胡乐乐:《军事元宇宙:用途与案例》,《光明日报》2022年7月11日。

乌克兰的城市战前安居乐业与战争中破碎悲惨,再加上直抵人心的背景音乐,形成的悲剧性艺术效果直抵人心,唤醒人们内心深处的同情心。元宇宙战争区别于传统战争,其指挥中枢并不是明确的,即具有去中心化的性质。因此,元宇宙战争中人人都是终端也是节点,万物在多维空间里平等互联、相互支撑和相互备份,形成灵活而稳固的结构。

第十节　无人化作战

一、无人化作战概念

无人化作战是以人工智能技术为核心,无人化装备系统为主力的战争形态,人工智能与相关技术的融合发展将逐步把这种形态推向高级阶段。无人化是人类智慧在作战体系中的充分前置,是智能化信息化机械化融合发展的集中体现。智能时代无人技术与装备由于具有以任务为中心设计、不必考虑乘员需求、作战效费比高等优势,其作战应用取得重大突破,在空中、水面、水下、地面、空间等各个领域,已显现出快速全方位发展的态势。

未来,随着人工智能和相关技术融合发展的不断升级,无人化将向自主、仿生、集群、分布式协同等方向快速发展,逐步把无人化作战推向高级阶段,促使战场上有生力量的直接对抗显著减少。虽然未来有人平台会一直存在,但仿生机器人、类人机器人、蜂群武器、机器人部队、无人化体系作战,在智能化时代将成为常态。

二、无人化作战特点

无人化作战是以人工智能技术为核心,无人化作战系统为主力的作战形态。近年来,无人化作战系统已经渗透到战争的许多环节,作战效能日益凸显,作战形式屡见不鲜。随着无人化作战系统大量应用于战场,无人化作战正展现出全新的特点。

特点一:战场态势实时透明。战场感知系统在作战体系中起着类似"眼睛、耳朵"的重要作用,随着感知技术、传感设备性能有了质的飞跃,这些以传感器为核心的无人化情报、侦察、监视系统遍布战场,形成了空间上、时域上、频域上相互补充的立体侦察监视体系,能帮助指挥员快速定位、识别目标并判断其威胁程度。即这些系统不仅对战场环境具有自主感知能力,可以精确地探测到战场上几乎所有的情况,而且可以通过高速宽带网络,将分散传感器有机联系起来,使得置于网络中的任一平台只要获得情报,便可分享给整个作战系统,实现无人集群快速、同步感知。

特点二:对抗重心智能博弈。作战对抗是力与智的较量,无人作战将人的智能注入无人作战平台,智能较量将被直接显现出来,并延伸和体现到战场上各个空间、各个领域的行动中。随着智能化装备水平的大幅提升,人的智能"物化"到无人系统中,人的智力进行间接较量,并具有自主作战能力。未来作战行动中无人作战平台自主实施机动与作战，按照人的作战意图和人的作战思想行动。无人作战将对抗重心转向智能博弈，智能较量发挥效应并起主导作用。

特点三：指挥控制智能扁平。无人作战中无人机、无人车、无人舰艇等无人化作战系统大量应用，促使指挥控制智能扁平。首先，指挥体制向扁平网络式演进。指挥机关的管理幅度逐渐变宽，组织架构向外形扁平、横向联通、纵向一体的网状结构发展。其次，指挥模式向智能自主式转变。初级阶段指挥模式呈现为"人在回路中"，中级阶段指挥模式表现为有监督式的"人在回路上"，高级阶段指挥模式呈现出完全自主作战的"人在回路外"。无人化作战系统的高度智能化，具备了较少甚至完全无需人员参与的自主决策能力，能够自主完成从目标定位、任务分配到打击、评估作战进程的秒杀循环，从而提高从发现到打击的速度。

特点四：作战行动精确打击。利用无人化作战系统行动无声无形、打击准确高效的特点，可以实施精准打击关键部位的点穴失能作战，实现打"左眼"不打"右眼"。其关键是组合使用各种失能手段，包括影响和控制人的思想、意识或感染人工智能失去计算能力达到控脑的目的；迷惑人的视觉器官、摧毁传感器系统，实现致盲的目的；限制或摧毁人的行动及装备的机动能力，来实现制动的目的。无人化作战系统使得精确打击在无形无声中达到作战目的。

三、无人机蜂群作战行动

"无人机蜂群作战"是一种高度智能化的集群式作战方式。所谓"无人机蜂群作战"是指由数十架至数百架乃至上千架具有不同功能的小型或微型无人机组成,这些无人机在人的监督控制或交互协同下,通过自组织、自协同的方式形成攻击蜂群,实现对敌方目标的快速打击和精确摧毁。其核心在于利用大量低成本、体积小(小型或微型)、灵活性强的无人机,通过协同作战和自主决策,形成对传统防空系统的巨大挑战,实现对敌方目标的有效打击和战场态势的有效应对。

基本思想:无人机蜂群作战是指将大量小型、低成本、功能各异的无人机组织成一个高度协同的群体,在人的监督控制或交互协同下,利用自身体积小、便于突防等优势,实现多机编组、实时通信、协同作战,从而在战场上执行复杂多变的作战任务。其核心在于通过无人机之间的自主协同和分布式任务执行,形成远超单个无人机平台的作战效能。(1)集群智能化。无人机蜂群作战的核心在于集群智能化。通过先进的算法和人工智能技术,无人机之间能够实现信息的实时共享和协同作战,从而涌现出复杂的群体自组织能力。(2)数量优势。大量无人机的协同作战可以形成"饱和攻击",使敌方防空系统迅速饱和,难以有效拦截。同时,无人机的低成本使得这种作战方式在经济上具有可行性,可以支撑持续的打击消耗。（3）去中心化管理。无人机蜂群作战采用去中心化的管理方式。蜂群中的每个无人机都是一个独立的节点，它们之间通过无中心的局部交互和反应式规则进行协同作战。这种管理方式使得蜂群具有高度的灵活性和鲁棒性，即使部分无人机失效，也不会影响整个蜂群的作战能力。（4）多功能协同。无人机蜂群中的无人机可以根据作战任务的不同进行功能分工，形成侦察型、干扰型、诱饵型和察打一体型等多种类型。这些无人机之间通过协同作战，显著提高了作战效能。（5）与有人机协同。无人机可以与有人机进行协同作战。有人机可以对无人机蜂群进行直接指挥控制，减少指挥控制传递层级和对手电子干扰威胁。同时，扩展有人机的作战能力和作战频次。

核心要素：（1）无人机平台。包括多种类型的小型无人机，如侦察型、干扰型、察打一体型等，它们各自承担不同的作战任务。（2）通信与数据链。采用高速、低延迟、抗干扰的通信技术，保障无人机群体内的信息交换和指挥控制。（3）自主导航与决策算法。依赖 GPS、惯性导航及视觉识别技术，结合多智能体系统、机器学习和优化算法，实现无人机间的自主协同与决策。（4）任务载荷。无人机可根据任务需求搭载不同的传感器和任务载荷，如侦察传感器、电子干扰设备、战斗部等。

体系结构：（1）组成元素。无人机蜂群作战体系主要由大量低成本、小型化的无人机组成。（2）指挥与控制。体系内包含先进的指挥控制系统,能够实现无人机的实时数据通信、编队控制、任务分配和协同作战。这些系统可能集成人工智能技术,以提高决策效率和作战效能。(3)发射与回收。无人机蜂群可以通过大型运输机、舰船等平台进行远程投放和回收,确保作战任务的灵活性和持续性。(4)任务执行。无人机蜂群可以执行侦察监视、电子干扰、火力打击等多种任务,通过集群优势实现饱和攻击、消耗敌方防空力量等目标。

价值意义:(1)推动作战理念转变。无人机蜂群作战的出现,推动了作战理念由信息化时代向智能化时代的转变。它用群体智能作战理念代替了精确作战理念,有效突破了精确对抗的瓶颈。(2)增强作战体系效能。无人机蜂群可以形成集侦察预警、电子干扰、网络攻击、火力打击于一体的作战集群,通过分布式杀伤对同一目标或目标群实施多方向多波次的攻击,快速损毁瘫痪对手的预警探测体系。(3)降低作战成本。无人机蜂群中的低成本无人机相比拦截的地空导弹便宜得多,即使被击落几架也不足为惜,大大降低了进攻成本。同时,其大规模集群体量可以实施饱和攻击,确保作战目标的达成。

四、无人化作战实例

土耳其"春天之盾"行动察打一体无人机运用是无人化作战的典型案例。

（一）作战背景

土耳其军队于 2020 年 2 月 27 日至 3 月 5 日在叙利亚西北部的伊德利卜省发起了"春天之盾"军事行动,其间土军出动大批无人机,重创叙政府军地面部队,并直接影响了伊德利卜地区的战局,这是战争史上无人机首次作为空中打击力量主体、大规模用于对正规军作战并取得重大战果。而在行动后期,叙/俄军通过电子干扰压制与防空导弹拦截相结合,成功遏制住土军的无人机攻势,并迅速扭转地面战局,其表现同样出色。从双方技战术水平、对抗激烈程度、影响意义深远等角度来看,此次军事行动足以作为无人机攻防战的重要战例载入战争史册,也是继 1982 年叙—以贝卡谷地战斗之后无人机战史上的又一经典战例,值得各界关注。

（二）作战经过

"春天之盾"行动期间,土军以其国产"安卡"-S、"旗手"TB2 两型察打一体无人机为作战主力,加上部分地面远程炮兵,在 E-737 预警机和 F-16 战斗机的空中掩护下,对叙利亚伊德利卜地区的各种叙政府军地面目标实施了大规模、高强度的空/地火力打击,给叙政府军造成重大损失。

据土耳其媒体披露,土军在此次行动中先后投入数十架无人机,累计出击数百架次,除了对战区前沿及浅近纵深内所发现的各种叙政府军目标实施实时打击外,还曾深入到叙境内的阿勒颇、哈马市等地进行了空袭,表现抢眼。尤其是在行动初期（27—29 日）,由于叙政府军疏于对空戒备,土军无人机基本没有遇到抵抗,在伊德利卜地区上空如入无人之境,战果显赫而自身几乎"零伤亡"。

综合媒体的报道,在整个"春天之盾"行动期间,叙政府军损失了大量主战坦克、步兵战车、自行火炮、自行防空系统等重型装备,同时有相当数量的指挥中心、炮兵阵地、弹药库等军事目标被摧毁。更为严重的是,由于重型装备的大量损失,导致叙政府军的作战部署完全被打乱,伊德利卜地区的战场形势一度恶化。叙政府军在经过前期的慌乱之后,很快在俄军的支持下稳住阵脚,在加强地面部队伪装隐蔽的同时,迅速将"铠甲"-S1、"山毛榉"-M2等防空装备调集到伊德利卜地区,并为前线部队大量派发便携式防空导弹。从3月1日起,叙政府军防空兵力在俄军电子战部队的配合下,开始对土军无人机发起反击,使其战损率急剧上升;到3月2日,土军无人机的空袭力度明显减弱,最初凌厉的攻势已基本被遏制;到3月5日,土军无人机出击强度进一步降低,最终停止了成规模作战行动。

在这期间,得益于空中威胁的解除,叙政府军地面部队再次发起反攻,伊德利卜地区的战局也得以扭转。据俄军方披露,在持续一周的战斗中,叙/俄军在伊德利卜地区一共击落23架土军无人机,包括6架"安卡"-S、12架TB2和5架其他型号的无人侦察机。其中仅3月1日一天之内就击落6架,而3月2日的战果中甚至包括土耳其总统埃尔多安亲笔签名的一架TB2无人机。不过,根据国外其他媒体的报道,土军无人机损失总数也有 12 架、14 架、16 架等不同说法。

（三）分析总结

总的来看，土军发起的此次作战行动尽管持续时间较短，规模也受到一定制约，但却涵盖了无人机对地精确打击、反无人机作战、电子战、"协同作战能力"（CEC）空战、无人机引导地面火力打击等众多高技术作战样式。尤其是在无人机的战术运用方面，此次行动当时不仅是战争史上最大规模的无人机集中使用战例，而且首次实现了无人机在高技术、高强度战场上与拥有较强军事实力的正规军正面对抗并给其予以重大杀伤，甚至还取得了摧毁俄制防空系统这样令世人瞩目的战果，由此打破了察打一体无人机只适用于反恐等低强度军事行动的传统观点。

"春天之盾"行动中，土军使用的几型无人机性能与世界其他同类装备相比并无过人之处，之所以在作战中表现不俗，甚至打破了现代空中作战的"游戏规则"，主要是缘于土军对无人机的创新运用，表现在以下三个方面。一是大胆选用无人机为作战主力，有效控制冲突规模。二是精心选择空袭时机，战术上达到出其不意的效果。三是强调体系制胜，空/地、有人/无人兵力协同作战。

叙/俄军反无人机作战。面对土军无人机发起的空中打击，叙/俄军作为防御一方，同样组织了一场大规模、体系化对抗性质的反无人机作战，其成功经验对于未来高技术传统战争条件下抗击大规模、成体系的无人机空袭具有重要的借鉴意义。根据媒体的相关报道,叙/俄军在抗击土军无人机空袭的过程中,除了大量使用传统的防空导弹外,还将多型先进电子战装备投入战场,以"软硬结合"的方式对来袭无人机实施拦截。实战结果也表明,叙/俄军以这种方式实施的反无人机作战非常有效,在战斗中起到了立竿见影的效果,对于最终挫败土军无人机的攻势功不可没。俄军电子战装备主要从以下几个方面为叙/俄军的反无人机作战提供了支援。一是破坏土军预警机对战场态势的掌握;二是切断土军无人机的控制链路;三是干扰土军无人机的 GPS 导航系统;四是干扰土军无人机的无线电高度表。

"春天之盾"行动是近年来难得的一次技术水平比较接近的对手之间的无人机攻防对抗,也是对传统战争条件下无人机/反无人机装备作战效能的一次较大规模的实战检验,无疑具有更高的参考价值。一是无人机/反无人机作战将会成为未来战争的重要组成部分;二是无人机的战时运用效果与作战体系的支持密切相关;三是"软硬结合"是现代战场条件下实施反无人机作战的有效途径;四是适用于高强度战争的武装无人机发展仍需继续探索。

未来无人化作战主要指以无人平台为基本依托的作战样式,无人化作战既涉及单一系统的无人作战、无人集群作战,还涉及无人联合作战、无人跨域作战和无人跨介质作战,例如无人机"蜂群"、"超级战士"等。

多年来,美国陆、海、空军以及 DARPA 等,均在开展有关

超级战士

集群攻击项目研究,包括陆军携带智能子弹药的子母攻击弹药、海军低成本无人飞行器集群技术、空军"蜂群"攻击弹药以及 DARPA 的"小精灵"无人机等。DARPA"小精灵"项目研究小型无人机蜂群的空中发射/回收和高速数字式飞控等关键技术,2017 年已完成第一阶段工作。2018 年,该机构又启动"进攻性蜂群战术"项目,研究由 100 架地面和低空无人系统组成的集群,在城市环境下自主执行任务的能力。2014年 8 月,美国海军利用 13 艘无人艇组成"蜂群",实时自主调整路线,对"可疑船只"成功实施包围和拦截。无人机"蜂群"作战突出"智",使用上向"颠覆传统"改变。无人机"蜂群"在作战使用上,注重通过自适应、自组网、自协同、自决策等自主作战能力运用,颠覆传统战争模式。

2019 年 11 月美国国防部《2050 年机械战士:人机融合与国防部的未来》的报告,展示了其"超级战士"人机融合系统的投入、研发和应用计划。"超级战士"旨在通过感知增强、外骨骼、脑机接口、基因工程等技术手段，大幅提升士兵的感知力、运动力、思维力等能力。"超级战士"改变了传统意义上人与武器的关系，实现了"人的武器化"或"武器的类人化"，不仅进一步延伸了人类战斗能力，还填补了因无人作战系统短板而留下的"战力空白"。[①]

未来智能化战争不能局限和穷尽于以上作战场景，还会随着战争需求牵引和人工智能技术的发展，不断创新出新的作战场景。比如，反无人机作战是指抗击、反击敌无人机，保卫己方重要目标的作战行动，包括拦截、打击敌空中来袭无人机，反击敌陆上、海上、空中的无人机作战力量及其基地、平台等行动。由于参战力量多元，各种力量可能先后或同时展开不同样式的反无人机作战行动，并且各种作战类型和样式紧密结合，其作战行动的多样性和跨域联合特征更为明显，既有"软杀伤"，又有"硬摧毁"；既有空中和海上反无人机作战，也有临近空间和地下空间反无人机作战；既有认知域的对抗，也有物理域的对抗；等等。随着新型技术的发展，反无人机作战在新世纪的局部战争中已初现端倪，改变了现代战争的模式和战斗方法。[②]

---

① 李孟远:《无人化作战还需要"超级战士"吗》,《解放军报》2020 年 4 月 21 日。

② 周小程、高冬明、李政兴:《反无人机作战有啥特点》,《解放军报》2020 年 3 月 24 日。

第五章　智能化战争的演变趋势

　　人工智能时代可能使现代战略之谜更趋复杂化,这并非人类本意,也许还完全超出人类的理解。[①]

——亨利·基辛格

　　战争形态的发展有其自身的逻辑轨迹,明天的变化是昨天和今天的继承和延续,遵循战争发展的一般规律,运用马克思主义的历史唯物主义研究方法,我们仍然可以大致地勾画出未来智能化战争的发展走向。未来如果你不掌握人工智能的发展趋势,你就会被人工智能淘汰。在人工智能、大数据、物联网等新兴技术推动下,多域融合、跨域攻防,无人为主、集群对抗,虚拟空间与物理空间一体化交互的全新作战形态,智能化战争的发展趋势主要体现在武器装备发生异变、组织形态发生变革、支撑要素重重塑、生态体系不断演化。

　　[①]　参见美国前国务卿、著名外交家、国际问题专家亨利·基辛格著作《人工智能时代与人类未来》,中信出版社 2023 年版。

第一节　智能化战争的武器装备异变

新形态战争和作战样式将决定武器装备发生异变。人工智能技术已成为引领军事变革的战略性技术,不仅改变无人作战系统的装备研发,而且对装备保障决策、力量体系结构、运用管理方式等都将产生深刻的影响。随着智能化战争武器装备的异变,战争形态和作战样式也必将发生深刻的变革。

一、智能化无人装备指数级增长

当前,世界上有 40 多个国家在生产、70 多个国家在使用无人系统,种类已超过 150 多种,装备总量超过 30000 架(台),而且数量仍在不断快速增加。美国无人系统的研发一直处于世界领先水平,其国防部每 2—3 年就发布一次未来 25 年的《无人系统综合路线图》,各军种也根据实际制订军种无人系统路线图或发展规划,并计划到 2021 年战略战役级智能无人机达到 650 架左右,到 2025 年智能无人机将占到所有作战飞机的 90% 以上,从 2050 年起将可能不再列装有人作战飞机;美国防部预测,未来 10 年美陆军地面无人车辆/机器人与士兵的比例将大于1:1,2023 年美国防部修订《自主性武器系统》,此举将推动人工智能武器系统的大范围发展运用。俄罗斯也正致力于发展机器人作战装备,于 2013 年、2014 年分别成立了"军用机器人研发实验室"和"无人机国家中心",制定了《2016—2025 年先进军用机器人技术装备研发专项综合计划》,并于 2017 年开始大量列装机器人系统,计划到 2025 年无人系统在俄军装备体系结构中的比例将达到 30%,其中空军无人机将占到飞机总量的四成以上。印度以引进或合作研制的方式发展本国无人机,计划未来 10 年内将装备中空、长航时无人机 50 架、小型或微型无人机 980 架。日本在 2013 年《国家安全保障战略》中也宣称,未来要大力发展无人机及其他海空无人作战装备。土耳其、伊朗、越南、巴基斯坦、朝鲜、韩国等国家的军队也纷纷研发和采购无人机。在技术推动和需求牵引下,我军无人系统也得到了快速发展,2014 年,在中国兵器工业集团公司成立了"兵器地面无人平台研发中心",并与俄罗斯、德国、芬兰共同组建了四国机器人技术联合体,建立了"中国无人系统院士(专家)工作站",推动我军智能无人系统的发展。当前,按照各军种无人作战装备发展规划,我军各类型无人系统研制加速,"攻击-1""攻击-2"和"无侦-7""无侦-8"等新型无人机开始逐步装备部队,并不断有新的陆、海、空、空间无人系统进行试验测试,并计划 2030 年前形成以无人机为主、相对完善的智能无人作战装备体系。

二、智能化战争中人与武器关系异变

回顾人类战争发展轨迹,军事科技发展经常会催生新的武器装备,并促使着人与武器的关系发生变化。智能化时代,随着武器装备智能化水平的提高,人与武器的关系发生异变:在物理上越来越远、在思维上越来越近,人的思想和智慧通过 AI 与武器装备深度交链。无人系统把人的创造性、思想性和机器的精准性、快速性、重复性、一致性、耐疲劳性完美结合起来,武器装备将成为虚实结合的赛博实物系统和人机交互系统。武器开始具有智能特征并成为战争中不可或缺的重要部分,人与武器的关系和边界将大幅重构。

主次辅助——人处于绝对主导地位。人与武器的主次辅助关系,是指人居于主导地位,武器为人提供辅助服务。人仍然承担绝大多数指挥控制职能,武器更多地负责重复性、规定性任务。这种关系模式中,武器智能化水平未突破"物"的界限,人是绝对的主导者,属于弱人工智能的初步发展阶段。在根本属性上,人是主体,起着决定作用;武器是客体,处于被动服从的地位。虽然武器仍然处于辅助地位,被人当作纯粹的工具,潜在学习能力没有得到释放,但武器各方面性能都在持续增强。如谷歌发布的量子计算机,声称可以在 200 秒内完成目前世界最快计算机需要工作 1 万年的任务,虽然仍然处在服从服务的位置,但计算能力更强、应用范围更广。[1]

平等互补——武器脱离"物"的范畴。人与武器的平等互补关系是指二者在作战中的分工各有侧重,通过相互配合、协同工作,最终实现取长补短。人类主要承担战略判断、模糊推理等任务。武器主要承担技术性分析、自动化处理、智能化决策辅助等任务。这种关系模式中,武器的智能化水平得到长足发展,但只聚焦于人类不擅长的领域,从而和人类形成优势互补。在根本属性上,人与武器是平等关系,武器已经基本脱离传统"物"的范畴,具有不同类型智能的"智慧体",已初步具有智能化信

---

① 闫晓峰、张德群、吴永亮:《智能化时代,人与武器关系如何变化》,《解放军报》2020 年 2 月 25 日。

息处理和分析能力,与人类智能分属不同的智能领域,并且与传统武器有本质区别。美国陆军展示的战斗"机器狗"通过 AI 自主避障,为操控者提供 360 度态势感知,实现昼夜连续警戒巡查,拓展视野和控制范围。

失衡错位——武器地位作用变强势。人与武器的失衡错位关系是指,武器智能化水平持续提高,进而产生挤压人类价值、替代人类地位的倾向,人的作用地位相对弱势,武器的作用地位更加重要。这种关系模式中,人类得以从繁重的体力和脑力劳动中解脱,武器在可解释性、可靠性、通用性等方面获得重大突破,不仅能够发挥其传统优势,在模糊推理、多重博弈等人类优势领域的能力也日益加强,最终实现对人类战争能力的全面赶超。

随着智能技术在军事领域的广泛应用,以智能无人作战系统为代表的智能化武器装备快速发展,将人的创造性和机器的精准性完美地结合起来,智能化武器装备可以独立或相对独立地完成作战人员难以直接完成的作战任务,这在一定程度上颠覆了人们对人与武器结合方式的传统认知,人与武器结合的方式正在发生变化,智能化战争的人员武器关系,逐渐从主次辅助向平等互补,最终向失衡错位的关系转变,这一趋势将越来越显著。

三、智能化武器装备的体系结构重构

进入 21 世纪以来,无人系统进入快速发展时期,其类型从最初的无人机扩展到地面无人车/机器人、水面无人艇、水下无人潜航器甚至空间、临近空间无人飞行器,也从性能水平较低、作战功能单一向高性能、多功能发展,无人作战的体系结构正在形成并不断完善。空中智能无人系统方面,无人机由传统的侦察监视、引导评估等支援保障功能,向"察打一体"的直接作战转变。美军的 MQ1"捕食者"、MQ-9"死神"等无人机已经装备部队,并在伊拉克战争、阿富汗战争以及利比亚战争中大显身手。我国的"攻击-1"(翼龙)、"CH4"等察打一体无人机已出口海外并成功用于实战。隐身型无人作战飞机正在加紧试验,美国 X47B 无人作战飞机已完成航母上的弹射起飞与着陆试验和空中加油测试;英国"雷神"无人作战飞机已完成了与作战相关的第三阶段技术测试,俄罗斯"鳐鱼"无人作战飞机和我国"魔影"(利剑)无人作战飞机正在进行各方面的研制和测试。地面智能无人系统方面,除侦察探测、扫雷/排爆机器人的性能不断提升外,武装型无人战车已开始列装。美陆军"剑"作战机器人在伊拉克战争、俄军"平台-M"作战机器人在叙利亚作战中已经成功运用。目前,俄军已经完成"天王星-9"无人战车火力测试并开始部队试装,该系列其他类型无人作战平台也开始列装;美国正在进行"黑骑士""粗齿锯"无人战车的武器系统测试。海上智能无人系统方面,由传统的侦察、救援和反水雷向火力作战转变,且不断向大型化、长航时、高自主性方向发展。新加坡引进以色列的具有侦察与打击能力的"保护者"无人水面艇,已用于波斯湾执行维和行动;美海军"海上猎人"号"反潜战持续跟踪无人水面艇"正在进行入役前的相关测试,同时正在研制侦察与攻击一体的"大直径无人潜航器"和具有攻击航母能力的"杀人鲸"超大型无人潜航器;俄罗斯新型"海神"核动力无人潜航器正在研制中,预计在 2027—2030 年进入海军,首批可能装备 32 艘。空间智能无人系统方面,国内外都在按计划研制或测试中。美国 X-37B 轨道试验飞行器正在进行第五次太空飞行试验,X-51A"乘波者"临近空间飞行器已进行四次试飞,HTV-2"猎鹰"高超声速测试飞行器、AHW"先进高超声速武器"和 SR-72 高空高速无人机也正在研制和测试;我国"089"项目已进行了多次成功试验测试,性能优于美国的 HTV-2,计划装备火箭军,"神龙"临近空间飞行器已完成动力飞行和空间任务试验。以上性能先进、功能多样的新型无人系统的成功研制和入役,不但大幅提升了无人系统的运用水平,而且将促进装备结构完善,推动体系作战能力形成。

当前,智能无人系统作为智能化武器的代表,已成为一支重要的新型作战力量。智能无人作战开始从后台走向前台,正由单一空间的支援保障向全域多维空间的联合行动、立体对抗、直接作战转变,并贯穿于作战全过程、渗透到各个行动中,对赢得胜利发挥着重要的作用,对战争形态演变产生着广泛而深远的影响。

四、智能化无人装备的应用场景全域

人工智能支撑下的智能无人武器系统运用已经崭露头角。在近几场局部战争和军事冲突中,美军无人机、无人地面车辆等运用已经普及,并取得了相当不错的作战效果。2015 年 12 月,俄军在叙利亚反恐军事行动中,运用多个型号的无人战车配合地面有生力量向恐怖分子阵地发动攻坚作战,这是人类历史上第一次成建制使用智能无人作战力量,具有划时代的重大意义。2018 年 1 月,俄军驻赫明梅空军基地及驻塔尔图斯后勤站遭到恐怖分子 13 架无人机的集群攻击,显现了未来"蜂群"战法的雏形。2019 年 9 月 14 日,沙特首都利雅得以东的布盖格油田炼油厂和利胡赖斯油田炼油厂遭到也门胡赛武装 18 架无人机的集群袭击。即使在和平时期,美军也在世界各地敏感海域,部署无人潜航器,收集战场环境信息和情报。乌克兰危机中,美西方大量使用先进算法,通过智能辅助分析为乌军推算出最优方案。美国帕兰提尔公司(Palantir)提供给乌军的"元星座"智能信息系统,将俄军炮击和地面进攻行动的所有路线、时间、打击方式、打击精度、攻击位置全部输入电脑,利用智能算法总结俄军行动规律、战斗习惯,甚至能模拟俄军指挥官思维方式,快速准确得知盟友和敌人的精准位置,以最有效最迅速的武器对敌,使乌军一线指挥官得到最优作战方案。

第二节　智能化战争的组织形态变革

华盛顿[①]认为:"取得战争胜利的军队是精锐的部队,而不是庞大的军队。"随着大数据、物联网、云计算技术在军事领域的广泛应用,"云端大脑""数字参谋""虚拟物流"也随之形成。这必然使军队规模更趋小型化、灵巧化。军队编成模块化、一体

---

　　① 乔治·华盛顿(1732 年 2 月 22 日—1799 年 12 月 14 日),首任美国总统,美国开国元勋之一。

化,各作战单元可以根据作战需要适时适地无缝链接和耦合。

传统的智能化军队组织形态将进行演变,向科学构建智能化的组织形态方向发展。构建有人和无人混合编制部队,给传统部队编配无人系统,混合编制,探索有人部队和无人部队之间的协同。大量构建无人系统独立编成,因为独立编成能够尽快形成一个可用的作战体系。

一、智能化军队规模结构"小型联合、新质主导"

基于人工智能及其衍生技术的无人化武器装备发展,战争的物质基础和作战力量面貌将发生极大改变。军队规模结构向小型联合趋势发展,新质作战力量将大量登上历史舞台,成为未来战场主宰。

一是军队的总规模将大幅度缩小。小规模的智能化军队即可完成过去由数量庞大的军队才能完成的战略使命,无人部队的一名操作手即可控制数个、数十个甚至成百上千个无人作战单元,去执行原来由一支部队、机群或舰队完成的任务,一线作战人员规模将大幅下降。目前,美国的军队规模已从90年代初的200万人减少到140万人,俄罗斯也将军队总员额从原来的280万人减至150万人。未来军、师的编制将可能最终消亡,旅、营或更低级别的战术单位将成为主要的作战单元,并出现了按作战职能编成的小型联合体。

美陆军用旅代替师,并将战斗部队、战斗支援部队和战斗勤务部队统一编成作战群,每群约3000—5000人。此外,为适应智能化战争的需要,一些技术密集、小巧精干的新型兵种作战单元也将逐步增多。比如美军组建兵员精干的操纵机器人的作战小分队。

二是新质作战力量将成为未来战争的主导力量。新质作战力量是打赢智能化战争战斗力的重要增长点,世界主要国家军队都在加强系统谋划,下好先手棋、打好主动仗。一方面紧盯前沿方向和突袭方向,加大投入,成建制形成作战能力。太空、网络、电磁,特别是无人作战力量将直接主导未来战争,实现从战略到战术的无缝链接,形成多维一体、全域攻防、快速突击的整体合力。科技正在推动人工智能主导下的无人化与集群作战、高超声速对抗、多城融合与跨城攻防、生物交叉竞争和新质综合防御等新质战斗力快速成形。世界主要国家军队都在加强新兴领域能力建设,努力夺取军事竞争主动权。

无人化与集群作战。主要涉及陆、海、空、天、网络和电磁领域,面向多样化任务的无人化作战与集群对抗。包括有人无人协同作战、以无人平台为主的作战、自主集群作战、基于 AI 的网络攻防和电子对抗等。其基本依托是各类无人机、地面无人平台、仿生机器人、无人船艇、智能化弹药等无人平台及其多种多样的集群组合,核心力量是平台 AI、集群控制 AI 等。其中,自主集群将逐步成为一种威慑力量。

高超声速对抗。随着先进动力、发射、导引、控制和高效毁伤技术的发展,从战略到战术、从单装到集群,各类高超声速平台和武器不断出现,在网络信息体系的支撑和智能化 AI 系统的主导下,高超声速对抗和精准毁伤的时代即将来临,成为一种威慑和实战兼备的作战能力。

多城融合与跨城攻防。在互联网、物联网、认知通信网络和大数据等技术推动下,基于网络信息体系的多维战场智能感知、多源信息关联融合、多域联合指挥控制、跨域火力打击、跨域机动突防等多域跨域作战行动成为可能,并且能够适应不同任务要求,跨域自组、同生协作,形成体系优势、多域优势和协同优势。

生物交叉竞争。一是脑科学、仿脑芯片、仿生机器人和仿生系统等人机混合智能技术的发展,将进一步促进军事智能化整体对抗水平的升级和跨越;二是以脑机技术为重点的脑控、控脑等人机智能交互信息链路、可穿戴系统、人机混编系统、情感交互系统的对抗,成为一个新重点;三是生物医药、人体机能增强、人造生命体、人造细菌等技术的发展,以及相关生物武器、基因武器、新型病毒的出现,将给人类生物领域的对抗与作战,带来新威胁新挑战。

新质综合防御。随着进攻手段越来越多样化,在多域和跨域作战条件下,防御系统面临的威胁也复杂多样,必须通过技术探索提升四个方面的新质防御能力:一是防隐身飞机、巡航导弹、高超声速武器、无人机与弹药蜂群攻击;二是防恐怖分子多种手段、变化多端的袭击;三是防社会心理舆情急剧变化;四是做好战后治理、关键基础设施管控等安防任务。

二、智能化军队编成模式"联合集群、自主适应"

智能化时代战争要素发生了巨大的变化,也深刻影响了军队编成模式的变革。随着大量具备智能化能力的作战单元的出现,引起作战力量的编成向着联合集群化方向发展,作战力量的编组也变得更加灵活自主。根据不同战场环境、作战目的以及作战要求的需要,作战力量的组成呈现出"联合集群、自主适应"等特点,将获得更加高效精准的作战能效。

一是智能化军队的编成模式将高度联合集群。未来战场上的主要作战力量将由遂行不同职能的作战单元构成,通过将不同作战职能的作战单元编成作战集群,形成具备多维空间作战能力的联合体。紧贴集群战法要求,选择打击目标,实施相关作战行动,实现高效、精准的饱和攻击。

航母战斗群是空中、水面和水下作战力量高度联合一体化的作战部队。美国的航空母舰打击群,搭载的舰载机联队包括4个战斗机中队、1个电子攻击中队、1个空中预警中队和1个直升机中队,总计超过80架各类作战飞机,而其水面战斗舰,如"提康德罗加"级巡洋舰,又或者是"阿利伯克"级驱逐舰,每艘都用近百个垂直发射单元,并且可以发射中远程防空导弹和巡航导弹,而其核攻击潜艇不但具备强大的反潜能力,还具备对地对海攻击能力。美国国防高级研究计划局的"拒止环境协同作战"项目,围绕搭建一套包含编队协同算法的模块化软件系统,开发具备感知自身和周边环境、自主搜索发现目标、实施自主打击或数据收集的无人机集群协同技术。围绕实现作战单元联合集群化,利用合理的方式将各类功能载荷集成到无人机集群编队中,适应带宽限制和通信干扰等电磁环境。

二是编组方式向"自主适应"转变。在智能化战争形态下,作战任务千变万化、复杂多样,这就要求部队编组更加灵活、富有弹性,具备自主适应能力。未来智能化军队将拥有数百个作战单元进行差异化"机机编组""人机编组",根据不同作战需要,执行陆、海、空、天、电、网等多域作战任务。

多无人机协同编队控制技术主要是信息感知、数据融合、任务分配、航迹规划、编队控制、通信组网和虚拟/实物验证实验平台等技术。无人机编组相较于普通无人机队伍具有扩大任务范围、提高任务执行效率和完成质量、增强在高危环境中的作战能力、提升系统对环境自适应能力、扩展任务能力等多个优点。

智能化战争形态下,智能化组织形态更趋灵活、高效。基于任务的小型联合战术行动是军事力量运用的主要方式,按作战职能编成的"无人机编组""人机编组"小型作战群或能够同时在多维空间执行作战任务的一体化小型联合体,将成为未来军队组织形态的发展趋势。美国空军部长弗兰克·肯德尔曾透露,美国空军正在为规划中的第六代战斗机研发"忠诚僚机",其中每架载人战斗机可以最多向 5 架无人机下达指令。载人飞机主要负责指挥,无人机编组为小分队执行具体任务,这样的组合可以带来很多战术上的机会。

三、智能化军队力量构成"军队主导、军民一体"

卡尔·冯·克劳塞维茨①指出:"为了对抗敌对的力量,力量用艺术和科学的发明来武装自己。"随着人工智能技术深入发展,智能科技在军用、民用领域获得极大提高,智能化军队在

---

① 卡尔·冯·克劳塞维茨,普鲁士军事理论家和军事历史学家。

基础设施、后勤保障等方面正向着军队主导、军民一体化发展，并形成高效益的军民一体深度发展格局。特别是后勤保障工作，仅靠军队的力量难以独立完成，还需要民用力量的协作。智能化战争的作战力量组成发生结构性变化，智能技术赋能改变最基础的作战要素，人正在退出对抗一线，智能化装备将大量成规模地走上战场，传统战争中的"人对人"的作战将变为"机器对人"或"机器对决"的战争。

一是军队主导。未来智能化作战，各作战单元分布在广阔的战场空间，担负的作战任务和所处的作战环境差异极大，后勤保障需求更是千差万别，需要结合实际保障需求及周边保障资源的具体情况，实施科学合理的"柔性定制""智能调度"保障。利用民用运输渠道、运输设备，投入战场人员被装、给养、救治等方面，民众普遍应用的互联网、物联网、卫星通信、移动通信、地面机动平台、空中运输平台、海上民用船舶、民用无人机、无人车、无人船、机器人、智能音箱，以及后勤物资器材、故障智能诊断、装备维修等，可以直接为军所用或者略加改动就可直接应用。军民一体实施智能调度能够满足更高效的后勤保障需求，起到大幅提高物资运转效率的作用。军民一体实施柔性定制保障能够更精准地满足不同人员在不同环境中的个性化需求，起到大幅提升士气的效果，为打赢智能化战争奠定良好基础。

中航智科技有限公司研制的一款共轴式无人直升机，采用多项现代飞行控制系统集成和新材料、新结构等领域的先进技术，其搭载载荷飞行续航能力达到 5 小时以上，并可实现包括起飞、降落、任务飞行在内的全自主飞行，及多机协同编队能力。

该无人直升机既能在电力、地质、救援、石油等领域实现应用，也能应用于应急灾难救援、海洋监管等多个领域，达到军队主导，军民一体的目标。珠海市云洲智能科技有限公司研制的一款无人侦察船，研制目的就是广泛应用于抗洪抢险、环保监测、搜索救援、安防巡逻等领域。

二是军民一体。当今时代，要实现强军目标、建设世界一流军队，需要构建一体化国家战略体系和能力，打通以整体国家实力支撑现代军事力量体系建设的通道，提高国家体系对抗能力。传统的战争，基础设施和技术限制了军队与社会的联系，参战的人员、设备、技术标准等力量组成，表现出相对"松散"的特点；随着人工智能的发展，社会和军队的这种融合程度不断提高，使得传统支援力量向主体作战力量转变，网络从业人员、科技精英、心理、宗教、法律等专家和非国家行为体等多种民间力量，会以不同的方式从后台走向前台，参与战争。

加强军民科技基础要素融合的组织领导，构建军民科技成果转化政策制度体系。军民科技成果转化等军民科技要素的融合仅仅靠一两个部门解决不了问题，要依靠国家政策支撑和军政部门协同推动，依靠体制创新和机制创新来实现。提高拟转化成果信息的交流效率，完善工业领域和军方的交流机制，建立单位、行业、军兵种和武器系统之间的需求对接制度；在实验室等基础平台加大军民科技相互开放的力度；充分发挥第三方服务机构的桥梁作用，提高资源共享和综合利用水平；等等。加快军民标准一体化，减少军用标准与民用标准之间差异，降低科技成果转化成本。军用标准、行业标准等的不一致，是实现军民技术转化的一大障碍。实现军民标准一体化,解决多个标准的衔接与统一,是降低科技成果转化成本的有力举措。

战争制胜机理和武器装备内涵的深刻变化,催生了军民技术兼容、产品互通、标准共用时代的到来,经济建设和国防建设已经成为相互依存、相互促进的"命运共同体"。建立军民一体创新体系,大力推动军民科技基础要素融合,才能掌握军事竞争的战略主动权。将地方的优质资源、创新成果纳入国防和军队建设领域,军队才能成为具有创新力、竞争力和战斗力的武装力量。

第三节　智能化战争的支撑要素重塑

一、智能化战争时空和条件拓展变化

智能化时代,在需求牵引和新型技术推动等多种因素综合作用下,战争的基础条件发生了异变、迁移和调整。

时间压缩。古代战争受科技手段制约,行军和机动速度慢,指挥命令传达主要通过烽火台和骑兵,战斗过程和战争周期很长,典型的战役和战术行动,以周、月甚至以年为单位来计算。机械化战争以天、小时为单位计算平台和部队的机动能力。信息化战争大多以分钟来计算火力和导弹的飞行时间、作用距离,以及战场态势的更新。而智能化战争,将以秒级、毫秒级甚至更短的时间单位,来计算战场智能感知、目标识别、网电攻防的速度,高超声速和集群打击、防御的时间,以及基于人工智能的自

主决策效率。①

空间拓展。利用人工智能技术使人类能够突破思维的逻辑极限、感官的生理极限和存在的物理极限，人类军事对抗的疆域势必从自然空间、技术空间、社会空间到认知空间，战争空间逐步拓展。从地理上看，战争已经从陆地到海洋、空中，目前正在向太空、深海、深地拓展。从虚实关系上看，由于人造的网络和信息系统的出现，虚拟空间作战逐步成为一个独立的战场，战争正在从物理空间向虚拟空间以及两者相互一体化融合拓展。从领域上看，作战空间正在以多领域的方式迅速扩张，战争正在从物理域、信息域向认知域、社会域、生物域拓展。

距离跃迁。智能化战争作战平台的机动和投送能力，已经实现从战术对抗到战略打击的全程覆盖、全球覆盖。智能化战争战场感知通过天空地海探测系统和网络空间，已经具备了全球互联互通和互操作的能力。智能化战争网络通信拉近了人、装备及其相互之间的距离，通过互联网和移动通信，可以快速了解到全世界的相关情报和信息。

速度提升。亚声速、超声速、高超声速，各类作战平台和导弹武器的速度越来越快，未来即将进入高超声速对抗的时代。智能化战争中定向能武器的出现和成熟应用，将很快实现光束打击和防御。随着军事智能化技术的应用和突破，观察、判断、决策、攻击回路和指挥控制的效率、速度，将显著提升。

精度提高。智能化战争在天、空、地、海各种探测手段越来

---

① 吴明曦：《智能化战争——AI 军事畅享》，国防工业出版社 2020 年版。

越多,分辨率越来越高。卫星导航定位精度通过地基增强系统后可达分米级甚至厘米级,授时精度可达纳秒级。相应武器平台和弹药控制精度越来越高,打击毁伤威力成倍上升,打击效能呈指数级增长。

数质量上追求优化平衡。随着军事智能化技术的发展,武器装备从不太计较成本,追求高大上、综合作战能力强的"大平台"发展路子,逐步转向低成本、集群化、高低搭配、有人无人结合,寻求数量质量更加优化和平衡的发展策略,走可持续的发展道路。

攻防上寻求不对称优势。以体系对局部、以先进对落后、以多能对简能、以多域对单域、以虚实互动对纯物理空间作战、以智能对非智能、以高智商对低智商和弱智商,成为智能化战争寻求不对称优势的趋势。

二、智能化战争的指挥与决策智慧赋能

未来战场,作战对抗态势高度复杂、瞬息万变、异常激烈,多种信息交汇形成海量数据,仅凭人脑难以快速、准确处理,只有实现人机融合、智能决策,共同应对战争复杂性和不确定性,才能效率明显提升地完成指挥决策任务。

一是指挥决策从计算机辅助模式变为人机融合的"指挥大脑"模式。智能化战争的指挥系统将在现有的指挥信息系统上得到升华,突出的特点就是一种综合集成模式的智能系统,将成为人脑的外延,并与人脑融为一体,形成一体化的"指挥大脑"。而信息化战争强调围绕人的指挥决策,指挥信息系统是辅助指

挥决策人员的重要支撑,信息系统辅助人成为作战力量效能的倍增器。主要功能是信息收集、查询管理、传递处理、辅助决策等,对指挥员的作战指挥有很强的辅助性,是一种人脑的外部工具。人机协同决策成为智能化战争中主要的指挥决策方式,通过人机协同决策,弥补时空差和机脑差,确保指挥决策优势。[①]

二是指挥体制从固定层级模式变为柔性集成模式。未来指挥体制将发生重大变化,各种作战力量将会根据具体任务使命动态联合,其指挥机构集成为虚拟的"指挥大脑"与"智能云",整个作战过程中,各作战力量将具有高度自主性,自协同高效地完成作战任务,智能化作战指挥体制具有高度弹性的去中心化结构,传统严格层级的指挥体制将会被打破。分布式的作战单元通过云大脑链接,实现动态自适应式指挥控制协同,指挥控制效能将会极大提高。

三是指挥决策对抗向高强度对抗转变。智能化战争中,人工智能技术优势意味着指挥决策优势,指挥决策优势将决定行动优势和战争胜势。同时,进攻与防御将会超越过去的相对静态,进入不断演化的动态反转,检验作战双方在对抗中是否具有敏捷、弹性的态势转换,取决于指挥决策的连贯性。因此,围绕智能化指挥决策展开的高强度对抗,必将贯穿战争活动始终。

三、智能战争的力量与编成重塑

智能化战争将带来作战力量重塑,形成矩阵化相互关联影

---

① 许春雷、杨文哲、胡剑文:《智能化战争,变化在哪里》,《解放军报》2020 年 1 月 21 日。

响的力量体系。AI脑体系:小脑、群脑、中脑、混合脑和大脑等;无人系统:陆海空天无人平台与智能弹药系统;认知网:自动探测可用信道、自动跳频跳转;自主群:具有规模、成本、协同、决策优势;智能体:各类有人无人装备、指挥所、官兵;大模型平台:数智化平行人机交互作战系统。

任何一种作战力量,在发展到一定数量规模时,必须建立与之相匹配的编制单位,才能有效地进行作战运用和战场管控。无人系统也一样,从最初的数量有限,仅作为一种辅助手段与其他相应兵种混合编制,到目前规模不断扩大,已经成为作战中一支不可或缺的力量,开始以独立的编制单位作为军种下的兵种或兵种中的专业兵种遂行作战任务。美军是全球拥有无人作战装备类型和数量最多的军队,仅空中的无人机就有11000余架。据资料显示,截至2013年底,美军已在空中作战司令部编无人机联队1个、无人机飞行中队7个、无人机训练中队3个,空军国民警卫队编无人机联队1个、无人机飞行中队4个,空军特种作战司令部编无人机中队3个;海军陆战队编无人机中队3个。截至2015年初,已在陆军步兵战斗旅、斯特赖克战斗旅、重型战斗旅下的工兵营中编有1个近程战术无人机排,火力旅下编有1个战术无人机连,师属航空战斗旅下编有1个"灰鹰"无人机连,第160特种作战航空团编有2个"灰鹰"无人机连,国家训练中心编有1个"灰鹰"无人机连。美军海军陆战队还计划2030年左右在团下建立机器人(无人战车)营,并设想无人作战平台分别占到100%、35%以下、36%、75%四种比例的编配模式。智能无人作战力量已作为独立编制存在,并呈继续扩编趋势,无人作战已具备坚实的条件基础。

第四节 智能化战争的生态体系演化

智能时代的战争,各作战要素之间融合、关联、交互特征明显,战场生态体系将发生实质性的变化,形成由生态链、分布式云、AI脑体系、交战规则等构成的生态体系。而传统战争作战要素相对独立、相对分离,战场生态体系比较简单,主要包括人、装备和战法等。

一、智能化战争生态链路不断优化

智能化战争的生态链路将逐步具备自适应、自学习、自对抗、自修复、自演进能力,成为一个可进化的类生态和博弈系统。从总的趋势看,随着新一代人工智能技术和军事智能化的发展应用,基于 AI 的战场生态系统的建立和完善,智能化战争的生态链可以自动迭代。单一任务系统将具备类生命体的特征和机能,多任务系统就像一片森林那样,具备大自然的生态循环功能和进化能力。未来可自动优化的生态链路,一方面是由多个功能不同类似生命体的任务系统组成,形成一个完整的类生态系统;另一方面,又是一个可竞争、对抗、生存、修复的博弈系统。

在这个类生态和博弈系统中,智能的因素、自适应、自学习、自对抗、自修复和自演进的功能,贯穿于从末端到顶层全系统、从传感器到射手全回路、从需求到战斗力生成全过程,形成智能化、可进化的生态链。由智能材料、智能器件组建智能部件与分系统,由智能部件与分系统构建智能装备,由不同智能装备构建智能化作战的任务系统,再由不同的任务系统形成一个智能化的作战体系,作战体系又分战术、战役和战略层次。在各级作战体系中,智能感知、智能决策、智能攻防、智能保障以及智能的虚实互动,必须形成一个生态链,经过人为训练或自动优化,不断进步。同时需要强调的是,从作战概念创新、技术创新、应用创新、模式创新到新质作战能力生成全过程,形成一个快速迭代、跨越提升、循环往复的生态创新链,推动作战体系由低级向高级进化。

基础模型和军事模型运用是总体思路,基础模型包括大模型+通用军事数据,军事模型包括体系模型、任务模型、战术模型、平台模型。基本范式主要是增强学习范式和外挂调用范式。

二、智能化战争分布式云并行处理

未来随着网络信息和多样化 AI 的出现,网络化、扁平化、分布式是发展趋势,指挥层次会越来越少,人的作用越来越多体现在战前和后台,大量执行层面的事情,可以依靠 AI 和无人系统分布式实施。从未来智能化战争需求看,军事云需要构建战术前端云、部队云、战区云和战略云四级体系。军事云平台是利用通信网络搜索、采集、汇总、分析、计算、存储、分发作战信息和数据的分布式资源管理系统。军事云平台通过构建分布式系统、多点容错备份机制,具备强大的情报共享能力、数据处理能力、抗打击和自修复能力,可提供固定与机动、公有与私有的云服务,实现"一点采集,大家共享",大大减少信息流转环节,促使指挥流程扁平、快速,避免各级重复分散建设。一旦上万颗小卫星组成天基互联网,天地一体化"星云"将用于军事领域。

前端云,主要是指分队、班组、平台之间的信息感知、目标识别、战场环境分析和行动自主决策与辅助决策,以及作战过程及效果评估等计算服务。前端云能够实现平台相互之间计算、存储资源的共享和协同、智能作战信息的互动融合。

部队云,主要指营、旅一级作战所构建的云系统,重点是针对不同的威胁和环境,开展智能感知、智能决策、自主行动和智能保障等计算服务。部队云建设的目标是要建立起多个链路相连的分布式云系统,满足战术联合行动、有人/无人协同、集群攻防等不同作战任务的计算需要。

战区云,重点是提供整个作战区域战场气象、地理、电磁、人文、社会等环境因素和信息数据,提供作战双方的兵力部署、武器装备配备、运动变化、战损情况等综合情况,提供上级、友军和民用支援力量等相关信息。战区云通过天基、空中、地面、海上和水下等军用通信网络,确保提供高效、及时、准确的信息服务。

战略云,主要是一个国家国防系统和军队指挥机关建立起来的以军事信息为主,涵盖相关国防科技、国防工业、动员保障、经济和社会支撑能力,提供战争准备、作战方案、战场态势、战况分析等核心信息,以及评估分析和建议。

随着智能化技术的发展,可进化的作战生态体系面向不同的任务、目标和对手,呈现分布式、多样化的特点。分布式云和多样化 AI 的出现,为高对抗、高动态、高响应条件下,并行快速处理战场海量信息和任务系统,打下了良好的基础和条件。随着仿脑芯片、类脑系统、新型机器学习、计算能力的发展和进步，特别是大型复杂计算机和量子计算机等新型计算手段的出现，未来将越来越接近人类大脑神经网络并行处理与存储记忆模式，功耗越来越低而运算能力越来越强。

三、智能化战争 AI 脑体系自动迭代

近年来，脑科学与人工智能技术发展呈跨界融合、自动迭代的趋势，在人工智能技术支撑下，人脑的无穷潜力将被开发出来，智能化战争的 AI 脑体系是一个网络化、分布式的体系，是与作战平台和作战任务相生相伴、如影随形的，其分类方法有多种，主要包括类脑、强脑、脑控、控脑等。

"类脑"将智能作战推向新阶段。"类脑"通过借鉴人脑运行机理及人类智能的研究，研发在信息处理机制上类脑、认知行为和智能水平上类人的高智能机器人。其目标是使机器以类脑的方式实现人类具有的认知能力及其协同机制，最终达到或超越人类智能水平。"类脑"智能的研究已经成为主要发达国家的军事战略行为。目前这类装备已经从实验室走上军事应用，如防恐防暴机器人、侦察机器人以及作战机器人等。

"强脑"将潜能开发推向新阶段。"强脑"通过电、磁、超声、激光等方式对大脑的特定区域实施刺激，促进和增强大脑的感知力、注意力、记忆力和判断力等，从而达到提升人脑机能、保持军事活动高效的目的。作战人员通常会展现出智慧、谋略、经验和作战经验、战场态势感知等方面的素质和能力，这往往取决于人脑的机能。近年来，美军开始关注如何增强士兵大脑机能，努

力打造更加聪明、无畏的"超级士兵"。

"脑控"将无人作战推向新阶段。"脑控"借助脑机接口等技术实现人与机器的高效融合,实现人机结合,从系统层面提升武器装备的战斗效能。新世纪以来,美军就高度重视脑机接口技术的军事应用,研究武器与人相互作用机理,研究用人的意念远程操控"机器战士",在复杂战场环境中突破人类的生理极限,以降低战争伤亡率。赋予武器装备"随心所动"的智能化操作,各种"代理战士""机器兵团"将有望成为无人作战的新样式、新角色。

"控脑"将出奇制胜推向新阶段。"控脑"利用各种技术手段直接对作战对象的大脑活动进行干扰甚至控制,在不知不觉或出其不意中达到"制脑"的目的。相比传统的作战武器,控脑武器可以直接干扰或控制敌军的大脑,造成其心理损伤、意识混乱甚至是幻觉。控脑武器是实现从精神上控制敌人,"不战而屈人之兵"的重要武器。目前,美军正在研发基于大脑控制或干扰的武器,如意识干预武器、幻视武器、幻听武器等。未来控脑武器会进一步朝着非致命性、精准化的方向发展。

未来,AI脑体系的发展可以在平时为民众和社会服务,战时为军事服务。AI脑体系对武器的控制流程将由传统的"大脑—神经—手—武器"简化为"大脑—武器",这种迭代不仅仅意味着武器装备的发展升级,而且标志着人与武器的融合已达到新的层面。AI脑体系优化更大的价值是介入战争,发挥作战效能提升的作用。例如,脑机接口、智能脑芯片等人机结合技术手段会全面提升认知、生理等人的内在能力,打造出"超级士兵",高效完成作战任务。

四、智能化战争交战规则重建重构

战争是一个由多种因素构成的极其复杂的系统,交战规则涉及战争性质、目的、主体、手段、时空条件,以及战争形态、战争行动、战争指导等诸多方面的因素。当前,战争进入具有智能特征的信息时代,智能化战争将从根本上颠覆传统的作战理念、作战手段和作战方法,从而重建交战规则。随着人工智能全时、全域、全维对作战力量的各种行动,进行动态感知、推理决策、评估预测,其作战样式由"体系作战"向"开源作战"演进,跨域非常规、非对称较量成为对垒新常态,战争进入系统自主对抗、察打行动秒杀的阶段,无人化的作战样式将重塑重构交战规则。制智权、智慧战场、辅助决策、智慧控制等成为智能化战争交战规则的重要内容。

一是制智权成为作战重心。作战行动在有形和无形战场全域展开,战场全息透明,消灭敌人、保存自己的战争基本目标也随着颠覆性技术的发展表现为从"基于毁伤"转变为"基于失能"。战争杀伤机理由化学能、动能转变为定向能、生物能,传统的暴力行动将向隐打击、软杀伤、控意识等方式演变,无声杀伤成为主流。凭借己方的信息优势和决策优势,在去中心化的战场中切断和迟滞对手的信息与决策回路,瘫敌作战体系,达成物理上摧毁敌人与心理上控制敌人之效。

二是从数字战场到智慧战场的拓展。数字战场提高了战场信息的透明度和时效性,智慧战场将极大地提高战场信息的精准度和适时性。运用人工智能技术,可以更精准地搜寻战场信息、识别战场信息、传递战场信息,形成从发现目标、识别目标、定位目标、监视目标到引导打击和效果评估的一体化。

三是从数据辅助决策到智慧辅助决策的拓展。数据辅助决策为作战筹划提供了精准计算和量化标准,智慧辅助决策为作战筹划提供了近似人的思维能力和自主创造能力。运用作战规划系统,可以提高对作战环境的自适应能力、作战设计的自学习能力和作战构想的自主创造能力。

四是从流程控制到智慧控制的拓展。从机械化战争开始,规范指挥流程和作战程序就显示出规范控制的力量;随着具有智能特征的指挥信息系统不断发展,流程控制进入自主控制的新阶段,自主适应、自主调节、自主协同开始崭露头角,将为一体化联合作战提供可靠支撑。但与此同时我们应保持清醒头脑,无论人工智能技术如何发展,人在战争中的主导作用丝毫不会动摇。如何适应科技发展和军事变革,提高人的智能水平和驾驭人工智能的能力,是打赢未来战争的关键。①

五、智能化战争的大模型催生变革

智能化战争大模型的出现带来了深刻变革:首先是算力需求爆炸式增长。急剧增加的算力需求带动相关算力企业超高速发展,英伟达的市值接近两万亿美元,对于芯片企业以前从来没有发生过,千亿参数规模大模型的训练通常需要在数

---

① 戚建国:《把握战争形态演变的时代特征》,《解放军报》2020 年 1 月 16 日。

千乃至数万 GPU 卡上训练 2—3 个月时间,其次是对劳动力市场冲击巨大,《AI 大模型对我国劳动力市场潜在影响研究》报告指出,受影响最大的 20 个职业中财会、销售、文书位于前列,需要与人打交道并提供服务的体力劳动型工作,如人力资源、行政、后勤等反而相对更安全。最后,AI 模型的精度快速提升。AI 模型的性能与模型参数规模、数据集大小、算力总量三个变量成"对数线性关系",因此可以通过增大模型的规模来不断提高模型的性能。目前最前沿的大模型 GPT-4 参数量处于不断增长中。

未来智能化高端战争的主要变革方向是,基于杀伤网 OODA 闭环的联合全域作战,基于大模型的虚实互动平行作战,分布式马赛克作战,体系化无人化作战,软件定义与算法战,赛博与认知对抗,高超声速对抗,太空与跨域作战,全球战略博弈。

第五节　智能化战争规律的变与不变

亨利·基辛格指出:"如果人工智能'会思考',或者近似于思考,那么'我们'又是谁?"当今世界,人工智能发展取得突破性进展,并加速向军事领域转移,对战争形态产生冲击甚至颠覆性影响。时代变了,装备变了,战法变了,我们需要理性审视智能化战争,深刻认识把握智能化战争不变的特质,在"不确定性"中去找到确定性,从而进一步增强国防和军队建设的平衡性、稳定性和迭代性。

一、智能化战争的目的和方式发生变化

一是战争目的发生深刻变化。未来智能化战争不再以消灭敌方有生力量为主要目的,双方作战人员伤亡数量将会大大降低,将更多通过摧毁敌方无人作战指挥系统平台和智能化武器装备来削弱和瘫痪其作战能力,迫使敌方在精神和意志两个层面屈服,由攻城略地、摧毁敌人的肉体向摧毁敌人的意志转变,由不愿意、不敢作战向认为没有战斗的必要转变,从而达到战争目的。"消灭敌人,保存自己"是战争的直接目的。在未来战争中,消灭敌人与保存自己这一对立统一的矛盾关系将有新的变化。军事智能发展催生出认知战、失能战等非杀伤性作战手段。由于网络、太空、深海等新型领域的对抗具有隐蔽性,难以判定谁是发起者,这使战争决策者更愿意冒险。随着智能化战争后台操纵人员的伤亡数量大大减少,战争更加"人道",减轻了发动战争者的道义责任和政治压力,使战争的门槛降低。随着科学技术的快速发展及其在军事领域的深度运用,"三非"越来越成为智能化战争的标准打法。"三非"指非线性、非对称、非接触,"非线性"使战争不再层层推进,从前方到后方不再有安全的场所;"非对称"使己方处于绝对优势,"零伤亡"成为可能;"非接触"使战争不再是两军对垒而是制敌于千里之外,战争的发起者更加具有隐蔽性。

随着人工智能、人机交互、无人机"蜂群"等尖端科技的大量使用,未来智能化战争将不再以消灭敌方为主要目的,而是在精神意志、心理等认知层面征服对方,这将颠覆我们对传统战争

目的的认知。

二是战争方式发生重大改变。随着人工智能技术的加持，以自主集群消耗战、自主潜伏突击战、自主跨域机动战、自主认知控制战成为基本作战类型的自主并行作战，将成为智能化战争的典型作战样式。四种基本样式交叉混合运用，针对作战全要素全系统的自主并行作战将成为常态。人工智能的发展使战争出现"无人化"趋势，完全改变了以往攻防作战程序清晰、连贯性强的特点，使作战手段运用的非有序性、作战形式的非模式化等特点越来越突出，进而导致了在信息战中，敌方作战手段运用的规律、时机和方法，变得更加难以揣度，可能改写战争的定义；非国家行为体、恐怖组织甚至个人具备了与国家对抗的能力，将对"战争是政治的继续"产生冲击。

由于近年来各种商用和民用小型无人机在市场上呈现井喷式发展，恐怖分子能够轻易购得可在低空短距离内执行军事任务的小型无人机。这些商用无人机尽管容易被对方用各种手段打击，但低廉的价格和便利的供给渠道，仍使其成为恐怖分子青睐的"新式装备"，而数量优势也足以弥补其作战损失。同时，尽管这些无人机在航程、续航力和最大升限等关键指标上并不突出，但由于恐怖分子主要利用前者执行针对民众和轻步兵的自杀袭击和侦察，因此这些性能缺陷也不至于影响作战效能。在中东反恐战场上，各种型号、数量繁多的廉价小型无人机，被包括"伊斯兰国"在内的众多极端组织广泛采用。而这些被恐怖分子掌握的无人机，在战场上对美军和伊拉克政府军威胁巨大。根据美国五角大楼研究机构在伊拉克战场上对于伊政府军和美军参战人员的调查和访谈,这些长期在反恐一线战斗的军人普遍认为,无论伊政府军还是美军,都缺乏有效反制极端组织和其他恐怖组织小型无人机的能力。

二、战争的暴力本质特性没有变

战争本质未变。克劳塞维茨指出,战争无非就是扩大的搏斗。现代战争,一是空间扩大,扩展到太空、海洋、网络,核心是空间一体、能力一体;二是能力扩大,包含感知、指挥和打击等要素,核心是互联互通、深入智能。但战争本质没有变,目的是打垮对方,让对方服从自己的意志,最高境界是不战而屈人之兵。

未来智能化战争的制胜机理和作战思想,正在由歼灭敌有生力量向瘫痪敌作战体系转变,从军事哲学上讲,这是否改变了战争的暴力性呢? 未来战争是不是正在走向"慈化"呢? 对这些问题需要具体分析。可以肯定地回答,未来战争的暴力性不会改变。不管战争形态发生多大变化,但战争仍然是流血的政治,是政治集团之间的暴力对抗这一本质没有改变。暴力对抗是战争的质的规定性,是战争区别于其他事物的根本特征,如果失去了这点,就不叫战争了。之所以有人认为未来战争的暴力性将被改变,是因为很多人把暴力等同于杀戮,认为未来战争中的杀戮减少了,战争的暴力性就自然消失了。传统战争中,人与武器通常是紧密结合在一起的,人在战斗力就在。不消灭敌人,敌方军队就不会丧失战斗力。所以只有人被消灭了,敌方才会失去抵抗意志,才能服从己方意志。从这种意义上讲,暴力确实就是杀戮的代名词。但在未来战争中,暴力性不一定要通过杀戮来实现,暴力不等于杀戮。原因有两条:一是人与武器的分离。智能武器作为人的"替身"一旦被消灭了,接下来一方如果不放弃抵抗,就会被另一方的智能武器消灭。通过消灭敌方武器,而不用消灭敌人肉体,就可达到使敌方无力抵抗的目的。二是非致命武器的增多。随着武器威力控制技术的发展,以及新机理新概念武器的出现,使敌人丧失抵抗能力和抵抗意志的手段越来越多,可以很方便地选择非致命手段来实现战争目的。在以前的战争中,消灭敌人和保存自己是互为前提的。要想保存自己,就得消灭敌人,但要消灭敌人必须主动出击,又容易暴露自己,难于保存自己。过于强调保存自己实施消极防御,又会处处被动而无所作为,难以消灭敌人,最终会被敌人消灭。智能武器的出现,最大限度地解决了以往战争中既要消灭敌人,又要保存自己这一令人纠结的矛盾。人在后方遥控指挥机器人作战,可以在完全地保存自己的同时,有效地消灭敌人。

三、"人是决定战争胜负关键因素"的基本原理没有变

应正确认识战争的本质,以正确的态度看待和应对未来战争的深刻变化。智能化战争是信息化战争崭新的高级阶段,基础是基于人工智能技术的无人化自主作战。人工智能和军用机器人等先进技术,使武器装备具有自主战场感知、自主作战决策、自主规划计划、自主采取行动、自主协同配合、自主评估效果等"自主能力",成为脱离人直接操控或者遥控,又能与人密切协同行动,实现人的目的的"战争主体",是对以往战争形态和作战观念的一种颠覆性变革。所谓的"无人",主要是指战场一

线无人,作战平台无人,凡是能够用机器代替人的行动,都由机器充任和完成。人则"隐身"幕后,主要担任指挥员和参谋人员。因此,无论战争形态如何演变,人始终是智能化武器装备的发明者、制造者和运用者,是战争指导和作战力量不可替代的能动主体。①

四、智能化战争决策的迷雾不会消散

原有的战争决策迷雾将被新的战争决策迷雾替代。有人曾问阿尔法狗的设计总师:目前阿尔法狗达到了什么水平?其设计师无奈地表示,"我只知道它每天在进步,但我也不知道它现在达到什么水平,因为现在的深度学习是不可解释的"。现有研究表明,军事智能主要存在两个方面的不足:一是在高复杂、强对抗应用环境中存在明显的脆弱性,进而使人类质疑它们的可靠性;二是智能系统在给出判断结论时却不能解释为何作出这种选择,人类也难以完全信任它所作出的选择。这将在很长时间内困扰军事智能的应用发展。从更长远视角看,从更深层次上讲,我们在这里所面临的困境,实际上是由于智能的爆发性成长,使机器发展已经超过了人的理解力和控制力。不可否认,军事智能化的发展加速了信息处理分析能力,增强了战场态势感知能力,增加了战争的透明性。但目前人工智能,例如深度学习,是一种不可解释的人工智能。这种不可解释带来了风险。既增加了敌方的迷雾,也增加了敌方对战争

---

① 何雷:《智能化战争并不遥远》,《解放军报》2019 年 8 月 8 日。

不确定性信息理解运用的迷雾，同时也导致我方对其对策的预测将非常困难，从整体上看，原有的战争迷雾被新的人工智能战争迷雾替代。

第六章　智能化战争的作战指挥

如果武器改进了,技术有了新的进步,那么军事组织的形式、军队指挥的方法也会随着改变。①

——伏龙芝

富勒②认为:"战争的指导,就像医生给病人看病一样,是一门艺术。"智能化战争的作战指挥是战争指导的核心,也是联合作战的"龙头",强烈呼唤智能化战争联合作战指挥的创新。在理论研究上,还没有成体系的成果,也使得相应的实践难以快速、高效推进,从而制约了新质指挥能力的生成。可以说,研究智能化战争联合作战指挥问题,是我军面临的一项十分紧迫的时代性、战略性任务。这对于创新发展我军军事理论特别是智能化联合作战指挥理论、指导我军智能化联合作战指挥实践,具

———————————
① 参见苏联工农红军统帅,军事理论家伏龙芝的著作《伏龙芝选集》,莫斯科出版社 1977 年版。

② 约翰·弗雷德里克·查尔斯·富勒(1878—1966 年),英国军事理论家、军事史学家,装甲战理论的创始人之一。

有重大的现实意义。

纵观作战指挥的发展史,作战指挥活动随着时代的发展也在发生翻天覆地的变革。冷兵器时代,主要依靠将帅直接指挥;热兵器时代,主要是谋士辅助统帅指挥;机械化时代,主要是参谋部协助指挥员指挥;信息化时代,主要是指挥员和指挥机关依托指挥信息系统指挥;智能化时代,作战指挥将呈现新的表现形式。

目前主要的理论研究成果及观点包括:机器人军团是未来的重要军事力量,该军团的指挥控制也必然是智能化的。从当今科技现状出发,探究了机器人军团智能指挥的技术基础和重要发展方向,评述了智能指挥相关技术的内涵,并提出了当前军事技术工作的相关建议。《军队智能化指挥控制系统建设刍议》一文认为,指挥控制系统作为作战体系的中枢神经,其建设应主动适应新军事革命发展趋势和指挥体制改革调整,不断增强新兴科技成果的转化运用与核心技术的自主创新。在加快军事智能化发展的进程中,应抓紧筹划推进智能化战争作战指挥控制系统建设。《浅析智能化战争作战指挥》一文认为,智能化战争是信息化战争发展的高级阶段,基本标志是智能化、无人化武器平台在战场上的广泛应用。可以预见,在不久的将来,机器人部队自主作战、人与智能化武器平台并肩作战将成为现实。战争形态决定指挥方式,若要主导未来的智能化战争,须强化对智能化战争作战指挥的认知,探索智能化战争作战指挥的方法。

面对战争形态智能化加速演变,只有把握发展机遇,积极应对挑战,加快军事智能化发展,深入研究智能化战争联合作战指挥理论问题,指导锻造智能化作战能力加速生成,才能夺取智能化战争战略主动,从而打赢未来智能化战争。

第一节　智能化战争的作战指挥
特点与要求

柯林斯①认为:"统一指挥原则包括目的、行动和指挥的一致。它集中全部精力、手段以及物质上和精神上的各种活动,以求达到预期的目的。"智能化战争联合作战指挥是指联合作战指挥机构在智能化战争联合作战准备与实施过程中,运用智能化指挥手段,所进行的筹划组织与指挥控制活动。在智能化战争联合作战指挥活动中,大量工作由智能化指挥手段独立或为主完成,算法主导和智能自主分析判断特征明显。智能化是指大数据、云计算、移动互联网、机器学习等颠覆性新技术在某一个或多个方面的应用。智能一般具有感知能力、记忆能力、思维能力、学习能力、自适应能力及行为决策能力。智能化战争联合作战指挥是以提升智能化战争联合作战指挥能力为根本目的,运用多种智能化技术手段而开展的军事行动。

一、智能化战争作战指挥的主要特点

孙子认为:"故兵无常势,水无常形,能因故变化而取胜者,谓之神。"随着第五代移动通信、物联网、大数据、云计算等智能

---

① 迈克尔·柯林斯,爱尔兰革命家,被尊称为爱尔兰国父。

技术的迅猛发展及军事化运用,作战指挥方法也发生了重大的变化——大量运用智能化技术手段,强调跨域聚能、动态处置、突出"指挥云脑"的训练,构设智能化联合作战场景、有人无人广域分布联动作业。"大数据+智能"成为智能化战争作战指挥的鲜明特征。

一是智能化战争作战指挥的战场数据空前骤增。海量的战场数据是指挥员作出正确决策的基石,智能化战争的战场数据呈指数级增长。战场上各种传感器采集的海量数据已远超情报机构的承受能力,1 架无人机 1 天搜集的数据就需要若干名情报分析人员来处理。数据的融合挖掘、对战场态势的精确感知等问题,面临严峻的挑战,这就使得智能化战争的战略判断与决策指挥问题更加艰难和复杂。只有为各级指挥官和行动人员提供精准有用的数据支撑,获得最大限度的数据选择自由,指挥员才能抓住战机、抢占智能化战争制高点。

二是智能化战争作战指挥的体制机制矩阵交联。智能化作战指挥机制将发生革命性的变化。呈现出人机协同、分布控制,动态集结、多轴攻击,精确点杀、控域夺心的突出特点,"天、网、智"成为作战攻防的制高点,自主、跨域、分布式联合作战成为基本作战形式。

三是智能化战争作战指挥的决策流程优化高效。指挥员及指挥机构依托智能化指挥信息系统,能够更快研究分析以往实战案例中的指挥策略制定作战计划,通过智能算法与仿真技术不断推演、验证、更新、迭代,最终制定和确定行动计划。通过作战行动计划的知识表示、作战任务的网络化优化和作战计划的快速优化,不断完善指挥流程和行动流程,最大限度提高作战效能。

四是智能化战争作战指挥的武器平台高度智能。随着人工智能的发展,智能算法产生超越人类智能的数据分析、研判、决策和反应能力。在人工智能支持下,作战武器平台第一次具备不依靠人类,独立进行感知、识别、决策和打击的作战能力。只有赋予这些智能化武器系统最大的行动自由,才能充分发挥平台优势、挖掘平台潜力,才能在危机四伏的战场上抓住战机,迅速决策行动。

二、智能化战争作战指挥的基本要求

一是建立互信互融的三位一体指挥结构。指挥控制是军队作战的"中枢"和"神经",智能化将给作战指挥控制方式带来革命性变化。指挥决策方式将转向"人机融合",决策组成也随之转变为"指挥官—智能化指挥决策系统—高级参谋"三位一体新结构。任务式指挥要求各级要相互信任,而智能化战争作战指挥的三位一体结合,通过互融的智能化战争指挥决策系统共享数据、信息和决策,很好地解决了这一问题。

二是形成共体共识的人机交互决策能力。智能化战争作战决策,本质就是"人脑+智能机器系统"的深度融合,兼顾"定性+定量"的双重优势,基于物联网、大数据库和云计算平台的智能技术群支持,进行不同条件下量敌克敌的最优求解。智能化决策过程中,需全程不间断地调取人脑智慧信息,共融共生共驱,零散的干预式导入已无法满足要求。深度融合的智能决策共生体,由智能机器系统与指挥员的人脑、指挥机关的"外脑"形成,智能机器系统可感应人脑、"外脑"的思维想法,将其智慧融入求解运算,人脑也不间断接受智能机器系统生成的态势,思考迸发新的智慧指导,螺旋式渐进,最终形成最优决策结论。通过这个过程生成出来的最优决策,既能为智能机器系统理解,又能为人脑"外脑"掌握。基于共识与清晰的指挥官决策意图,就使得指挥客体能够在整体作战意图的引领下,充分、积极地发挥主动权。

三是采用任务式指挥赋予下级责权。任务式命令是指用于向下级强调应达成的结果而非达成结果的手段的指令。当人工智能技术从弱到强实现质的飞跃后,计算机将能进行跨领域的逻辑分析、概念整合、深入洞察及常识推断,从而能够在复杂多变的作战环境中,实现高度自主化与智能化的指挥控制。同时指挥官的角色将转变为战略设定者,他们只需明确任务目标、设定初始参数、规定最终效果及作战边界,其余的执行与调控工作将由智能化的指挥系统全权负责。

四是遵循智能自主原则进行任务规划。依据人机融合共生与交互的最优决策方案和战场实时信息,智能系统利用大数据、机器学习等技术算法,自主规划作战匹配任务并设计最佳行动方案。为确保行动的及时有效性,智能系统能够借助云计算平台的高效运算能力,根据战场实时态势变化,持续更新优化任务分配和行动方案,达成体系作战行动功能的耦合放大、同步联动。

五是合理慎重地考虑风险评估。在人机协同作战方式中,过度依赖人工智能无疑增强了指挥系统失控的风险性,这就如同把枪交付给了机器人,而当机器人不听从人类指挥时,枪口对准的对象将可能是战争中的任何一方。因此在智能化战争中,必须合理评估使用人工智能带来的危险,必须将人置于主体地位,保证人类指挥员对系统的控制权。人需要对系统的运行进行监督管理、指导仲裁、应急处置,预留"启停"系统的干预接口,保留"开火权",随时准备接管智能化指挥信息系统的指挥权,并建立应急预警机制与意外发生时的后台程序。

相比信息化战争,智能化战争作战空间更广、参战人员装备类别更多、作战行动突发性更强、节奏更快、样式更多,对作战指挥控制提出更高要求,反应时间要求更短、指挥流程更加高效快捷、指挥决策水平更高,指挥员及指挥机关必须紧盯"侦、控、打、评"关键指挥环节,充分发挥指挥员和智能化指挥信息系统的互补优势,运用智能化指挥手段,提高情报获取、指挥控制、作战行动、战场评估的智能化水平,使指挥体系更趋于扁平化自组织、全维战场态势感知向深度认知拓展、筹划决策向人机融合指挥决策转变、协调控制向跨越精度融合联动发展、效能评估更追求迭代增效,实现对战场信息、资源、能量精准控制,将指挥优势转化为行动优势,从而夺取战争主动权。

第二节 智能化战争的指挥主体对象与手段

智能化战争作战指挥变革,始于作战指挥主体、指挥对象、指挥手段发生变革。

一、指挥主体

指挥主体构成上向"人机一体"二元结构转变,配置上渐向战场一线延伸。历史地看,作为作战指挥重要因素,指挥主体组成及配置固然随着战争演变而不断变化,但囿于技术发展和指挥稳定性要求,指挥主体以人为主、配置位置相对居后的特点一直没有发生根本性变化。冷兵器战争时期指挥主体是首领个人,通常居于阵中位置,不与敌直接厮杀。热兵器战争时期指挥主体是"统帅+谋士"组成的指挥机构,通常位于敌直接打击兵器距离之外。机械化战争时期指挥主体是"指挥员+司令部"组成的指挥机构,通常居于一梯队之后相对安全位置。信息化战争时期指挥主体仍然是指挥员及其指挥机构,配置位置同样相对靠后。上述不同战争时期,虽然指挥主体组织形式有所不同,但本质上是由单一"人"组成。然而,智能化战争时期,指挥主体结构将发生根本性变化,指挥主体不再是由单一的人构成,而是由人和具有智能化指挥控制功能的机器一体融合、共同构成。随着以深度学习、精细感知为代表的人工智能技术发展,具有智能化指挥控制功能的机器完全可以代替人,对特定条件下无人潜航器、无人值守地面传感器、地面无人作战平台、无人飞行器等无人化、智能化作战平台行使作战指挥权,履行指挥主体职责,有智能化指挥控制功能的机器不可避免地挤入指挥主体内部,成为指挥主体新成员,人机一体成为指挥主体组织结构发展变化的必然。为满足作战指挥需求,具有智能化指挥控制功能的机器配置位置也不断向作战一线前移。

2015年12月俄军整编机器人作战连攻坚战初现端倪,10台"平台-M"型履带式战斗机器人和"暗语"型轮式战斗机器人、3辆"洋槐"自行火炮、3架无人机在"仙女座-D"指控系统的指挥下,击毙击伤"ISIS"成员一百余名。作为此次作战的指挥主体,"仙女座-D"指控系统完全与机器人一起实施一线指挥。当然,需要说明的是指挥主体向作战一线前移,并不代表指挥主体所有成员均是如此,而是智能化机器前移,作为最终主导者的人仍然居于相对安全的后方位置实施指挥,这也是指挥稳定性内在要求。

二、指挥对象

指挥对象与作战平台集成一体。作为被指挥对象,与指挥主体一样,智能技术对指挥对象同样产生着影响,这就使得智能化战争作战指挥对象在其构成上与指挥主体变化具有同向性,同样由单一人的一元结构向人机一体二元结构转变,这当然也是由指挥主体与指挥对象相对性所决定的。即是说,某一级指挥机构,从某一层次看是指挥主体,从另外一层次看却又是指挥对象。比如,营级指挥机构相对于所属连级分队是指挥主体,而相对于军级指挥机构,却又是指挥对象。然而,与指挥主体不同的是,最低级别的指挥对象嵌入作战平台内部,与作战平台融为一体,成为集侦察、通信、决策、打击等功能于一体的智能化作战平台。从这个意义上说,美军"智能斩首"苏莱曼尼所使用的MQ-9"死神"无人机即是这样一种指挥对象。同样的,俄军在叙利亚战场上所投入的机器人作战连所配备的各种战斗机器人、无人机就属于指挥对象。这在智能化战争以前是不可想象的。在此之前,任何一个非智能化作战平台都不能称之指挥对象,而只能称之为作战平台,因为它不具备任何指挥控制功能。从配置位置上看,指挥对象中的"人"仍然处于作战一线后方相对安全位置,而具有智能化指挥控制功能的指挥对象则与作战平台集成一体,直接位于战场一线与敌交战。

三、指挥手段

指挥手段是实施指挥的基本手段,是作战指挥变革最基本的物质基础,是科学技术作用于作战指挥最基本的途径。相对于指挥主体、指挥对象的主观性,指挥手段对作战指挥影响具有不以人的意志为转移的客观性,因而也是作战指挥发展史断代的基本依据,将作战指挥发展划分为以简单视听信号器材为工具、以文书和视听信号器材为工具、以电讯器材为主要工具、以指挥自动化器材为工具、以基于网络信息体系为主要工具五个历史时期即证明了这一点。人工智能技术发展,也必然为指挥手段注入智能化因子,具备智能化特征的指挥信息系统将成为未来智能化战争主要指挥手段。智能化条件下,"云+端"指挥信息系统、战场物联网、多元异构形态的网络信息体系将改变指挥手段。各级指挥机构和操作员在智能化网络上共享战场态势,共同决策,作战系统全要素联合行动,指挥控制更灵活。

第三节　智能化战争的作战指挥
原则与筹划

指挥官精湛的指挥技巧,让战斗局势瞬间逆转。当前,以人工智能、生物基因、微纳材料、新能源技术为代表的颠覆性技术异军突起,广泛渗透运用于军事领域,形成战争行为认知智能、跨域作战群体智能、人机协同混合智能等科技前沿,对智能化战争原则和体系产生深远影响。

一、智能化战争指挥原则

乔治·凯南认为:"原则是行为的准则,但不是绝对准则"。指挥手段是军队指挥活动不可或缺的基本物质条件,是辅助指挥人员进行侦察、通信和决策,达到调度、控制军队的工具。不同形态的战争对指挥手段的需求也不尽相同。智能化战争的指挥对象、武器平台、战场环境等都发生了重大变化,对指挥手段提出了新的更高要求,应积极探索与之相适应的功能,提高作战指挥的智能化水平。

一是基于效果的任务规划。围绕作战效果,以作战行动为核心,指挥员和指挥机关将侦察预警、指挥控制、火力打击、综合保障等进行量化。以人机结合的方式制定打击目标,分解行动任务,分解指标,武器平台自主侦察、判断、打击、评估。

二是精细计算的定量决策。排除精神意志等可变因素的影响,确定具体打击目标清单,依托智能辅助决策系统自主建模,量化打击能力,精确计算所需各类武器、弹药的类型、数量,减轻保障负担,提高作战效率。

三是依托智能的编码指挥。改变传统的电话、电台等指挥手段,依托智能化指挥系统,将不同作战命令进行统一编码,利用标准化的代码向所属智能作战平台实时下达指令,实现人员与武器的无缝链接,从而提高指挥效率。

二、智能化战争指挥筹划

智能化战争指挥筹划是指挥员及指挥机构依托智能化指挥信息系统,为实现作战意图和战略决心,对人机协同作战进行的一系列运筹、谋划和设计。将智能化手段科学地运用到作战指挥筹划中,精准分析战场态势,合理规划行动任务,必然会大幅提高作战筹划的效率和效果。

一是增强作战指挥筹划时效性。现代战争条件下,战场态势瞬息万变,作战节奏明显加快。智能化手段基于大数据、人工智能等新一代信息技术,能够对作战指挥筹划的全过程提供近乎实时的智力支持,帮助指挥机构在信息繁杂的现代战场上快速、有效地做出判断和决策。从近几场世界局部战争来看,利用智能化手段有助于在较短的时间内推演出最适合的作战方案,缩短作战筹划周期,极大地提高作战筹划的效力,为赢得战争主动权争取宝贵的时间。

二是提升作战指挥筹划精确性。未来战争的作战场景复杂多变,海量的信息成为新迷雾。通过智能手段整合仿真系统、评估方法及各类库,精确计算作战指挥全过程,提升指挥机构分析态势、研判趋势、规划行动的能力，提高筹划精确性，大幅提升联合作战质量。伊拉克战争中，美军精确制导武器使用量超90%，迅速摧毁伊军主要目标。精准作战行动往往是通过智能化手段在精算、细算、深算基础上精准筹划实现的，只有这样才能把握住战争的胜算。

三是凸显作战指挥筹划科学性。在智能化辅助决策系统的支持下，指挥机构利用计算机模型模拟人脑思维，融合神经网络、专家系统、深度学习等技术，通过作战仿真、推演、评估及可视化展现，计算作战力量需求、分析优选战法行动、模拟推演作战方案并评估效果。实验验证作战方案与计划，优化后形成最终方案。也可在多个备选方案中，通过智能化手段复盘验证，优选最佳方案。伊拉克战争前，美军以伊军为假想敌进行了代号为"内窥-03"的大规模计算机模拟演习，演习结果与后来的实际战争结果高度相似，被认为是第二次海湾战争的彩排，这就是科学筹划的必然结果。可见，智能化手段已成为作战指挥筹划的必要工具。

智能化作战指挥筹划将由"靠直觉筹划"经"靠数据筹划"向"靠智慧筹划"转变。快节奏和高复杂度决策战争环境下，人机"共谋"的指挥机构，机器"参谋"将主要承担各种高难度、超负荷"计算"任务，指挥员则聚焦设局造势、施计用谋等"算计"工作，自主可控智能系统可在无输入或弱干预情况下超越人类思维开创崭新策略，构成人机系统的边缘计算节点和末端决策实体，可由人脑—机脑接驳形成高适应性接口环境，发挥作战体系黏合剂的作用。

第四节　智能化战争的作战指挥
方式与流程

　　智能化战争作战指挥方式是智能化作战中指挥者与指挥对象之间发生关系、进行职权分配与运用的方法和形式。智能化战争作战指挥方式的选择和运用正确与否，直接关系到作战指挥质量和效率的高低，甚至影响作战的成败。在当今军事领域，计算机已代替了指挥员和参谋人员的部分脑力劳动，并且已经多次实战检验。

一、智能化战争作战指挥方式

（一）深度联合的指挥

　　现代战争强调"内聚外联、以聚胜散"的联合制胜。随着国防和军队改革的深化，"联"的难题将有效解决。然而，深度"联"的问题越发突显，尤其是作战领域向新型空间拓展，特别是"三无战争"和大国博弈"混合战争"等新形态战争的出现，联合作战的内涵、外延、时空发生深刻变化，实现深度联合仍任重道远。

　　着力培养"联"的思维素质，核心是凝聚理念认同、驾驭联合"马车"，提高政略高度领悟战略意图、抓住战略目的把握战役枢纽、围绕战役重心部署战役战斗行动的能力。重视从作战思想、作战指导、作战理念等方面解决"脖子以上"的问题，从初级指挥院校、"官之初"就抓联的素质、练联的内容，在备战实践中培养磨砺战略思维、信息素养、联合技能、应对能力和谋划水平。

着力构建"联"的作战体系,核心是向一体化聚焦、向战术层次延伸,使各作战要素、作战单元、作战系统融合一体,形成跨空间、跨地域、跨级别、跨建制的全方位优势互补。打破同一军兵种的专业和建制单位界线,逐级编组连规模攻击队、营规模联合战斗群、旅规模联合战术兵团,推动联合战役向联合战术战斗延伸。

着力完善"联"的配套条件,核心是同网支撑、平战一体,重视从系统标准、数据接口、技术规范入手打通纵向贯通至武器平台、横向链接诸军兵种的信息链路。从完善基于共性的个性规则入手建立统一规范、紧贴实战、便于执行的联合作战指挥、协同和保障制度机制,从强化相互信任、相互依靠、相互支持的联战意识入手发展先进联合文化。

(二)趋于离散的指挥

作战指挥系统是敌对双方首选的打击目标,作战指挥将面临全方位、多方式、软硬结合的精确打击和干扰破坏,制胜机理在于护己瘫敌、以明压盲。谁能在战场上更好地保存作战指挥系统,进而实现稳定不间断指挥,谁就能赢得体系对抗的主动权。

信息化智能化作战指挥是基于离散配置、分布式决策、交互式指控的"一张图",各层级指挥形成同步分析判断、互动研究,同层级指挥所指挥编组功能可替化,赋权指挥。各中心部门和指挥要素基于网状指挥体系和通信节点,实现异地同步接收和拟制命令。作战指挥系统抗毁抗扰、容灾备份、快速恢复能力增强。

更加精确的指挥。精确作战要求精确指挥,制胜机理在于以精制粗。打仗是一项复杂的系统工程,信息化战场充满前所未有的不确定性,要在大立体、非接触、体系对抗的博弈中做到精确指挥并不容易,仅靠指挥员和指挥机关的谋划、作业、控制难免百密一疏。要在以人为中心、充分发挥人的决定性作用的前提下,用好现代科学手段的模拟、分析、辅助等功能,以"人—机—网"一体化互动来增强精确指挥效能。

因此,要建立"人脑+电脑"的互补决策模式,用电脑最大限度真实模拟战场环境,最大限度剔除人脑决策的主观因素,论证完善作战方案计划的可行性,增强可靠性。要采取"手工+系统"的交互作业方式,重视人机优势互补和发挥指挥信息系统的智能化作用,精算敌我优劣对比,精确描述决策指令,用系统弥补指参人员的惯性和"惰性",使作战行动建立在量化分析的基础之上。要运用"话音+系统"的指挥控制手段,人工动态控制与系统自适应控制相结合,精细化调控作战力量、时间、空间、信息、目标和进程,实现动态聚能、精确释能。

(三)重在应变的指挥

"灵活"是作战指挥的灵魂,是指挥艺术的最高境界。现代战争几乎双向透明,隐蔽行动企图难,制胜机理在于快速应变、以快吃慢,要求实施"快速到终端"的灵活指挥,瞬间交战、"秒杀"制敌在战场上夺取"制时间权",进而带来意想不到的非对称优势。然而,实现灵活快速指挥并非易事,要求必须先敌感知、先敌决策、先机制敌。

把快速获情分析作为万事优先。强化"侦察为先"理念，完善联侦联情机制，加强诸军兵种组网侦察，发展运用看得更清、听得更远、传得更快、甄别更准的新型力量手段，提高情报信息流程的智能化程度，实现实时、近实时获取和判准对手的意图、预警、目标、态势等情报，以比敌更快的信息优势增大打赢胜算。

把快速临机决策作为制胜核心。区分信息类型及重要程度，规范"要素—中心—指挥员"三级决策处置模式，用果断正确决策、临机快速破局来主导己方作战力量，对"时敏目标"实施"时敏释能"，把快速调控行动作为胜负较量。发挥信息系统深度融合优势，简层次，压路径，挖功能，缩指令，实现快速对多维空间、多元力量的动态调控。

（四）基于数据的指挥

信息化智能化战争呈现的是一个数字化战场，打仗就是打数据，制胜在于融网共享、优胜劣败。因此，打赢信息化智能化局部战争，必须高度重视数据库建设。如果说指挥信息系统是体系作战的血脉，作战数据则是血脉中流动的血液，缺少了它，作战体系就会成为"空壳""空转"，基于信息系统的作战指挥也就成了无源之水、无本之木。从当前部队建用情况看，数据融网运用、交互共享等难题尚未有效解决，依靠数据指挥打胜仗还有很长的路要走。

加强数据库建设，重在确定建设标准、统一标准规范、优化软件功能、完善环境支撑，解决"一数多源"、融网共享难的问题。运用数据库资源，重在融入作战值班、训练演习、应急处突和遂行非战争军事行动任务中,互动用、反复用、强制用,提高平战一体运用水平。维护管理数据库,重在强化平时采集录入、动态更新、实时保鲜和战时采报、传输、运行,建立完善智能化程度较高的作战数据安全监管体系,确保常态有序、规范高效、安全运行。

(五)淡化层级的指挥

现代战争是平台作战、体系支撑下的复杂行动,其关键在于大体系下的精兵作战。这类行动通常具有战略意义,要求高度的战略决策和战术执行力。例如,美军击毙本·拉登的行动,表面上是少数特种兵和直升机的行动,但实际上背后有庞大的卫星、航母舰队和军事基地的支撑,以及总部的全程指导。这展示了现代战争的多维性和立体性。展望未来,随着人工智能技术的发展,智能化战争将成为主流,机器主战、算法支撑、极限作战和联合制胜将成为常态,而指挥方式也将更加灵活,淡化层级、直达末端的指挥方式将更加普遍。

二、智能化战争作战指挥流程

在智能化战争进程中,当侦察监视部队发现目标,信息传到指挥脑中,信息处理部队利用信息与知识优势迅速分析判明目标情况,相应的信息知识再发到指挥脑中,作战任务部队据此展开高效作战推演实验,得出有效的应对手段,并通过指挥脑发送到一线作战部队,以消灭敌方目标。① 作战指挥员及其指挥机

---

① 胡剑文:《智能化作战指挥形态有啥特点》,《解放军报》2019 年 10 月 8 日。

关将依托人工智能技术对相关情报信息进行理解分析、计算处理、分发利用，从而实现指挥流程高效快捷。它是双方指挥人员和指挥系统的一种智力对抗，其关键在于指挥链路一体化、指挥系统智能化程度的高低。因此，应着眼实现指挥主体与指挥系统、人脑与电脑的优势互补，使指挥流程在人工智能的支持下"提速增值"，实现真正的作战指挥智能化。

一是智能化的情报信息处理流程。发挥智能化情报侦察系统的作用，要在运用好传统的眼看、手写、笔算、口报等作业方式的同时，向自动识别战场环境和自动获取、传递、处理情报信息，实现人、机有机结合的方式转变。建立纵贯战略、战役、战术三级，横连各军兵种智能化情报处理系统，运用云计算、大数据技术对繁杂的情报信息进行系统筛选、分类处理，迅速选择关键情报信息，并依托"专家系统"，加以比对验证，形成战场态势图，为定下决心提供依据。

二是智能化的辅助决策指挥流程。依托联合作战综合数据库、战场地理信息系统、人机交互的决策支持系统和指挥建模体系，实现指挥员的主观判断与定量分析、实时反馈的有机结合。军事专家系统则借助人工智能技术的支持，将指挥员的知识和作战指挥经验加以程序化存入计算机，弥补人类自身难以克服的弱点，并根据战场态势对作战行动进行演绎、归纳、推理、预测，完善决策手段，优化决策过程，提高指挥员利用智能化决策的水平。同时，注重发挥智囊团的辅助决策作用，对指挥决策提供某些专业方面的建议，对决策进行评估，并进行"专家会诊"，在有限时间内最大限度地保证指挥决策的科学性和合理性,提高决策效率。

三是智能化的精准控制协调流程。智能化作战控制协调流程,是指挥机构根据作战决心、作战计划和战场实际情况,对诸军兵种参战力量下达指令、跟踪反馈、态势分析、纠偏调控等一系列指挥活动的过程。在作战中,指挥员要在接近实时的要求下对战局作出判断、修正决心、跟踪调控、精确评估,仅靠人力和经验难以适应快速多变的智能化战争,应依托指挥信息网络,实现指挥系统和指挥手段的一体化,实施自主式控制协调,形成"传感器—智能化处理平台—武器系统"的无缝链接,实现快速同步决策和实时精确控制。

未来作战流程掌控将从精确控制转变到动态调节。"前沿廉价无人装备+中台解算识别系统+后台判读评估人员"的组合既可快速识别、定位目标,更能智能筛选、区分高价值目标;智能化协调控制使各个分域方向、各种参战力量、各类攻防行动及各阶段作战流程有效衔接;虚拟增强现实、态势实时共享和数据并发链路等的运用,可使指挥员"身临其境"般通视、研判和掌控作战进程。指挥员可借助趋势追踪系统、打击评估模型和效应扩散算法,精准预测战局,合理趋利避害,综合调控作战流程和效果。

第五节　智能化战争的任务式指挥与运用

任务式指挥来自德语,起源于 18 世纪的普鲁士军队,德军用其描述"任务式命令":上级通过简洁的命令向下级明确任务和意图,不规定完成任务的具体方法,最大限度地赋予下级在总任务范围内行使自主决策权、自由采取行动的空间。根据西方或工业时代的战术原则,进攻方对防守方的兵力优势必须达到3∶1以上才能确保击败敌人,但是德军在"地利、人和"不如敌人、"天时、兵力"与敌基本相等的情况下,取得了几乎完美的胜利。德军认为其成功更多的是依靠无形的领导力和先进的思想,而不是人员和物质的数量。自19世纪70年代以来,美国陆军与许多其他国家陆军都试图理解任务式指挥,并将其纳入自己的文化,最初却没有成功。自从美国成为世界唯一超级大国,美军对任务式指挥备加推崇,不断在各种战争形态和实践中反思和完善。美军认为"任务式指挥是塑造高素质军官队伍,打赢未来战争的实际需要",应该用任务式指挥理念武装军官。

乌克兰危机中,乌克兰的分布式任务式作战指挥受到关注。"元星座"系统、"德尔塔"战场态势感知系统、"情报众筹"APP、"阿尔塔"炮兵地理信息系统、"荨麻"智能火控系统APP、"星链"系统等结合起来,催生了"派单式"作战的形成。据乌官员介绍,"德尔塔"系统每天可确认1500个俄军目标,并在48小时内支持"消灭数百个目标",在赫尔松反击战期间,每天消灭400—600个目标。乌军炮兵采取不一样的作战方式,炮兵从炮连变成了单炮,多门火炮分散在战场不同角落,接到命令时根据距离、弹速、弹道的不同,错时向目标开火。俄军反炮兵雷达找不到那些有价值的"炮群",只能看到一些只发射过几枚炮弹后就消失的单炮炮组。这是乌军炮兵的"派单式"分布式打击新战法。

一、任务式指挥的概念内涵

任务式指挥主要是指明确作战意图、作战指导和作战任务，不规定完成任务具体行动方法的指挥理念和指挥方式。任务式指挥是一个宽泛的概念，是一种关于战争本质的理论，它包含了战争角色和领导特征、战术、指挥控制、高级部署关系以及教育训练等方面，是全面的作战方法。要充分理解任务式指挥的内涵，需要从源头上理解其真谛：一方面，任务式指挥可以更快速地采取行动，"更快"不仅是指单纯物理速度上的快，更是做出更好的决策，通过及时有效的决策从而对敌形成速度上的优势。德军是通过创新先进的领导培养方式达到了上述目的，而技术只是辅助领导更好更有效决策的工具。另一方面，任务式指挥概念下需要通过创新先进的领导培养方式，培养成功行动所需要的军官和士兵，这对于理解一支成功的军队需要培育何种文化非常关键。

智能化战争作战任务式指挥，是指在智能化作战行动中，各级指挥员或者指挥体使用任务式命令行使权力和提供指导，以便下一级指挥员或者指挥体及部属能够根据其意图灵敏反应、灵活应变。智能化作战中全域战场波诡云谲、瞬息万变，这就需要各级指挥员或者指挥体临机决策并果断行动。

智能化战争任务式指挥的内涵：首先，各级指挥员或者指挥体下达任务式指令，其指挥中心聚集作战目标，上级指挥员（指挥体）应尽可能少地对下级指挥员（指挥体）进行过细过繁琐的调控，给部属以最大程度的行动自由。其次，上级应给予必要的指挥资源,比如将"作战云大脑"使用权限更大限度地下放给下级,以便更好地完成作战任务。再次,智能化战争作战任务式指挥并不排斥必要的指挥调度。各级指挥者应依据军事专家系统、智能辅助决策系统快速决策,及时适度地对部属进行调控。

通过智能系统的共同理解,形成动态响应、行动敏捷的控制能力。在智能化作战中,智能化的作战力量可以利用类似人的视觉、听觉等感知功能的高敏复合传感器,对任务目标实施持续跟踪探测,并将所得到的信息数据与智能系统提供的信息数据进行快速比对,进行终端的信息数据融合、分析判断和优化比较,形成作战单元对作战目标的优化行动方案,辅助指挥员决策,并自主地展开实施相应作战行动。①

对战争不确定性的认识,就是任务式指挥的哲学基础。克劳塞维茨奠定了任务式指挥的思想基础:(1)战争是充满不确定性的领域,指挥官必须接受并随时准备克服和利用这种不确定性,而不是只顾追求不切实际的确定性。(2)计划必须充分考虑战争的不确定性,计划只能规定作战的主要轮廓,过分复杂和详尽的计划是有害的。(3)战争中的阻力或不确定性,只能在战斗过程中通过正确的指挥解决,这需要及时下定决心并果断采取行动。(4)部队在分散行动时,并不需要经常保持协调一致,而是通过各部分积极的、独立的作战达成整体效果。(5)部队离统帅越远,下级指挥官的重要性和独立性就越大。

以德国近代军事之父老毛奇为代表,德军在德意志统一战

①　潘金桥、陶荣平、浦振兴:《探析智能化作战任务式指挥》,光明网,2021 年 7 月 16 日。

争中完善了任务式指挥思想:(1)任何作战计划在与敌主力遭遇后都难以保持有效,只有外行才相信能事先对战役全部过程作相应规划,并能不做任何改变地把最初观念推进到底。(2)命令不要超过绝对必要的内容,以防计划超出对形势的预见。战争形势变化非常快,命令很少能对作战实施长期且详细的预见。(3)指挥官的职位越高,给下级的命令应当越简短、越宏观。(4)如果一个指挥官下达的命令过多,那些无条件履行的责任,就只能部分完成或者根本不能完成,因为大量次要的事务以及需要现场决定的事情会蒙蔽下属的双眼。(5)书面和口头命令越多,越会让下级误解上级的意图,并限制下级的主动性。各级要在自己的职权范围内保持决策和行动自由。(6)传达指导而不是为下级的独立决策提供遵循。(7)至关重要的是让下级理解作战目的,尔后努力实现。(8)上级和下级指挥官在脑海中形成的关于整个战场态势的图景越相似,命令就越容易被正确理解,各部分之间的配合也就越好。(9)如果指挥官一味等待命令,就会错失有利态势。

二、任务式指挥的主要动因与核心要点

一是任务式指挥的主要动因。第一,能够有效应对空前扩大的战场数据量。智能化作战战场数据呈指数级增长。战场上各种传感器采集的海量数据已远超情报部门承受能力,数据融合挖掘、分析判断处理、战场态势精确感知等遇到了前所未有的挑战,使得作战问题更加复杂和不确定。因此支撑各级指挥官和部属行动的战场数据尤为重要。科索沃战争中北约指挥 3.8

万多架次飞行任务,没有系统的支持单靠人工指挥是不可能完成的。战机从不同机场、不同方向、不同高度、不同时间对南联盟进行协调一致的打击。智能化战场上需要在全维空间协调多军(兵)种作战力量和复杂的武器系统,离不开先进智能计算机的支持。建立智能化的指挥控制机制,实施任务式指挥,是提高指挥效能的必由之路。第二,能够充分发挥智能化武器平台的作用。智能化武器平台日益成为战斗力生成引擎。随着人工智能的发展,智能算法产生超越人类智能的数据分析、研判、决策和反应能力。在人工智能支持下,作战武器平台的优势,包括远超人体生理限制的高机动性、无孔不入的突防能力、以"天"计数的长时间持续行动能力等,赋予智能化武器前所未有的能力。只有赋予这些智能化武器系统最大的行动自由,才能充分发挥平台优势、挖掘平台潜力,才能在危机四伏的战场上抓住战机,迅速决策行动。在此时,战斗员成为战局的"监控者"。第三,能够合理优化决策流程。智能化战争指挥员及其机关通过 AI 对情报进行理解、计算、分发,实现指挥流程高效运转。双方指挥人员和系统高度依赖一体化智能化的指挥链路进行智力对抗。指挥官及部属通过智能化系统沟通,建立对作战态势的理解,消除误解,同步参与决策,优化决策流程,提高指挥效率与质量。实现指挥主体与系统、人脑与电脑的最佳结合,使指挥流程在 AI 支持下"增值",实现智能化指挥。

二是任务式指挥的核心要点。主要是建立互信互融的指挥结构,赋予下级责权的任务式命令,发挥主观能动性,智能自主设计任务规划,科学评估风险。通过智能系统的共同理解,形成动态响应、行动敏捷的控制能力。在智能化作战中,智能化的作战力量可以利用类似人的视觉、听觉等感知功能的高敏复合传感器,对任务目标实施持续跟踪探测,并将所得到的信息数据与智能系统提供的信息数据快速比对,进行终端的信息数据融合、分析判断和优化比较,形成作战单元对作战目标的优化行动方案,辅助指挥员决策,并自主地展开实施相应作战行动。

三、任务式指挥的总体要求与文化培育

一是美军联合作战任务式指挥要求。美军地面联合作战认为:联合地面作战趋向于分散化,任务式指挥是首选指挥控制方法。成功的任务式指挥要求下属各级部队的领导者发扬主动性,积极和独立地采取行动以完成任务。下达任务式命令时,使用明确无误的通信,将多数决心交付给下属,并把具体控制减至最少。命令的重点是行动的目的,而不是如何遂行受领任务的细节,其根本是深入认识和理解上级指挥员的意图,以及相互信任和理解的指挥氛围。当分散实施联合地面作战并依赖于任务式指挥时,必须计划好联合作战的协调,考虑到执行这些计划所需的程序、措施和资源(时间)。在此情况下,指挥官和参谋机构必须预计和确认联合支援要求,在作战行动或部队部门之间进行优先级排序,并与其他受影响的组成部队进行广泛的协调。美军海上联合作战认为:任务式指挥是通过分散化执行任务命令来实施军事行动。按照取胜要求,指挥官们下达任务式命令,命令不是如何执行所受任务的细节,而是按权限指派给下属,进行最少的具体控制,让下属充分发挥主动性并根据对指挥官意

图的理解进行决策,而不是进行不断的沟通。美空中联合作战认为:任务式指挥是根据任务式命令,分散实施军事行动,它是指挥与控制职能的关键组成部分。其目的是让下属在战术层次上发挥灵活性和主动性,从而最好地完成任务。鉴于联合空中作战及其独特的速度、距离和灵活性等特点,要求采用一种均衡的指挥与控制方法:最好的就是集中控制和分散实施。

二是任务式指挥文化的培育。任务式指挥思想无法依靠单一的教学模式来讲授,必须在基础教育初期将其融入所有的教育训练之中,融入军事生活的方方面面,融入军队承担的一切行动任务中。美军认为培育任务式指挥文化,必须找出并正视改革面临的诸多体制羁绊并加以认真评估,尔后对其实施改革。培育任务式指挥的人事体制应当是分散的,人们应有足够的空间来实施自我的职业管理。一切以质量为优先,只有高质量的领导者和高素质的人员才能执行任务式指挥。这种体制主要建立在信任之上,没有信任,任务式指挥是不可能实现的,信任链条的建立、培育和文化氛围的形成需要一定的时间来培养和训练。军官队伍规模的缩小有利于军官素质的提升,积极选择并培养军队领导者是任务式指挥成功的关键。知识是决策的基础,使军官知道如何行动;知识也是上下级和同级信任的主要来源。独立性也和决策相关,指挥官是需要做决策的人,需要一定的独立性,不能指望他人告诉做什么和何时做,同时独立性还能确保一个军官有效处理不确定因素,并作出可行的决策。战争是意志的较量,面对残酷的战场环境,光有独立性无法保证战斗意志,责任感也尤为重要。责任感是支持坚守阵地的动力所在,德军《联合作战领导手册》强调：领导者最可贵的素质就是愿意承担责任。当陷入困境，周围所有人都陷入绝望时，责任感会发挥作用力，能够使军官在残酷的战场环境克服凶险变得坚韧。每个军人采取主观能动性的自由以及培育这种特质的文化，被视为提高战斗力的关键。在与上级失去联系的情况下，指挥官有权采取其认为恰当的行动，而不是原地待命，直到恢复联系。这种积极的思维方式有利于把握战机，夺取局部胜利。

四、任务式指挥的作战运用

任务式指挥，旨在提高指挥效率，发挥指战员主观能动性，兼具集中指挥权威性和分散指挥灵活性的优长。用好用活任务式指挥，需在四个方面有所突破。

一是决策认知突出依网交互。任务式指挥的前提是各级指挥员形成共同作战认知，对作战目标、作战原则等有共同理解，方能在战场上实现自主协同、高效配合，从而作战能量得到最大释放。要善于采集数据，基于网络信息体系，建立分布式侦察网，收集陆、海、空、天、电、网等不同节点探测的信号，进行初始量化，建立数据库；要重组数据信息，依托边缘计算、云计算等技术侦测数据，采取人机协作的方式进行融合筛选，组合成为对指挥员有用的信息；要构建知识图谱，对所筛选信息，通过各级指挥员及指挥机关的经验、实践、研究，形成有价值的知识图谱；要实现共同理解，对所分析的知识图谱进行共享学习，构建"数据—信息—知识—理解"的认知回路，夯实任务式指挥基础。

二是指挥模式突出统分结合。任务式指挥是集中指挥和分散指挥的结合体,在指挥过程中既有集中指挥统一决策性,又有分散指挥灵机应变性。在实施任务式指挥时应注重吸取集中指挥和分散指挥优长。注重发挥集中指挥"统"的功能,只明确作战意图、讲清作战指导、赋予作战任务,并对作战中人员、补给、财务、军需、装备、网络、信息和时间等力量和资源进行科学测算、统一调配。注重发挥分散指挥"活"的功能,上级指挥员不明确完成任务的具体方法,由下级指挥员自主进行作战设计、定下作战决心、筹划力量部署、组织作战保障。只要下级在作战筹划、作战实施中不违反作战指导基本原则要求,上级指挥员不宜事事过问。

三是战场控制突出跨域协作。现代作战无战不联,因此运用任务式指挥方式时,要注重跨域协调多方力量,建立跨域式协调机制,实现多域联动的作战能力。要注重打破军兵种壁垒,实现军兵种间深度融合,将联合训练由战略战役层逐步向战术技术层面下移,不仅在网系构建上实现交链,更在指挥理念、作战思维上实现耦合。要注重跨域学习研究,任务式指挥发挥各级指挥员主观能动性,这对指挥员指挥素养、专业知识等提出高要求,现代作战专业门类很多,指挥员不仅要熟知本领域作战力量如何编组、运用,更要加强跨领域专业知识学习。

四是作战协同突出任务主导。在实施任务式指挥时,各级在作战全程高度关注任务进展情况,以任务为主轴实施作战协同,指挥员要改变以往以时间为轴组织协同的方法,围绕任务展开协同。要强化以任务为中心的情况研判,在分析敌我情报、战场环境的基础上,围绕作战命令展开规定完成的任务、隐含完成的任务、完成任务的限制条件、完成任务的关键行动、完成任务的风险点分析;强化以任务为中心的行动研究,围绕任务初始点、任务关键点、任务终结点,确定支撑各领域作战行动的力量、资源等,并对行动中的风险进行分析研判。智能化战争场景中的任务式指挥在本·拉登被斩首、苏莱曼尼与核科学家被暗杀、乌克兰危机战前美俄战略欺骗与认知对抗、乌克兰的分布式"派单式"作战、无人机改变俄乌冲突作战、分布式集群化多模态跨海攻击、跨域 OODA 闭环的智能化作战指挥试验、Palantir的人工智能国防平台 AIP 等案例中得到了充分的运用。

五、美军任务式指挥的启示

剥开美西方军队任务式指挥的内涵,会惊人地发现:任务式指挥的精髓要求与我军倡导的军事指挥文化在很多地方非常一致:突出强调责任(信仰)、主动性、信任(信念)、独立性、战场态势(大局观)。与我军指挥文化的基础与任务式指挥如出一辙,只是表述不同。从我军土地革命战争时期的反"围剿"作战,抗日战争时期的敌后游击战,解放战争时期的运动战,抗美援朝战争期间的阵地战、阻击战中,都可以看作我军"任务式指挥"艺术的巅峰之作。与美军相似,新时期我军以战区联合作战指挥解决多军种横向联合指挥问题,多层级的纵向指挥在现实中有任务式、细节式、训导式多种形态。面向军事力量走出去、多域联合作战的现实需求,"战区联合+任务式指挥"对于提高战斗力有着明显的优势;这也对军人素质、知识、观念、能力有着新的时代特征要求,如何在境外、高技术环境、多域陌生空间培养和锻造新型作战指挥力量,将我军指挥控制优良传统发扬光大,还需要思想文化、体制机制、现实操作上的磨合。

当前,人工智能和无人技术的突飞猛进带来新潜力的同时,也给当今任务部队的指挥方式实施提出了新的要求。要发挥高新技术作用,探索 AI 与无人技术在任务式指挥中的深度应用,推动指挥系统升级,探索具有我军特色、适应时代发展的指挥方式。同时,培训相关人员,提升素养和技能,降低新技术认知负荷,助力履职尽责。

第六节　智能化战争的作战指挥与技术支撑

美军在作战行动的过程中,非常注重采用科学的方法及先进手段,发挥前沿技术的支撑作用,确保作战行动的顺利进行,有力地保证了指挥决策的科学性。可见,智能化技术手段已成为联合作战指挥的必要工具。

一、智能化战争的作战指挥技术支撑

（一）智能化决策筹划技术

智能化决策筹划技术是支撑获取决策优势的关键,利用知识工程、信息智能检索、平行仿真等技术,按照指挥员意图,快速进行任务分析筹划、决策预案制定、作战计划验证优化和动态调整、作战行动智能规划等,创造性地延伸指挥员的指挥决策艺术,实现决策的快速性和精准性,提高作战决策的质量效益。其主要涉及以下技术:

作战任务智能分析技术。传统战争条件下,信息处理任务重、速度慢,指挥员通常通过简单计算,依靠自己的经验,经过定性分析就作出决策判断。现代战争条件下,战场态势瞬息万变,作战节奏明显加快,有利战机稍纵即逝。及时把握住战机,迅速指挥决策,就能拥有快速行动的优势,赢得战争的主动权。过去的信息处理方法速度较慢,已经不能完全适应现代化战争的要求,因此,运用智能化手段来提升信息情报处理的速度,并辅助指挥员决策的作战需求越来越强烈。这就要求联合作战指挥机构立足复杂形势,快速分析战场态势,迅速制定作战方案,及时推演和评估方案,适时调整和优化方案,有效执行作战计划。①

随着战争的复杂性和不确定性增强,作战资源智能规划技术使敌情研判、打击目标选择和行动路线规划水平大大提升。美军在"震慑行动"中动用大量武器,飞机达两千多架次,从多个基地起飞,五个航母战斗群实施导弹攻击。精准作战成为战争趋势之一。

作战行动智能规划技术。是运用计算机模型模拟人脑思维活动,将神经网络、专家系统、深度学习等技术运用到分析战争复杂巨系统中,通过作战仿真、模拟推演、评估论证、可视化展现等过程,进行作战力量需求计算、战法行动分析优选、作战方案模拟推演及作战效果分析评估,这是对筹划作战方案的实验验证,及时形成最优作战方案。

---

① 吴蕾:《增强联合作战筹划智能化应用》,《解放军报》2020 年 9 月 24 日。

（二）智能化行动控制技术

智能化行动控制技术是支撑获取行动优势的关键。未来智能化作战,多类无人系统和无人装备间的高度自组织协同作战以及有人系统与无人系统之间的互信协同作战,将成为达成行动优势的主要途径。其中主要涉及以下技术:

智能化临机处置技术。在智能感知方面,采用智能传感与组网技术,广泛快速部署各类智能感知节点,面向任务主动协同探测,构建透明可见的数字化作战环境;依托数据挖掘、知识图谱等技术,开展多源情报融合、战场情况研判等方面的智能化处理,拨开战争迷雾,透析敌作战意图,预测战局发展。在智能决策方面,通过构建作战模型规则,以精算、细算、深算和专家推理方式,辅助指挥员在战略、战役、战术等多级筹划规划和临机处置中实现快速决策;运用机器学习、神经网络等技术打造"指挥大脑",从谋局布势、方略筹划、战局掌控等方面学习运用战争规律和指挥艺术,以机器智能拓展指挥员智慧。在智能交互方面,综合利用特征识别、语义理解、虚拟增强现实、全息触摸、脑机接口等智能交互技术,归纳分析指挥人员行为特征,构建全息投影数字沙盘、沉浸式战场感知指挥、穿戴式智能设备等新型人机交互环境,为指挥员感知战场、掌控战局提供智能化手段支撑。① 随着智能化技术的不断成熟应用,未来很有可能出现机器系统自主实施作战控制的现象。智能化无人系统通过自主学习、模仿甚至超越人类思维规则,主动与战场环境、作战态势、情

① 邹力:《智能化作战应"化"在哪里》,《解放军报》2019 年 1 月 24 日。

报信息进行深度交互,在没有人类干预的情况下,独立自主完成行动规划、决策评估、调控行动等控制活动。而人类在大部分情况下,只是扮演能够随时按下"启动"或"停止"键的"仲裁人"角色。

作战行动自主生成技术。智能化机器系统基于筹划阶段决心方案和作战计划,自主感知战场态势变化,自主研判对比目前态势与理想态势之间的差距,智能化调整作战行动,自动对兵力运用、打击目标、行动路径、协同方式以及资源保障进行重新规划设计,这将极大地提高作战控制的效率。据外军试验,采用自主智能化规划系统,空中行动作战规划将从每次 40—50 人花费12 小时,改变为只需 1 小时之内就可完成。

作战方案自主优选技术。智能机器系统根据作战意图,利用大数据、高性能计算及神经网络等智能化技术,通过作战智能博弈工具,模拟并评估多套自主设计的作战方案,预测敌方行动,并自动筛选出最优方案。这种智能化自主优选的优势,在围棋 AI"阿尔法狗"连胜世界大师的比赛中已得到充分体现。

作战单元自主协同技术。智能化机器系统依据作战方案和行动计划,基于同一作战目标,通过共享态势信息、优化作战编组、建立协同关系等活动,自主确定作战协同内容和方法,同步组织并实时调控各类作战力量、各种作战行动、各个作战空间,实现整个作战体系行动的协调一致、高效有序。不难想象,智能自主控制将以其智能化计算、智能化认知、智能化响应、智能化协同等优势主导未来战场。尽管在现阶段这更多还只是预测和构想,但是在作战控制中不断解放指挥人员的大脑和肢体,正是一直以来作战指挥变革孜孜以求的一个目标。

有人与无人平台智能协同技术。在人机协同方面，依托天地一体信息网络、自组网和协同交互技术，打通人机交互链路，建立"人为主导、机器协助、混合编组、联合行动"的有人—无人协作体系，实现高契合度协同作战。在自主行动方面，依托任务规划、分布计算和智能组网技术，发展适应性强、编组灵活的无人作战系统及集群编队技术，智能调整运动姿态、行进路线、火力运用、能源分配和自愈自毁等策略，拓展作战空间，避免人员伤亡。

二、智能化战争的作战指挥系统支撑

智能化战争作战指挥信息系统，集军事智能、大数据、物联网、云计算等先进信息技术于一体，是链接各级各类指挥所的"桥梁"，也是贯通作战指挥链路的"战场信息网"，通过智能化的一张张"网"可以高效聚合作战指挥能力。2020 年发生的纳卡冲突，阿塞拜疆军队通过"有人与无人协同作战系统"的网聚效应，实现对 TB2 攻击无人机、哈比无人机等的远程遥控指挥，成功突破亚美尼亚 S300 防空系统，大量杀伤亚方地面力量，初步展现了有人—无人协同作战指挥的巨大威力。

一是智能化指挥信息系统升级。智能技术在战场感知、指挥决策和人机交互等方面深度运用，是指挥信息系统的智能化、作战指挥手段实现跃升、形成决策优势的关键。未来战争，战场空间空前扩展、战争要素极大丰富、对抗节奏明显加快、作战体系动态变化，迫切需要大力研发军事智能化发展。

二是智能化指挥信息系统基础平台建设。打造分布式云平台,主要是采取分布式系统架构和多点容错灾备机制,构建集"汇集、整编、存储、分析、分发、推送"于一体的数据信息资源智能化管理系统,目的是拆除信息"烟囱",避免重复建设,加速作战保障指挥扁平化、网络化。升级信息网络,天基通信网络要加快推进"5G通信+卫星导航"基础能力融合,实现统一时空基准下作战指挥态势的精准实时感知;移动通信网络要充分借鉴世界先进技术经验,加快"认知无线电技术+自组网"技术军事应用,以期在作战指挥行动过程中能够自动识别电子干扰、环境障碍等相关通信威胁,智能寻找"频谱空穴"资源,保持复杂电磁环境下通信联络畅通,为智能化作战指挥寻求新的通信技术路径,加强信息网络复合化、多样化建设,增强网络抗干扰、抗毁伤能力。研发应用终端,优先研发高性能、高集成度、低功耗终端处理器,前移信息处理关口,支撑作战指挥终端采集的各类文本、图表、音视频等异构格式数据融合分析;重点推进以"无人为主、集群保障"为特征的分布式部署、平行化交互的终端节点建设,提前布局未来智能化战争中的作战指挥体系;综合运用多种网系防御技术手段,提升作战指挥终端自适应能力和安全防护水平。

三是智能化指挥信息系统标准化设计。指挥数据标准化。指挥数据是支撑作战指挥高效运行的首要条件。为达成智能化网聚效应,应按一体化技术体制,对数据采集与录入、数据存储、数据发布、数据格式以及操作软件等进行标准化处理,统一诸军兵种间的交互语言,保证他们的信息能够相互对接和认可。指挥内容标准化。着眼智能化技术对指挥信息系统的支撑,通过统一指挥内容标准,使各级指挥员可以更快的速度接收、处理、分析和产生数据;突出"人机"结合后指挥内容的标准化,以通用态势图为主,图文表结合,强调文书模板自主匹配与支持;为便于存储、传输、处理和分发,节约传输带宽,诸军兵种指挥所应使用相同指令短语统一计划、命令等指挥内容格式。指挥程序标准化。结构决定功能,现行的指挥程序仍然复杂繁琐,不利于指挥员高效开展指挥活动。适应基于网络信息体系作战指挥需要,对指挥所经常性的指挥活动和参谋作业工作如拟制作战方案等进行具体、明确的规定;要以条令条例的形式,规范作战中涉及诸军兵种协同关系复杂的指挥工作;对程式化的作战行动程序如指挥控制行动等进行标准规范,形成统一的标准程序。

第七章 创新智能化战争的军事训练模式

一支缺乏战术训练的部队,将不得不以在作战过程中付出不必要的代价来补课。①

——朱可夫

军事训练是生成和提高战斗力的基本途径,是最直接的军事斗争准备。训练的基本原则是:战争需要什么就训练什么。当前,战争形态正加速向智能化方向发展,要求我们在重视继承发扬优良训练传统的同时,积极顺势而变。智能化战争新质战斗力生成模式发生改变。机械化战争时代的战斗力生成是叠加模式,信息化战争时代的战斗力生成是倍增模式,智能化战争时代的战斗力生成是指数模式。

智能化军事训练是未来战争的预演,是最直接的军事斗争准备,发展智能化军事训练是打赢未来智能化战争的基本途径。

① 参见苏联杰出的军事家、战略家,苏联元帅朱可夫的著作《回忆与思考》,解放军出版社 2003 年版。

推动智能化军事训练创新发展,必须适应智能化发展趋势,把握智能化战争基本特点规律,创新智能化训练支撑技术,研发智能化训练系统,培养智能化训练人才队伍,推动军队智能化水平整体提升。本章节以智能化战争训练为研究对象,重点研究智能化战争训练"是什么""怎么训""如何发展"三方面的问题。其中的"怎么训",是研究的重点。智能化战争训练的定位:立足今天,运用"智能化";展望明天,提出"新需求"。前者为重点。即:着眼于培养未来智能化战争联合作战指挥人才,满足近期联合作战训练实践需求,融入初级智能化元素,牵引智能指挥手段建设,战区为主、多层多域联动,带有部分智能化战争特色的训练。

第一节　智能化战争的军事训练要素与机制

智能化战争重塑了军事训练大纲的体系结构。新时代军事训练要适应"军委管总、战区主战、军种主建"新格局,按照"三位一体"新型军事人才培养体系,遵循战略训练、战区联合训练、军兵种部队训练、单个人员训练规律,纵向按战斗力生成路径区分层级,横向按编制实体和遂行任务需要区分类别,形成新的体系架构,实现各层次、各领域和各类人员的全面覆盖、有机衔接。①

---

① 梁蓬飞:《努力开创新时代军事训练新局面》,《解放军报》2018 年 2 月 1 日。

一、智能化战争的军事训练要素

智能化战争军事训练,是以提升智能化战争作战能力为根本目的,以联合作战指挥人员为训练对象,运用多种智能化手段而开展的军事训练。其根本目的是提升智能化战争作战能力。训练对象是指联合作战人员。主要研究联合作战指挥机构的指挥人员、参谋人员及其他参战人员。作战手段是以大数据、云计算、移动互联网、机器学习等智能化技术为支撑的智能化手段。作战范畴作为一种军事实践活动,属于军事训练的范畴。军事训练要素,是军事训练得以存在与发展的必要因素。通常包括组训者、受训者、训练内容、训练方法和训练环境五大要素。智能化时代,战斗力要素构成模式由"(人+知识)+武器"向"(人+知识)+(武器+知识)"转变,智能化训练的基本要素正在发生新的重大变化。

一是训练主体发生变化。智能化武器装备和信息系统将全面参与到训练实践中,同时承担组训者、受训者角色。训练组织模式将由传统的"人训人",变为"机器人训机器人""机器人训人""人训机器人"等多种模式。智能机器人主要承担体能、技能等基础内容的组训任务,人员将主要承担更高级的战术内容组训任务。

二是训练内容发生变化。以人机协同作战训练为核心,人员训练和智能机器人训练并行展开。人员训练,重在提高智能化决策能力,以智能化思维、智能化技能、智能化指挥等内容为重点,按照基础训练、技术训练、战术训练逐步升级。智能机器人训练,重在提高智能化行动能力,以作战规则、环境适应、容错纠偏等内容为重点,按照单机深度学习、多机融合训练、集群自适应训练逐步升级。人机协同作战训练,重在提高部队整体作战能力,以单级多要素协同训练、多级多要素协同训练、跨级多要素协同训练为重点。[①]

三是训练方法发生变化。分布虚拟式训练将成为智能化训练的基本形式。人工智能与虚拟现实、大数据、无线通信等技术相融合,构建虚拟化智能化训练环境,将为军事训练提供更广阔的战场空间、更逼真的战场环境、更自由的训练时间、更多样的训练方式、更便捷的训练手段。

四是训练环境发生变化。通过把新的传感技术、人工智能技术和虚拟现实(VR)、增强现实(AR)、混合现实(MR)技术相结合,广泛嵌入强化学习、深度学习、机器人学习等先进技术,构建高度沉浸式虚拟战场环境、人机融合且虚实互动的训练系统以及虚拟化、模拟化、高仿真的装备模拟训练系统等超现实虚拟战场综合训练环境,辅助进行作战训练。美国陆军目前采用LVC集成训练环境,该环境融合实兵训练(Live)、模拟训练(Virtual)、构造仿真训练(Constructive)和军事游戏于一体,把室内训练的指挥员、参谋人员和野外训练的士兵以及各兵种模拟器材集成在同一任务环境中,构建近似实战的智能化联合作战仿真训练环境,为指挥员、参谋人员和士兵提供复杂可靠、智能导控、能反映实际作战复杂特性的训练环境。

---

① 洪镜涛:《关注智能化训练的变与不变》,《解放军报》2020 年 12 月 8 日。

二、智能化战争的军事训练机制

军事训练机制是构建智能化军事训练体系的核心问题,其关键在于围绕"需求论证—计划统筹—组织实施—考核评估—成果转化"各个环节进行智能化升级改造,重塑那些不相适应的训练运行规则、流程和方式,以提升训练质效。[1] 智能化战争军事训练机制是以联为纲、联战联训的体系练兵,是信息主导、智能牵引的科技练兵,是依法治训、精细管理的高效练兵,必须抓住训练转型路径枢纽持续聚焦用力。

一是智能化需求生成机制。坚持以战领训基本原则,按照"方案—任务—能力—课目—评估"路径,构建需求生成模型,建立具有我军特色的智能化作战需求生成机制。在解决战与训融合这个源头问题上下功夫,走实"研究战争—设计战争—演练战争—战争检验"闭合回路,做到以战领训与以训促战相统一,让战场直通练兵场,让练兵场直面战场。[2] 在联合层面,作战方案直接生成任务列表,训练大纲转化为具体课目,依据部队实际情况选择关键训练内容,任务需求明确对象条件,指挥关系指导支援力量课目确定。在军兵种层面,基于关键训练课目,军种战役训练任务得以明确,战术训练课题随之确定,实现从联合到军种、从任务到课目的需求精准对接。

---

[1] 王吉山:《找准构建新型军事训练体系的着力点》,《解放军报》2020年12月15日。

[2] 训必实:《加快构建新型军事训练体系》,《解放军报》2021年1月7日。

二是智能化计划统筹机制。依据战备需求与战斗力标准，智能规划全军军事训练计划，确保从联合到军种、从战略到战术的全方位覆盖。强化任务对接，精准调配兵力、时间和资源，优先保障应急与联合训练。和平时期，构建贴近实战的训练环境，使部队在激烈对抗中体验战争残酷，不断磨砺战胜敌人的策略与技能。着眼未来智能化战场显著特征，构建陆海空天等多维攻防的复杂战场环境，打造与使命任务相匹配的典型作战场景，切实做到仗怎么打、兵怎么练、条件就怎么建。①

三是智能化训练考核评估机制。依据部队类型和任务，建立智能化标准化训练考评指标体系和人机结合的训练考评队伍，突出任务完成度、指挥实现率、训练效费比评判训练成效，实现以人工为主考评向以人工智能系统为主考评转变，最大限度排除人为主观因素干扰，确保以明确的系统化、精细化、数据化考评代替模糊概略的定性考评或粗略分散的定量考评。例如，当前人工智能大语言模型可以用于创建和管理在线军事教育和培训课程，提供定制化学习体验和自动评估。

四是智能化训练成果转化机制。健全训练成果的智能转化与应用体系，采用信息技术手段全面记录训练数据；借助数据挖掘工具，辅助训练者深入剖析训练中的问题所在；通过军事信息网络构建全军训练经验共享平台，推动训练成果的有效转化与共享。

---

① 训必实：《加快构建新型军事训练体系》，《解放军报》2021 年 1 月 7 日。

第二节　智能化战争的军事训练内容与方法

训练内容和方法是展开实战化训练和有效促进战斗力生成的核心关键。智能化时代,军事训练应着眼智能化战争新要求新特点,基于制胜机理新变化、多域联合新形态和作战力量新构成,突出人员的思维能力训练、人与机器的融合训练以及智能条件下的拓展训练等,最终实现人机智能聚效。

一、智能化战争的军事训练的任务与内容

智能化战争军事训练的任务与内容是智能化战争军事训练的核心内容,地位作用重要。其主要任务包括以下五个方面:提升智能化战争指挥能力、检验完善智能化战争方案、创新智能化战争训练理论、健全智能化战争训练机构、完善智能化战争训练手段。

智能化战争训练的主要内容,可从不同的角度区分,从而可形成不同的内容体系。如基础训练、专项训练、综合演练;指挥活动训练、指挥保障训练、指挥手段运用训练;理论研究、指挥要素训练、指挥流程推演、联合指挥演练;部队训练与院校教育;等等。不论哪种区分,都要着眼智能化战争指挥能力提升,突出智能化指挥活动和手段运用的训练内容。智能化战争指挥活动,主要包括联合情况掌握、联合筹划组织、联合指挥控制等。智能化战争指挥训练内容,应能基于指挥流程,突出重点内容,紧贴实战、精细规范,具有标准化、清单化、通用化之特点。包括训练

课题、训练课目和训练条件标准诸要素。这些要素,可形成标准化、清单化、通用化的训练科目和内容。

平时,可建立智能化战争指挥训练通用科目库。智能化战争指挥训练通用科目库,包括课题库、课目库和条件库、标准库。

重点内容包括:联合情况掌握训练、联合筹划组织训练、联合指挥控制训练、智能化指挥手段运用训练、基于智能化指挥手段的指挥流程训练。训练内容构设方法主要是:基于使命任务构设训练课题、基于能力分析设置训练课目、基于方案设计确定条件标准。

科学确定智能化战争指挥训练内容。依据上级指示、本级任务和上一周期训练评估结果等情况,从指挥训练通用科目中,选择必须训练的若干个课目(必训课目),作为智能化战争指挥训练的内容。选择必训课目时,通常应选择上级明确要求的课目、本级规划明确的年度重点课目,以及上一周期评估未达标的课目,以突出训练重点,提高训练效益。训练内容更新与管理主要包括:科学有序滚动更新、运用先进手段管理。

智能化时代,军事训练内容应当瞄准提升部队打赢智能化战争能力的战略高度总体设置,紧紧围绕人类、机器、人机融合智能化训练的战略高度探索智能化战争训练内容,也可以划分为:

一是人类智能化训练。古往今来,以谋略与战法运用为代表的智能始终是战争中的重要制胜因素,而智能化时代中智能对于战争的影响力远胜于以往。智能的核心作用在于促进信息优势向认知优势的转化,并在此基础上进一步转化为决策与行动优势,全面精确高效驱动作战体系能量,通过精准释放实现作战效能倍增。要提升人类智能水平,一是应当通过教育使受训者了解云计算、大数据、人工智能等驱动人类进入智能化时代的科学技术基础知识,提升对科学技术的理解力。二是应当通过训练使受训者树立智能化战争理念,形成智能化思维,培养人机智能一体化作战意识。三是可以通过人类与智能化机器进行指挥对抗的方式进一步培养提升人类指挥艺术与谋略水平。随着科技的发展,远程化、精确化、小型化、大规模的机器人将成为智能化战争的主角。由于机器人兼具智能性与机器性,相比于人类,在任何环境中始终拥有冷静的思维、极强的执行力,与以往战争形态中人类之间的对抗方式存在本质区别,因而应当培养受训者在战场上应对智能化武器的能力。①

二是机器智能化训练。以人类智慧为内容的机器自主训练。人工智能的核心技术是机器学习技术。本质上是基于硬件方面强大存储与运算能力的机器学习算法设计。算法可以设计,但数据的积累和算法的优化存在一个过程,这个过程其实就是机器自主学习与训练的过程。AlphaGo 尽管功能强大,在起始阶段依然需要自主学习人类棋谱,同理可知,未来装备部队的各类智能化武器装备甚至整个无人作战体系同样需要时间进行自主学习训练,通过学习人类知识经验,不断积累数据并进行算法优化,以提升战斗力。

从零起步的机器自主训练。从人类的认知规律来看,人类

---

① 王行自:《推动军事训练智能化发展》,《中国社会科学报》2018 年 2 月 1 日。

的学习训练过程常常是以试对为基础的,即教练员直接教授受训者正确的理论与技能。而从当前机器的感知技术原理来看,机器往往是通过强大的存储与运算能力,首先通过大量探索不断试错,并在此基础上不断修正反馈以找到正确路径。AlphaGo Zero 从零开始自我训练,仅仅三天便打败了从学习人类棋谱起步的 AlphaGo,这表明了机器从自身的学习训练规律出发,可能会发现人类所无法发现的事物规律,而人类亦可以向机器学习,从而超越自身的局限性,达到突破战斗力瓶颈的效果。

三是人机智能融合训练。智能操控训练。智能化战争中,机器人尽管具有较强的自主决策与行动能力,但人类依然在战争中起主导作用,因此战争本质上是人类智能宏观监管与操控的机器人直接参与对抗的战争。而人类通过智能对智能化武器装备进行操控的能力水平,将直接影响操控对象作战效能的发挥,所以应当通过开展人机操控训练,提升人类对智能化武器装备的智能操控能力。融合指挥训练。智能化战争中,人与机器两者之间将能够实现功能的动态分配共享,功能角色能够互换与流动。在指挥决策中,智能化指挥系统能够自主形成对战场态势的感知,自动标识作战编成的实体分布,并对战场全局态势作出判断评估,为人类指挥决策提供强大支撑。应当通过开展人机融合式指挥训练,促进人类智能与机器智能在指挥层面的融合,最大限度提升指挥效益。

训练内容是促进战斗力提高的重中之重,具有智能化特征的军事训练可以显著提升训练效果,因此充实智能化训练内容尤为关键。充实智能化训练内容应从以下三个方面着手。

以智能对抗为着眼点。具有智能化特征的信息化战争更加注重借助大数据、云计算和人工智能等先进科技,双方交战追求"智高一等""技高一等"。新时代军事训练应突出智能对抗,推动"以人员经验为中心"的指挥控制向"以数据模型为中心"的智能化决策转变,促进体系对抗由系统集成联通、平台性能比拼和物理力量摧毁向系统智能灵敏、人机高效协同和灵活自主作战转变。

以跨域联动为切入点。非线式机动作战是信息化战争联合作战的主要形式,多域作战力量将在更广阔的领域、更大的战场空间同步展开跨域攻防行动。新时代军事训练的内容应突出多域联合作战背景,以机动作战为基本方式,基于智能要素与作战能力之间的映射关系,突出先进科技应用、突出多域要素联动、突出跨域机动攻防,加速生成备战打仗新质作战能力。

以新型力量为发力点。新型作战力量规模比例的大幅增加使得作战力量体系得到重塑新生。新时代军事训练需要主动适应智能无人作战演变趋势,加速融入无人作战平台遥控作战、有人—无人协同作战和多平台集群自主行动等训练内容,紧贴新型作战力量的作用方式、能力要求和装备特性等,以效能释放为抓手深研战法创新。

二、创新发展基于人工智能的军事训练模式与方法

智能化战争训练的主要模式:智能在线训练(基础理论与战法研究)、虚拟现实训练、平行空间训练、要素融合式训练、智能蓝军对抗训练、智能参谋辅助决策训练。

　　训练方法是连接训练内容与训练目标的桥梁。随着颠覆性技术在军事训练中的应用,低效的传统训练方式逐渐被淘汰。而基于前沿技术的创新训练方法,已成为提升军队战斗力的关键途径,开启了军事训练的新时代。

　　一是分布式训练。网络技术的快速发展,分布式训练取代基地化演训成为军事训练的主要方式,从根本上解决演训周期长、耗费大、风险高、参演兵力装备有限、仿真实战难,以及有些力量依赖天候、场地等弊端,使大规模演训在同一背景、同一战场态势、同一作战想定下的虚拟环境下同步实施。

　　分布式虚拟训练是应对新冠疫情挑战的正常解决方案。它可以根据需要开展训练,使作战人员可以在不同的地方——从舒适的客厅沙发,到军事基地或者部署地点——进行单兵和集体技能训练。事实上,许多虚拟训练解决方案已经在运用,或者正在开发之中。

　　目前军队借助桌面课堂训练,可以满足教育训练早期阶段中相当一部分单兵训练的需求。从 AH-64"阿帕奇"直升机到 P-8A"海神"飞机,桌面训练应用程序都能为作战人员提供针对该系统的独特洞察力。基于计算机的训练游戏能帮助潜艇艇员提前熟悉自己即将被派遣执行任务的潜艇的内部构造,形成心理图像。新的训练项目,例如美国空军的"飞行员未来训练"项目或者陆军的"航空兵未来训练"项目,将新兴的虚拟现实和现实增强技术与商业现货供应系统相结合,以开发低保真度模拟器,可用于任何地点、任何时间的训练。

　　集体训练需求的虚拟解决方案同样存在——从任务准备到

任务演习。《虚拟空间战场3》是一款多人操作的战场虚拟仿真系统,用户可以针对单兵、班组、团队、排级和连级集体作战任务进行训练。用户进入虚拟和不断变化的领域,可以映射当前或未来的作战环境。美国陆军的"合成训练环境"计划聚焦于开发即插即用型辅助设备,使驻扎在不同地点的士兵只需使用一个网络插件即可连接到共同的合成训练环境之中。例如,在不同地点的士兵可以进行M1"艾布拉姆斯"主战坦克的班组操作,他们的作战身份都是虚拟复制的。同样,连接低保真模拟器,就像"飞行员未来训练"项目具备的功能,可使那些分散部署在世界各地的飞行员感觉战友就在身边——不管他们是在训练加油还是空战。网络系统——例如美国空军的分布式任务作战网络——支持这些联接,模拟平台无论实际位置在哪里,都可以互相联接,甚至包括与潜在的盟友。能够从这些虚拟解决方案中获益的不仅仅是一线作战人员。那些承担后勤、维护、医疗保障、情报、网络战和许多其他领域任务的人员,同样可以使用虚拟训练应用程序。

二是仿真式训练。综合运用人工智能、大数据、物联网、VR/AR(虚拟现实/增强现实)技术和可穿戴设备,为受训部队搭建一个极为逼真的战争虚拟环境,让官兵完全沉浸其中开展训练,从而最大限度贴近实战,实现从决策模拟到火力打击、从单兵行动到作战系统整体联运的全面仿真,在提升训练效益的同时,还能减少训练伤并节省训练费用。随着增强现实技术水平的不断提高,军事仿真也逐渐驶入发展"快车道",在装备建设、军事演习、作战训练与后勤保障等领域相继取得重要进展。

尤其是近年来虚拟现实和增强现实技术的快速发展,能将计算机生成的虚拟图像实时、动态地融合到人体所能感知到的真实环境中,运用虚拟现实的沉浸、构想和交互特点,打破现实世界对人类认知在时空上的限制,在训练中呈现出逼真的多维战场环境。运用智能导控技术,研发可根据作战态势或导调的需要,智能化设置训练条件、反复进行回合式步进推演,能够支持"人在回路""人不在回路"和"人工干预"等多种推演模式的智能化训练系统,让受训者在虚拟的战场环境下,既可以指挥虚拟部队、驾驶或操纵虚拟装备,还可以与虚拟敌人在人工创设的虚拟战场环境进行交战,并可以由智能化训练系统计算确定作战消耗和伤亡,从而锻炼参训人员判断决策能力、指挥控制能力和实装操作技能。

沉浸式技术正是虚拟现实和增强现实技术发展的最新成果。借助头盔式或盔甲式显示设备,沉浸式技术能将用户的视觉和听觉封闭起来,产生虚拟的视听效果。同时,沉浸式技术借助数据手套为用户提供虚拟的触觉感官,通过语音识别器为用户提供一个可以替代真实环境的理想模型。美军目前正在研发的"士兵构建情报系统"训练保障项目,就是想通过提供设备、模拟器与仿真建模等服务,更好地辅助开展军事情报训练。

与传统的静态沙盘和作战地图相比,沉浸式军事训练系统不受场地限制,能在参战官兵眼前呈现出包含网络、电磁等跨空间的立体动态场景,从而提供一种身临其境的"现场感"。以沉浸式数字单兵虚拟体验系统为例,它能为士兵提供包含山地、丛林、沙漠等场景在内的沉浸式虚拟战场环境,参加训练的士兵只需携带各种传感设备,选择不同的战场环境和任务方案,就能在系统中体验到实战训练的效果。在这样的沉浸式训练系统中,导调人员可以临机设置不同的战场环境和突发情况,训练结束后回放观察训练过程,从而推动军事训练向实战化和信息化靠拢。①

沉浸式军事训练在提高实战效果的同时,也显著降低了训练中的安全风险,并且具有显著的成本效益。据专家预测,随着沉浸式技术的持续进步,未来5至10年内,沉浸式军事训练的应用将大幅增加。近年来,美国已经成功研发并应用了多款先进的沉浸式军事训练系统,有效推动了美军军事训练的发展。

三是自主式训练。人工智能、无人化、智能化技术在军事领域中的物化,将导致"专家主导、官兵操演""兵团对阵"的演训方式走向终结。无人机、无人坦克、无人舰艇、纳米机器人等智能化装备自主协同演训,让武器装备、作战体系自主训练成为现实。自主式训练是贯穿智能化装备活动全程的一条主线。训练内容的设计,应当兼顾人员与智能系统的特点优势,构建与未来智能化装备需求相适应的自主训练内容体系。

自主式训练立足智能化装备,指挥"人机一体""授权分工""无人自主"等不同指挥编组模式,围绕情况判断、定下决心、拟制方案等训练内容,重点强化指挥人员在资源调配、关系协调、力量布势等方面的认知训练,推动智能系统在态势分析、需求预计、方案推演等方面的运筹训练,促进两者在自主训练中衍生更

---

① 张瑷敏:《让未来战场扑面而来》,《解放军报》2019年4月7日。

高层次的融合智能形态。借鉴外军智能系统的训练经验,围绕自主判别装备故障、精确预测器材需求、快速拟制维修计划等保障业务设计训练内容。重点拓展人员对智能系统构成、算法运作机理、装备故障模式的了解与掌握,提升智能化思维认知水平;不断优化失效模型、推理算法,重点提升智能系统对特殊故障模式的判别能力和实时物资需求的预测精度。立足智能化装备体系信息主导的特点,重点针对网络入侵、电磁干扰、通信阻断等网电空间的新型威胁,创新设计防卫训练内容。突出智能系统对网电攻击的自主探测、告警与溯源能力训练,同时强化与保障人员抢修维护、快速转场、备份切换等训练内容的信息衔接,形成集"藏、防、打、走"于一体的智能化装备防卫能力。[1]

四是智能协同训练。协同训练是军兵种之间和部队、分队之间按照统一计划进行的协调作战行动的训练。部队训练的重点,分为技术、战术、战役和战略协同训练。目的是提高诸军兵种、部队协调一致的整体作战能力。

突出智能化协同训练。智能化行动的本质是自主化作战,其关键是无人平台的自主协同和人机之间的密切协同。一是加强平台智能协同训练。智能化无人作战平台组网更加便捷、协调更加灵敏、行动更加自主的特性,强力改变着作战力量结构和运用方式,正在向多平台编组行动和多群组协同行动发展。虽然无人作战平台事先输入了行动程序,但也离不开大样本自主协同训练实验,从而不断优化行动规则、行动路线和行动方式。

---

① 陈云雷、崔向华:《如何抓好智能化装备保障训练》,《解放军报》2020年8月25日。

二是加强人机协同行动训练。智能化作战在一些关键地域、关键阶段,往往是人与无人作战平台同时行动。鉴于无人平台通常是按照既定程序开展行动,因此应不断强化人的主观能动性,加强人与无人平台的自主协同训练,掌握无人作战平台行动特点和人机协同训练规律,达成人与无人平台行动的无缝对接。三是加强网络电磁空间协同行动训练。智能化作战主要依赖于网络和信息传输链路。电子干扰、电磁欺骗、网络攻防等网络电磁空间的行动,如果协同不好,将不同程度地影响智能化装备系统作战效能的发挥。因此,应加大网络电磁空间协同行动训练,强化各种作战行动的自主协同,避免网络电磁空间对智能系统的干扰破坏。

协同训练是对前期单项技能的检验,通过协同训练,能够深刻感受到阵地射击指挥时各个岗位之间配合的重要性。一个分队作战,只有团结在一起,紧紧拧成一股绳,才能形成最强的战斗力。

五是平行化军事训练。基于平行军事理论建设、训练并逐步升级完善后的智能化军事训练体系,是高级智能的集中体现,是虚实结合、以虚制实、路战结合的典型代表,是未来智能化战争的战略制高点和光辉的顶点。

平行军事建设的主要目标是,充分利用赛博空间所定义的新的理性界限和所引入的新的智力空间,统一在物理域、信息域、认知域中进行训练、作战、评估,探索基于赛博空间新的战争组织与行动方式及可能途径,构成虚实互动的平行军事体系,使平行军事分析、实验、作战、训练、评估等成为常态的军事活动。

平行军事体系涵盖平行作战、训练系统，虚拟战场环境，士兵、装备系统，虚拟参谋与指挥等要素。核心支撑技术包括大数据、云计算、机器学习、作战仿真、高速通信和复杂战场环境构建。此外，还包含基于不同需求、能力和装备手段的多种作战概念、规则、战略战术与软件系统。

智能时代的平行系统或者智能化平行系统，不仅仅是一个实物仿真系统，而是基于数据的仿真问题的建模、计算的求解、实践的指导和任务的执行，以及根据任务执行的效果不断优化迭代、铺环往复。最后的结果就是"实生虚扩，虚引实发"，从小数据到大数据，再到解决具体问题的"小智能"，就是针对具体场景的精准知识。在现实世界中，平行系统有多种多样的表现形式，包括初级的、高级的、单一功能的、多功能的平行系统等。

军事模拟仿真系统是最具典型的一种平行系统。随着仿真技术的发展，作战仿真特别是模拟仿真训练，越来越成熟，越来越逼真，正在由单一武器装备的仿真训练向成建制、体系化仿真训练转变，由固定、简单的作战要素仿真训练向分布式、复杂的战场环境仿真训练转变。在此基础上，进一步采用虚拟现实、人工智能等新兴技术，提升环境仿真逼真性、作战行动合理性、战法战术真实性、效能评估可信度，形成基于虚拟部队的"红蓝对抗"训练与评估系统，能够随着数据的积累和模型的优化不断提高系统仿真水平，逐步形成智能化平行作战训练系统。同时利用脑机技术等，对作战人员思维、情绪、心理、生理等进行检测，对重要武器操作人员、指挥员的精神状态、认知能力与情绪化进行实时监测、评估和调节，稳定相关人员的心理状态，提高相关人员心理素质,为作战人员的选拔和心理素质强化提供全新评估途径和改进手段。模拟仿真系统把人机智能交互、作战任务自适应规划 AI 等技术引入后,将逐步形成具有高级智能的平行系统。

智能化平行训练,除了加强物理空间作战的仿真训练以外,还要加强虚拟空间及跨域作战的仿真训练。以城市作战为例,需要训练重要目标人物和人群的跟踪定位,训练虚实结合“斩首”行动的组织实施,训练网络攻防和心理战,训练舆情管理和心理疏导,训练灾害应急救援和行动处置;以政府机关大楼、酒店、商场、学校、机场、港口、电视台等公共服务平台为背景,训练可能发生的名种反恐行动;国绕广播电视、移动电信、网络运管、数据中心、通信基站、发电厂、变电站、交通和金融系统等,开展跨域攻防、基础设施管控等训练。

比如,围绕突出反“全球鹰”无人机专题实战研练。乌克兰危机中,俄军多位高级将领遭敌斩首,教训深刻令人深省,这与美军“全球鹰”无人机幕后深度支援密不可分。同时,也启示我们必须加强地面装甲部队伴随防空力量建设,提高重点目标的战场生存能力训练。我军同样面临美军及其利益集团的挑战,需重点加强“全球鹰”无人机战术运用特点和技术“软肋”训练和研究,提高反制行动的针对性实效性。根据“全球鹰”无人机部署特点,划分战略作战区,即“全球鹰驻日、驻韩基地”,加强反无人机作战训练,为“尽早获取信息,实施链路阻断、导航干扰、火力拦截”提供基础条件。同时,针对“全球鹰”无人机常态化抵近侦察,加强抗反实战的实战化演练。

第三节　智能化战争的军事训练
评估与保障

军事训练评估与保障是完成训练任务、提高训练质量的重要保证，目的是使军事训练科学化、秩序化和效益最大化。通过智能化评估与保障方法手段的运用，能够进一步提升军事训练管理效益与保障质量。

一、智能化战争的军事训练评估

训练评估是准确掌握训练目标实现程度的必要环节，是确保军事训练效果的重要手段。传统的考评手段往往难以对受训者的全面素质、全过程表现进行精准考评。随着大数据、人工智能、云计算等技术的发展，新时代军事训练应基于战争形态新变化、作战能力新要求和战场角逐新焦点，及时调整评估重点，升级评估系统，优化评估方法，提升评估质效。智能化考评系统具备全面采集受训者考核数据的能力，通过智能化分析，结合评估标准，给出精确的评估结果。这种方式相较于传统的人工数据采集与分析，更为高效和准确，为训练指导提供了强有力的支持，并有助于改进训练管理的效果。

一是总评跨域联动水平。信息化智能化战争的空间领域广阔，行动多域并行，跨域攻防激烈。新时代军事训练评估，应紧贴主要作战方向、典型作战样式、主体战场行动和重点领域目标，综合运用要素集成、单元合成和体系融合等方式，重点把握跨域数据铰链、有人无人协同、无人集群运用等环节，总体评估数据链动、跨域行动和能量释放的时效性、科学性和智能度。

二是细评算法先进程度。在智能化战争形态演进的推动下，网络架构形成体系支撑，数据智能上升为主导要素，先进算法成为能力核心。新战争形态下的军事训练评估，不仅需要进行外在表现的有形评估，更要抓住内在无形的深度评估。特别要盯住核心算法、数据模型、接口协议等核心关键，配套研发分析工具，展开人机结合、智能自主的模拟训练、集成训练和对抗训练，综合运用定性定量评估方法，系统查摆规则设计盲缺，及时堵塞程序漏洞，快速升级补丁。

三是重评智能水平高低。随着智能化系统的深度应用，机器人部队、智能化力量规模比例不断增加，地位作用不断抬升。新时代军事训练应围绕智能水平的评估，深化作战实验和实兵检验。通过客观真实和典型示范的场景浸入，进行成体系、全过程、多维度的思考分析，挖掘透析主导因素和突破关键，实现对新战法、新行动、新手段、新装备的熟悉验证和优化完善，开发积累具有高智能水平的对手环境资源池、战法模型数据集和行动模型资源库。[1]

智能化战争军事训练评估，通过拓展智能系统训练评估功能，完善评估方案，对人工分析、智能分析、人机结合分析的训练数据进行自动匹配，形成智能为主、人工为辅的信息处理模式，

---

[1] 刘海江:《提高军事训练的智能化程度》,《解放军报》2021 年 2 月 25 日。

提升训练评估的科学性和准确性。[1]

二、智能化战争的军事训练保障

军事训练保障是为使训练顺利实施而采取的各种措施和进行的相应活动的统称。相比人类而言,由智能机器人完成训练保障需求分析、方案制定与实施、信息反馈等环节,则能够大幅降低出错几率,并且大幅提升保障效率。

一是训练保障智能化。充分运用大数据、云计算、物联网、人工智能等现代科学技术,研发具有保障需求自动分析、保障任务自动规划、保障资源自动匹配的智能化训练保障规划系统平台,确保训练保障的精确性、自动性。吸收借鉴现代仓储与配送管理先进理念与做法,搞好训练保障需求预测和保障物资器材预置,利用专业配送力量、无人配送平台实施直达配送,切实打通训练保障的"最后一公里",增强训练保障行动的自主性、高效性。[2] 将"智能+""无人化"版块内容融入训练保障中,实现训练保障智能化,全程自动检测、自动评判、自动赋分。如威尔逊和顽石的智能篮球、金陵的智能篮球架、阿迪达斯和简极公司的智能足球、李宁的智能羽毛球拍、联想与英特尔共同开发的智能跑鞋等,可以即时采集运动者的数据,把包括次数、距离、配速和卡路里消耗等运动情况,用 APP 反馈。Hyks 智能拳击传感

---

① 王云宪、袁大伟:《智能化作战呼唤智能化训练》,《解放军报》2018 年 8 月 23 日。

② 王云宪:《加快构建高水平训练保障体系》,《解放军报》2021 年 1 月 5 日。

器可实现每秒 1000 次的全 3D 追踪,测量拳击速度、次数及打击强度,并通过手机实时显示;美国 NBA 金州勇士队、德国国家足球队和我国跳水队等都将高速摄像,智能传感器和大数据实现精确动态评估,有效提升训练水平。应不断加强各类智能化运动场馆等各类智能系统和设备在训练保障中的应用。

二是训练数据智能化。传统的训练管理围绕"管人管装"展开,对训练数据的处理往往局限于基础的采集、筛选与分析,较少进行深度应用。部队日常的演训活动产生的训练数据量庞大,得益于大数据和云计算技术的不断进步,使得"数据智能化管理"逐步成为训练管理的核心。通过对这些海量的训练数据进行智能化的采集、筛选与分析,能够有效实施训练预演战争的理念,并推动军队建设发展。通过自主研发、集成创新和引进消化等方式,积极发展对军事训练具有颠覆性影响的技术,如将"大智移云"和智慧训练技术运用于军事训练,可以实现训练数据的动态、精确和全方位采集,并能够进行快速准确的实时分析处理;研究将数据挖掘与辅助决策进行结合的混合技术,将其运用在进行态势分析、情报融合整编和制订作战方案等训练过程中,提高训练的智能化水平;开发实时数据自动与基础数据库关联、自主寻的匹配并进行精确分析的技术,运用于作战筹划、战斗实施、效能评估等重要训练环节,为受训者提供组训、施训等全过程支持;开发人体智力,利用增强可穿戴装备和交互式智能专家系统,辅助作战人员快速掌握态势并作出决策。包括增强目标检测识别的脑机系统、提升战场感知认知的混合现实技术,以及刺激大脑活跃度的脑电控制装置等。增强技术可以帮助受训者突破自然条件限制,改进或创造新训练的方法。

三是演训导控智能化。随着智能化技术的发展,智能化演训导控系统将登上演训舞台,综合运用云计算、虚拟现实、仿真对抗、裁决评估等技术,打造"导、控、裁、评、管"一体化无人演训平台,通过分布式导控终端对演训全程进行全面实时的监控与灵活的智能化导调,极大地节约人力物力,提升演训效益。①以智能化"作战构想"设计体系化演练行动,将智能作战凝聚到智能芯片、数据挖掘等关键技术,物化到武器装备人机共同体上,实现智能技术应用转化。在战役战术行动上,突出合成营、合成旅和集团军智能化武器平台交战模式、作战过程和作战行动设计,突出关键作战能力和任务规划,实践探索战场态势自主感知、作战方案自主设计、作战任务自动规划、作战行动自主实施、作战协同自主联动、作战保障自主组织和作战效果自主评估。以智能化作战"行动链"牵引体系化演练行动,聚焦多域一体、快速决策、自主感知、无人作战、人机并行,自主创造战场,完善智能装备手段,配备智能交战人员,实施无人机察打一体运用、开辟机降场、精确打击敌后重要目标、无人机"蜂群"等作战运用,攻击敌警戒雷达、指挥所工事、后方仓库、油库、弹药库和修理所,提高新体制下智能化作战能力。

四是基地训练智能化。训练基地因训练资源集中、训练环境逼真、训练手段先进受人们青睐。应按照前瞻实用、质量高效的原则,进一步做好规划论证,瞄准环境条件实战化、导调设施

---

① 　王鹏:《把握智能化战争特点规律,推动智能化训练创新发展》,《国防科技》2019 年第 1 期。

野战化、训练评估精确化等目标,通过引进和开发技术加快训练基地智能化改造,充分挖掘训练基地内在潜能,使其在基本职能、承训任务、时空利用等方面逐步适应各层次各类型演训需要。

五是模拟训练智能化。模拟训练作为实兵实装实弹训练的有益补充,在情境模拟、训练效费比等方面具有得天独厚的优势。应进一步加快技术革新和引进,通过综合运用虚拟现实、人工智能、卫星导航等最新技术,使训练手段的高仿真与实装实弹训练的真实感统一起来,逐步构建从单兵到作战单元、从专业技术到战役战术的模拟训练体系,充分发挥模拟训练的辅助支撑作用。

六是作战实验智能化。作战实验作为一种新兴训练方式,在创新作战理论、深化战法研究等方面地位作用日渐突显。应按照科学定位、强化集成、持续发展的思路,充分利用已有成果,突出战场环境分析、作战对手研究、行动方法研练等功能开发,重点发展以联合作战训练、军兵种作战训练等为支撑的作战实验体系,促进军事训练深入发展。[1]

依托先进的模拟训练基地,各国军队正进行极限条件下的装备保障训练。为了准备应对未来可能的作战场景,各国已建立多种模拟基地,如寒冷地区、复杂城市环境和海岛地形等。例如,在伊拉克战争爆发前,美军曾在模拟城镇的训练基地中进行沙漠战场的模拟训练,涵盖装备抢修、人员救援和物资补给等多

---

[1] 吴思亮:《不断提升军事训练保障水平》,《解放军报》2021年2月4日。

个方面,以确保部队能够提前熟悉并适应伊拉克地区的特殊作战环境。

第四节　智能化战争的军事训练筹划与实施

拿破仑认为:"世界上只有两种力量:利剑和精神。从长远说,精神总能战胜利剑。"战斗精神是需要训练和培养的,智能化战争训练的筹划与组织实施,包括确定训练目的、训练科目、训练内容、训练活动、训练考核评估等一系列工作。构建智能化军事训练体系一定要前瞻布局、高点起步,以智能算力作为倍增器,推进训练数据、计算能力、智能算法、作战能力有机融合。

一、遵循智能化战争的军事训练规律,科学筹划训练内容

一是以作战任务需求为牵引,科学设计训练课题。具体设计指挥训练课题时,要综合考虑当前国际形势特点和我国面临的安全威胁,设计出与我国当前安全形势相符合的指挥训练课题;要依据新形势下军事战略方针,设计出瞄准打赢智能化战争的指挥训练课题;认真分析战区当前作战能力,设计出与当前作战能力相适应的指挥训练课题。二是围绕作战重难点问题,确定训练内容。在确定指挥训练内容时,要突出指挥训练课题的重难点问题,紧密结合当前形势,以解决重难点问题为指引,设置指挥训练内容;要围绕指挥机构指挥能力的短板弱项,以提升指挥能力的薄弱环节、困难瓶颈为目标,设置指挥训练内容;要

着眼指挥训练课题的特点规律,设计具有课题特色的指挥训练内容。三是以作战编组为依据,明确训练对象。在进行基础训练和作战问题研究时,可以集中各指挥要素人员开展训练活动;在进行指挥岗位训练时,通常结合作战值班进行训练;在进行指挥要素训练时,按照指挥要素人员作业编组情况,开展指挥要素训练活动;在进行联合指挥演练时,应按照全要素、全系统、全流程的要求进行训练。四是依托作战方案,设计训练想定。通常在进行战区联合作战指挥训练时,指挥要素训练主要依托指挥作业想定进行想定作业,联合指挥演练主要依托指挥演练想定进行演练。2001 年至 2020 年,美军无人机始终在实战中应用和发展。美军在发展建设无人机部队的过程中,严格贯彻"在战斗中"训练的原则,尽量增加无人机在实战过程中的任务比重,从而暴露问题、研究对策。加强作战筹划、作战协同和作战保障训练,将无人机力量使用纳入演训整体方案,要区分无人机飞行训练和实战训练,飞行训练突出的飞行操控与特情处置,而实战训练则突出为达到作战目的而实施的系列作战行动。

二、着眼智能化战争的作战场景构设,周密做好训练准备

一是组织准备。只有建立坚强有力的组织领导机构,才能使战区联合作战指挥训练顺利进行,才能形成可靠的组织保障。二是理论准备。理论是行动的先导,组训人员只有具备扎实的作战指挥理论基础,才能设计出好的演练方案,有效地组织训练。三是导调准备。主要包括拟制演练方案、制定演练准备工

作计划、设企图立案、拟制导调组训纲要、编写导调文书、拟制演练实施计划、健全导调机构、组织导调组训人员培训和导演部推演合练等工作。四是场地准备。训练场地是指挥训练的物质环境基础,对完成训练任务具有不可忽视的作用。场地准备主要包括导调场地、指挥演练场地。五是系统准备。主要包括导调信息系统和指挥信息系统准备,导调信息系统主要在指挥信息系统内加载导控模块、布设和调试各类导控显示系统,指挥信息系统准备主要是对指挥信息系统进行优化调整、安全检测等。六是勤务准备。主要包括指挥工程隐蔽伪装、通信、安全警戒、防间保密、频谱管控、交通、医疗等内容,主要介绍工程隐蔽伪装、通信准备物资器材准备等。

三、加快提升智能化战争的作战能力,创新训练活动

一是智能化战争理论学习。旨在帮助受训人员增强战略思维能力,提高指挥理论素养,强化作战指挥技能,拓展相关知识储备,从而为作战问题研究、指挥演练和指挥实践奠定坚实的理论基础。二是智能化战争要素训练。主要包括智能化作战指挥要素训练内容、智能化作战指挥要素训练方法、智能化作战指挥要素训练步骤、智能化作战指挥要素训练要求。三是智能化战争指挥演练。在一定的作战背景中,受训者按照战时作战指挥机构编组,在想定情况的诱导下所进行的近似实战的作战指挥训练方法,对于培养造就高素质作战指挥人才、全面锻炼提高指挥员及其指挥机关作战指挥能力具有十分重要的作用。

四、以打赢智能化战争为目的,严格进行训练考核评估

一是训练考核评估的方式。对智能化战争作战指挥机构的考核和评估,可以结合军事斗争准备检验评估进行,由上级机关有关部门组织实施,或者由第三方组织实施,主要采取定量评估与定性评估相结合方式进行,重在检讨指挥方面存在的问题。二是训练考核评估的准备。考核评估准备通常包括组建考核评估专家组、拟制考核评估方案计划、制定专核评估标准体系、组织人员培训等工作。三是训练考核评估的流程。主要按照以下流程组织:跟踪掌握—演练动态—评估导演部工作—评估指挥作业成果—评估部队行动—评估训练保障—形成评估报告—反馈评估结果。四是训练考核评估的要求。开展智能化战争作战指挥训练考评工作,必须着眼应具备的能力基础,突出作战理论和指挥技能的学习训练;必须针对各级指挥机关不同特点和能力基础,有重点地组织考评;必须严格落实训练计划,严密组织考评,强化以考促训,确保训练实效。

五、提高智能化战争的训练质量与策略举措

一是创新智能化战争训练理念。应当找准当前差距、破解关键理论问题、厘清全新制胜机理、把住未来发力重点。二是完善智能化战争训练法规。应当认清健全智能化战争指挥训练法规的重要意义、把握推动智能化指挥训练法规建设的根本遵循、找准健全完善智能化指挥训练法规的路径方法。三是健全智能化战争训练标准。应当基于智能化战争指挥任务需要,实行顶

层设计和分类构建、着眼提升指挥效能,坚持按战建标和配套建设、落实战训耦合要求,实行联动衔接和战训一致。四是建立智能化战争训练基地。应当打造沉浸式训练环境、运用智能化训练手段、培养专业化蓝军队伍。五是研发智能化战争训练系统。应当针对应智能化联合作战场景,加强指挥训练系统条件建设、适应智能化指挥特点,建好智能化指挥训练基础设施、满足智能化战争作战指挥需要,加强智能化联合指挥训练保障。

第八章　智能化战争的战场环境与技术支撑

做好战争的准备是保持和平最有效的办法。[①]

——华盛顿

习近平主席指出："真正的核心关键技术是花钱买不来的，靠进口武器装备是靠不住的，走引进仿制的路子是走不远的。"意大利诗人卢恰诺·德克雷申佐曾在诗中写道："我们都是只有一个翅膀的天使，只有相互拥抱，我们才能飞翔。"此番诗句虽并非就战争而言的，但却真切地点出了在智能化战争时代，环境以及条件建设的重要性。智能化战争根植于环境以及条件的建设。随着智能化技术的快速发展，智能化水平的不断提升，智能化战争所需的环境以及持续发展的条件都在改变，明确并把握智能化战争当前新型环境，理解智能化战争的当前条件，是打好智能化战争基础的"最优解"。

---

① 参见首任美国总统、美国开国元勋之一乔治·华盛顿著作《华盛顿选集》，商务印书馆 2011 年版。

第一节　智能化战争的战场环境构想

韦格蒂乌斯①认为："如果你想要和平,就要做好战争的准备。"从古至今,战争环境与战争活动相伴相生,始终随着科学技术的发展而不断变化,战争环境作为敌我双方对抗的共同基础,在向智能化迈进的过程中,科学技术的快速创新发展,深刻改变了战争环境。随着战争环境立体化、无形化、外围化的形成,战争活动逐渐朝着信息资源云池化、战场态势融合化、指挥决策智能化、行动控制精准化等方向演变。

战场环境与技术支撑

一、战争环境立体化

战争环境由平面逐步向立体发展。随着深空、深地、深海技

---

①　韦格蒂乌斯,古罗马帝国军事理论家。

术的重大突破及其在战场上应用,战争环境逐步向深空、深地、深海立体化发展延伸。①

（一）深空环境

随着深空探测技术、深空航天技术的发展,深空探测器、星基作战平台、星际通信导航系统和月球、火星基地等深空作战体系的构建,深空对抗、深空空地一体作战等作战样式出现。空中作战态势复杂、节奏紧凑、对抗性强,对智能化的需求尤为迫切。各军事强国都在加强深空环境建设,以期在深空博弈中占得先机和优势,进而在智能化战争中抢占先机获得优势。

深空作战是未来智能化战争的高端形式。美军新一代"太空篱笆"于2018年下半年部署,为侦察预警、导航定位、星地通信、网络互联和宇宙探索提供深远依托,并与天基空间监视卫星、地基快速识别探测系统、电磁干扰检测系统、地基空间监视望远镜等一起,构成从近地轨道到深空轨道的立体空间目标监视系统。随着火箭技术、卫星技术和人工智能技术的融合发展,月球基地和火星基地将成为进出深空的"桥头堡"和深空作战的制高点,美国私人宇航公司SpaceX曾成功发射超级重型运载火箭——"猎鹰重型",让人类"登陆和殖民火星"的梦想照进现实。星基激光武器、定向能武器将成为深空作战的重要武器,对星际空间和外星体控制权的争夺可能成为深空作战的主要目的。深空作战将作为高端形式在瘫痪

---

① 季自力、王文华:《智能化时代战场建设的发展趋势》,《军事文摘》2019年第5期。

敌作战体系中起决定性作用,甚至改变未来战争走向。①

（二）深地环境

在深地探测、深地大数据、深地装备等技术和能力的推动下,深地基地、深地探测器、深地实验室等形成的深地作战体系,将成为智能化战争与实验的重要依托。城市作战体系拓展到地下及深地空间,为地下指挥所、核武器基地等重要军事目标提供天然屏障,作战力量部署、战场配置也随之延伸,城市作战方式由地上为主向地上地下协同作战转变。

引领科技就是引领未来。深地实验室是探索宇宙未知领域的最佳平台之一,要建立深地实验室、基地体系,打造天然遁形平台。如我国用于探测暗物质的地下实验室,探测灵敏度处于当前世界最高水平。通过部署在深地的暗物质探测器来寻找暗物质,为揭开暗物质之谜、引发新的物理学革命创造了必备条件,成为撬动第六次科技革命的支点之一。

构筑"地下长城"是保存自己、致人而不致于人的重要途径。美军利用高技术侦察手段和小型战斗机器人予以应对,反映了现代战争地下空间作战的复杂性和艰巨性。阿富汗战争中,塔利班利用连绵数百千米的地下通道和洞穴构成地下基地网,与美军展开"地道战"。随着深地空间目标的多元化及对深地空间打击能力的增强,地下战场将成为智能化战争新兴战争环境,深地空间伪装与反伪装、机动与反机动、摧毁与反摧毁等

---

① 刘玮琦:《"三深"作战——制胜未来的新样式》,《学习时报》2018 年 3 月 29 日。

斗争将日趋激烈。

（三）深海环境

随着深海潜航技术、探测技术和通信技术的发展，深海潜水器、深海探测与通信网、海底基地等构成的深海作战体系将异军突起，深海制海、制陆、制空以及深海水面一体作战将从概念走向现实，融态势感知、隐蔽机动、快速突防和精确打击于一身。感知链和通信网的布设，为深海闪击战提供信息支撑。在深海技术和军事需求的推动下，世界强国军队的深海战场建设活动日趋频繁。美军已在大西洋海底展开了深海基地的建设，俄军在北冰洋海底亦动作频频，日本以深海基地为依托布设海底探测网，为深海态势感知创造了条件。[①]

随着水下无人与智能化装备、隐形技术以及新概念武器的发展，未来在深海部署水下隐形潜艇、隐形机器人、海基激光炮、潜射巡航导弹和反卫星导弹等新一代隐形无人兵器，从深海突然摧毁地面关键作战目标，局部遮断敌战斗机编队，准确击落外层空间轨道卫星，瘫痪信息传输网络等，达成全域闪击的奇兵效果，将成为智能化战争中深海战场环境下夺取主动权的重要手段。随着水下量子通信等新型水下通信技术的开发，深海作战力量与陆地、海上、空中和深空作战力量融为一体，通过信息实时获取、可靠传输、人机协同决策隐蔽、精确、快速释放能量流。

（四）深网环境

随着人工智能的不断发展，网络环境愈发复杂，传统的网络

---

① 刘玮琦：《"三深"作战——制胜未来的新样式》，《学习时报》2018 年 3 月 29 日。

安全防护手段已经不能满足当前的网络安全需求。网络窃密战、网络舆论战、网络防御战等网络攻击手段频出,各军事强国都在加强深网环境建设,以期通过建立一系列防御和进攻手段加固自身网络实力,进而在智能化战争中获得优势。

网络空间是智能化战争的基础,加强应对网络环境变化的能力具有重要意义。美军在网络空间态势感知、网络攻击能力、网络防御能力以及网络空间指挥控制等方面均取得了显著进展。通过全球网络监视系统和网络空间共享态势图,美实现了对全球网络空间的全面感知和监控。与此同时,美国联邦政府网络防护体系和关键基础设施网络韧性的提升,确保重要信息系统的安全,为智能化战争提供了坚实的支撑。

二、战争环境无形化

战场建设空间由有形逐步向无形发展。许多军事强国着眼于战争形态的转变,着力建设智能时代的无形战场与创造有形战场并举。智能化战争将首先在无形战争环境展开,谁在无形战争环境的对抗中拥有主动权,谁就拥有作战的主动权。由于智能化时代的武器装备和指挥、控制、通信、情报收集等越来越多地依赖电子技术设备,从武器装备的运用、军队通信、指挥与情报侦察任务的执行到具体的作战行动,都大量使用了无人智能系统和机器人等无人装备。

在大数据、云计算、人工智能等技术的驱动下,网络战进一步从概念走向现实,网络空间态势感知、攻防技术蓬勃发展,网络空间将多域作战力量承载其上、融入其中、控制其内,生发信息网络的融合效应、使能效应和智能效应,智能化战场环境造势于无形,料敌于无界,战敌于无边,胜敌于无声,但又无所不在、威力巨大,战场环境正在向无形化加速演进。

未来智能化战争环境转向无形化,天上的电子战卫星、各类电子战飞机、海上的各种电子战平台以及地面的电子战设备等构成了无形战场的主框架。由于智能化因素的加入,网络攻击的成本更低、隐蔽性更强、破坏力与波及性更广,网络战、电磁战将更加频繁。因网络、电磁等空间而起的军事冲突有可能成为常态。

三、战争环境外围化

在人工智能技术引领的智能化战争背景下,战场建设的空间布局正由内稳步向外拓展。诸多军事强国在战场建设的战略规划上,已不再仅仅聚焦于本土,而是积极寻求向外围的拓展与延伸。海外军事基地的构建,已成为展现全球性大国实力与地位的重要象征。无论是历史上的日不落帝国,还是当今的美俄两国,均通过建设海外军事基地来凸显其全球影响力与存在价值。

美国采取了前沿部署的战略,将其战争建设从本土扩展至全球多个国家和地区,覆盖世界的各个角落。与此同时,一些地区性军事强国,随着综合国力和军事实力的不断提升,也逐渐将战争建设向外拓展。

根据美国人类学家戴维·维恩的研究发现,美国在全球70多个国家或地区,拥有高达800个军事基地。美军的海外基地布局是秉持"扼守海上咽喉、控制战略要点"的思路展开的,共控制了12个主要的海上咽喉要道,其中包括我们所熟知的霍尔木兹海峡、苏伊士运河、马六甲海峡、阿拉斯加湾以及朝鲜海峡等。在战略层面的考量中,美军海外基地的布局呈现为三个主要战略区及14个基地群,具体包括欧洲、中东与北非的战略区,跨越南北美洲的战略区,以及亚洲、太平洋与印度洋区。

在欧洲—中东—北非战略区,美军设立了五个主要的军事基地群,具体包括位于中欧的基地群、位于南欧的基地群、覆盖中东和北非的基地群、位于英国和冰岛的基地群,以及位于伊比利亚半岛的基地群。在这些基地群中最为主要、也最为出名的要数德国的斯图加特陆军基地、拉姆斯泰因空军基地,以及意大利的那不勒斯海军基地。斯图加特陆军基地是美军在欧洲的指挥中心,美驻欧陆军总部、北约中欧盟军司令部就部署在其中。这里长期保持着一支可以随时准备战斗的部队,为北约在这一区域的快速反应投送军事力量。另外,美陆军的第6地区支援大队也驻扎在该基地,负责提供命令、控制、通信等各个方面的支持,并为整个基地的物资分配和整体运作做准备。而拉姆斯泰因空军基地同样也是位于德国,它既是美国空军驻欧空军司令部的所在地,同时也是美国在欧洲最大的空军基地。这个基地是北约对外投送军事力量的重要平台,可以为欧洲、非洲、中东的军事行动提供各种支援,这里驻扎了5万多名美军,是非常重要的兵力调动和物资中转站。

在南北美洲战略区,美军一共设有2个军事基地群。北美和拉美地区是美国的重要战略区域,美国在此设立了巴拿马—

加勒比海基地群和格陵兰—加拿大基地群。巴拿马—加勒比海基地群是保护美国本土南部安全的防线,并作为美国掌控加勒比海地区的关键点;而格陵兰—加拿大基地群则主要负责战略预警和提供增援支持。

在亚洲—太平洋—印度洋战略区,美国共设了7个基地群,占到了美国海外基地总数的42.7%。较为主要的有日本横须贺海军基地、冲绳海军基地,韩国乌山空军基地、首尔基地,关岛安德森空军基地、阿帕拉海军基地,阿拉斯加的埃尔门多夫空军基地以及设在印度洋上的迪戈加西亚海军基地等。

横须贺海军基地是美国在西太平洋最大的海军基地,也是功能最为全面的基地,而且它还被评价为美国海外海军基地中规模最大、条件最好的基地之一。目前,横须贺海军基地是美海军第7舰队司令部驻地,同时它也是"华盛顿"号航母战斗群的母港,而且它的最大价值就是具有很强的维修舰船能力,是美军在西太平洋唯一可以维修航母的基地。

冲绳海军基地面临东亚大陆,背靠广阔西太平洋,是美国"三条岛链"的最前沿。在这座不到2000平方公里的小岛上,美军设立了嘉手纳、那霸、普天间等十个空军基地,驻扎了美军海陆空和海军陆战队四大兵种,2万多名士兵,占到了驻日美军总数的2/3。如果美军的战机从嘉手纳基地出发,不到20分钟就可到达中国大陆。

安德森空军基地位于"第二岛链"的关岛,被美军称为太平洋上一艘"永不沉没的航母",该基地拥有两条超过3000米的跑道,几乎可以部署美国空军所有型号的战机。从上个世纪50

年代开始,美军的 B-52 战略轰炸机就在这座基地上大量部署,曾经还创下了单日起降 155 架次的纪录。近些年来,美军的 B-52H、B-1B、B-2 轰炸机也相继飞往该基地,进行频繁的军事演习。事实上,安德森空军基地早已成为美军战略轰炸机在亚太地区的主要前进基地,从这里出发的美军战略轰炸机,12 小时内便可飞抵亚太地区的任何目标。而且安德森空军基地也是美军重要的弹药库和航空燃油储存站,是美军在印太地区非常重要的后勤支援基地。

在智能化时代发展的今天,只有把握住智能化战争的新型环境,才能积极推动人工智能的研发和军事应用融合,推动军事智能化建设稳步发展,从而抢占智能化战争的先机。

第二节　智能化战争的核心技术可控

习近平总书记在党的二十大报告中指出:"加快实施创新驱动发展战略。""加快实现高水平科技自立自强。以国家战略需求为导向,集聚力量进行原创性引领性科技攻关,坚决打赢关键核心技术攻坚战。加快实施一批具有战略性全局性前瞻性的国家重大科技项目,增强自主创新能力。"

近年来,中国在人工智能领域取得了显著的进步。特别是在 5G 通信技术的布局上,中国已经超越了众多国家。这一成就主要归功于中国庞大的市场和高度集中的消费群体。由于人口众多且信息化水平高,中国为人工智能技术的广泛应用和在各个场景中快速落地提供了有力支撑。

一、转变科技领域"造不如买"的短视理念

长期以来,"造不如买"的短视理论遏制了我国科技进步发展。习近平主席在多个场合都曾强调过科技创新的重要性,他还多次提到要掌握核心技术,并指出核心技术受制于人是最大的隐患,而核心技术靠化缘是要不来的,只有自力更生。

一是军事知识图谱。世界军事强国正日益重视知识图谱在数据分析中的关键作用。自 2013 年起,美国国防高级研究计划局(DARPA)引领了 Insight 项目的开发,该项目旨在整合多样化的信息源,构建一张全面反映战场动态的图像。通过融合不同来源的数据,该项目能够构建出清晰的体系结构,显著提升情报处理的效率。目前,军事领域内的知识图谱研究正处于蓬勃发展的阶段。

军事领域知识图谱是连接各作战要素如指挥系统、作战部队和武器平台的关键纽带。在高度智能化的现代战争中,指挥效率直接决定了作战的成败,而战场数据则是支撑指挥决策的重要基石。随着军事现代化的推进,海军、陆军、空军等各军兵种产生的数据量急剧增长,包括作战与非作战、人员与装备、演习与训练等各方面的数据。这些数据的复杂性和多样性使得作战问题变得日益棘手。据报道,仅仅一架"捕食者"无人机一天所搜集的视频数据就需要一个庞大的团队来进行分析。前美国国防部情报局局长杰克·沙纳罕指出,尽管拥有众多的平台和传感器来收集数据,但数据的充分利用仍然是一个巨大的挑战。构建军事领域知识图谱,可以有效整合和分析这些数据,为指挥

决策提供有力支持,从而克服这一挑战。

针对战场复杂情况,运用知识图谱技术采集、归纳和分析大数据。战争知识图谱为指挥官提供决策辅助,助其掌控战场态势。该技术提升作战指挥控制体系效率,推动战争向智能化发展。

在情报侦察领域,知识图谱技术将分散的数据源进行有效整合,实现了对碎片信息的深度分析,进而提取出有价值的情报。此外,知识图谱在部队的日常训练中同样发挥着重要作用。例如,通过针对特定领域或专业构建的知识图谱,可以搭建一个军事知识问答平台。在训练过程中,当遇到问题时,官兵可以向这个平台提问,基于知识图谱的智能系统会迅速分析问题,给出解决方案,并可能推荐相关的注意事项和技巧,帮助官兵更好地完成训练任务。

二是智能决策技术。随着 AlphaGo 的出现,在军事领域以深度强化学习为代表的决策智能技术已经开展了人工智能辅助任务规划的初步探索,例如在空战博弈和防空压制场景中模拟空战人员以获取空中优势。

决策智能基于对决策流程的深入理解与精心设计,以及通过反馈机制来评估、调整和优化决策结果。当前,随着人工智能技术的广泛融入,决策智能市场凭借多款软件技术的支撑正蓬勃发展,为决策者带来了全新的解决方案。决策智能充分发挥数据分析、机器学习和人工智能技术的优势,助力决策者以更低的成本实现更高效、更精准的决策制定。

三是深度合成技术。"深度伪造",译自英语中的 Deepfake,

也被译作"深度造假",其是计算机的"深度学习"(Deep learning)和"伪造"(Fake)的组合,出现于人工智能和机器学习技术时代。通俗地说,我们利用机器学习算法将图片和声音作为输入,这样就可以轻松地实现"面部编辑",即将一个人的面部特征和表情应用到另一个人的脸上。同时,通过精细的声音处理,我们能够创造出高度逼真的合成视频,这些视频虽然是合成的,但看起来却非常真实。

"深度伪造"技术凭借着"低门槛、高效率、高质量"的特性,被大规模滥用于伪造身份、混淆视听,以实现网络欺诈、虚假宣传与操纵舆论等目的。依托深度学习算法特性,在海量图像和视频数据的驱动下,深度合成技术不断演进迭代,仿真精度不断得到提升。所以,制作一段高逼真度的虚假音视频成本极低,却可以借助社交媒体等平台短时间风靡互联网。

2021世界人工智能大会上,Deep Real作为一款新型的深度伪造内容检测平台已正式发布。该平台专注于分析深度伪造内容与真实内容之间的表征差异,以及不同生成途径下深度伪造内容的一致性特征挖掘,实现快速而精确的图像真伪鉴定。

这个检测平台由依托清华大学人工智能研究院设立的人工智能企业——北京瑞莱智慧科技有限公司(简称"Real AI")研发。Real AI由清华大学人工智能研究院院长张钹院士、清华大学人工智能研究院基础理论研究中心主任朱军教授共同担任首席科学家。针对深度伪造技术的防范措施,Real AI目前正积极与工信部、公安部、国家互联网应急中心、工信安全中心、中国信通院等权威机构紧密合作,共同推进相关项目的研究与实施。

四是元学习技术。随着深度学习的蓬勃发展,各类神经网络模型能够在大规模的训练数据下获得泛化性能较好的效果。在军事领域,数据的总体规模和标注规模都相对较小,传统深度学习方法会产生过拟合等问题,模型性能在实际使用上会快速下降。元学习是解决样本缺乏问题的关键技术,能够帮助模型快速学习和适应,从而实现数据稀缺型任务的落地,例如小样本语音克隆合成、小样本行为模式挖掘、零样本目标发现。元学习的发展将使机器更进一步模仿人类"举一反三"的能力,使军事智能逐步摆脱数据制约。

元学习是深度学习领域中最活跃的研究领域之一。人工智能界的一些学派赞同这样一种观点:元学习是开启人工通用智能(AGI)的垫脚石。近年来,元学习技术的研究和开发呈现爆炸式增长。元学习技术主要分为以下几类:

小样本元学习。"小样本元学习"这一概念专注于通过深度神经网络架构来应对数据稀缺的情况。其灵感来源于婴幼儿如何在极少的观察中习得物体识别的能力。小样本元学习的理念对于推动记忆强化神经网络和单样本学习模型等技术的发展起到了关键作用。

优化器元学习。在优化器元学习的框架中,核心目标是学习如何精准地调整和优化神经网络的参数,以便更高效地实现目标任务。这类模型设计了一个神经网络来动态调整另一个神经网络的超参数,从而实现对目标任务的优化提升。那些专注于改进梯度下降技术的模型就是优化器元学习很好的体现。

度量元学习。度量元学习的核心在于构建一个优化的度量空间,以实现高效学习。这种方法可视为小样本元学习的一个特定领域,它通过学习和应用度量空间来评估学习成效,并通过具体实例进行阐述。

循环模型元学习。该元学习模型专门设计用于循环神经网络(RNNs),特别是长短期记忆网络(LSTM)。在此架构下,元学习器算法遵循一种序列化过程,首先训练 RNN 模型以处理数据集,随后应用于任务中出现的新输入数据。在图像分类的应用场景中,这一流程涉及将数据集(图像、标签)对按序传递至模型,进而对需要分类的新示例进行预测。元强化学习即为这一方法的具体实践之一。

五是边缘智能。边缘人工智能是指以直接在边缘设备上运行的机器学习算法的形式使用人工智能,基于的原则是,计算机可以通过从数据中学习来自主提高自己在给定任务上的性能,有时甚至超出了人类的能力。边缘人工智能与 5G 和物联网(IoT)等其他数字技术相结合,其中 5G 技术对于边缘人工智能和物联网的持续发展至关重要。物联网连接的各种智能设备生成的数据都可以输入到边缘人工智能设备,可作为数据的临时存储单元,直到与云同步,数据处理有了更大的灵活性。

当前情报系统以中枢式情报处理模式为主,存在数据传输量大、处理链条冗长等缺陷,难以实现对多变战场信息的快速处理和分析。随着硬件小型化和智能模型压缩技术的发展,战场前端具备了更强的计算、分析和协同能力,催生出自主侦察无人机、智慧弹药等"边缘智能"产品。以无人机集群、智慧弹群为代表的边缘智能将迅速发展,促使战场前端装备更加自主灵活地获取情报,提升复杂战场条件下作战平台的自主感知、独立分析能力,促进边缘自主决策的发展。

六是 AI 军事芯片。AI 芯片是人工智能发展的基石,是驱动军事装备战斗力提升的关键因素。目前国产化芯片,受限于封装体积差异、关键性能指标差异、质量性能不足等因素,无法满足军用的需求,直接影响装备战力。随着国内一批 AI 芯片厂商的崛起和一批高端芯片的量产,7nm 芯片等高性能 AI 芯片必将实现自主化生产,在稳定性、安全性、适应性方面达到军用标准,让高性能 AI 芯片真正进入军事领域,推动军事装备革新,大大提升装备战力。

二、坚决改变重应用轻基础研究的局面

2018 年 10 月 31 日,习近平总书记主持中央政治局第九次集体学习时强调,人工智能具有多学科综合、高度复杂的特征。我们必须加强研判,统筹谋划,协同创新,稳步推进,把增强原创能力作为重点,以关键核心技术为主攻方向,夯实新一代人工智能发展的基础。要加强基础理论研究,支持科学家勇闯人工智能科技前沿的"无人区",努力在人工智能发展方向和理论、方法、工具、系统等方面取得变革性、颠覆性突破,确保我国在人工智能这个重要领域的理论研究走在前面、关键核心技术占领制高点。网络信息技术是全球研发投入最集中、创新最活跃、应用最广泛、辐射带动作用最大的技术创新领域,是全球技术创新的竞争高地。我们要顺应这一趋势,大力发展核心技术,加强关键信息基础设施安全保障,完善网络治理体系。要紧紧牵住核心

技术自主创新这个"牛鼻子",抓紧突破网络发展的前沿技术和具有国际竞争力的关键核心技术,加快推进国产自主可控替代计划,构建安全可控的信息技术体系。要改革科技研发投入产出机制和科研成果转化机制,实施网络信息领域核心技术设备攻坚战略,推动高性能计算、移动通信、量子通信、核心芯片、操作系统等基础研发和应用取得重大突破。

一是高性能计算领域。2020年11月19日下午,由中国科学院计算技术研究所贾伟乐副研究员、中国科学院院士鄂维南、北京大数据研究院张林峰研究员及其合作者共同完成的应用成果获得国际高性能计算应用领域最高奖——戈登贝尔奖。①

该项工作在国际上首次采用智能超算与物理模型的结合,引领了科学计算从传统的计算模式朝着智能超算的方向前进。据悉,第一性原理分子动力学以其高精度和算法复杂著称,长期以来,其计算的空间尺度和时间尺度受算法和算力限制,即使利用世界上最快的超级计算机,也只能计算数千原子体系规模。该成果通过高性能计算和机器学习将分子动力学极限提升了数个量级,达到了上亿原子的体系规模,同时仍保证了高精度,且模拟时间尺度较传统方法至少提高1000倍。据了解,基于深度学习的分子动力学模拟通过高性能计算和机器学习的有机结合,将精确的物理建模带入了更大尺度的材料模拟中,有望在将来为力学、化学、材料、生物乃至工程领域解决实际问题发挥更大作用。

---

① 沈慧:《回顾2020,两院院士评选出的这些科技进展值得关注!》,《经济日报》2021年1月14日。

二是移动通信领域。2019 年被称为"5G 商用元年",随着 5G 商用牌照正式发放,中国进入 5G 时代。5G 移动通信网络是在 4G 移动通信网络基础上发展而来的,是 4G 移动通信的进一步发展与延伸。5G 移动通信网络以其卓越的性能特点,显著区别于前一代的 4G 技术。其特点主要体现在广覆盖、大连接、低时延以及高可靠性。相较于 4G,5G 的峰值速率显著提升了 30 倍,为用户带来了 10 倍提升的体验速率。同时,频谱效率也有了 3 倍的提升。在移动性能方面,5G 支持高达 500 公里时速的高铁移动场景,无线接口延时减少了 90%,连接密度更是实现了 10 倍的飞跃。此外,能效和流量密度分别提高了 100 倍,为移动互联网和产业互联网的广泛应用提供了坚实的支撑。

5G 技术目前主要包含三大核心应用场景。首先是增强移动宽带,它为用户提供了高速率、大带宽的移动网络服务,满足了 3D/超高清视频、AR/VR(增强现实/虚拟现实)以及云服务等多种应用需求。其次是海量机器类通信,这一场景主要服务于物联网业务、智能家居以及智慧城市等领域的广泛应用。最后是超高可靠低延时通信,它对于工业互联网、车联网等新兴领域的发展具有至关重要的推动作用。

5G 作为新一代移动宽带传输技术,为信息技术与不同产业技术的融合搭建了一座桥梁,极大地拓宽了移动通信技术的应用范围,并成为了新技术发展的核心驱动力。在 5G 的推动下,超高清视频和 AR/VR 技术得到了实质性的进步,物联网和人工智能也实现了深度的融合,AIoT(人工智能物联网)的兴起预示着智能互联时代的到来。同时,5G 还推动了工业互联网的传输瓶颈突破,以及互联网技术的飞速发展。未来5G一定会催生出我们目前想象不到的新应用。

三是量子通信领域。2021年,国际顶级学术期刊《自然》杂志上发表了题为《跨越4600公里的天地一体化量子通信网络》的论文。中国科学技术大学宣布,中国科研团队成功实现了跨越4600公里的星地量子密钥分发,标志着我国已构建出天地一体化广域量子通信网雏形。2022年,中科大郭光灿院士团队的韩正甫教授及其合作者,实现了833公里光纤量子密钥分发,将量子密钥分发安全传输距离世界纪录提升了200余公里,向实现千公里陆基量子保密通信迈出重要一步。

历经二十载的钻研与努力,中国在量子通信领域实现了从跟随到领先的转变。其中,京沪量子保密通信干线总长超过2000公里,作为世界上最长的基于可信中继的量子安全密钥分发干线,于2017年9月正式投入运营。2016年8月,中国在酒泉卫星发射中心成功发射了"墨子号"量子科学实验卫星,该卫星不仅完成了所有预定的科学任务,更为后续研究奠定了坚实基础。在"墨子号"与京沪干线的共同作用下,中国科研团队成功构建了全球首个星地量子通信网。经过严格的稳定性与安全性测试,该网络成功实现了跨越4600公里的多用户量子密钥分发,标志着中国在量子通信领域取得了重大突破。

该通信网系全球首个星地量子通信网络,其覆盖范围广泛,横跨我国四省三市,共设立32个节点,其中涵盖北京、济南、合肥和上海四个核心量子城域网。该网络已通过两个卫星地面站与"墨子号"量子科学实验卫星实现互联互通,目前已有超过

150家金融、电力、政务等行业用户接入使用。目前,广域量子通信网络的初步框架已经基本搭建完成,未来,我们将基于这一框架,进一步推动量子通信技术在金融、政务、国防、电子信息等领域的广泛应用。①

四是核心芯片领域。在芯片发展的问题上,我国一直在扮演的都是一个追赶者的角色。在传统的轨机芯片领域,中国的研发与制造能力确实是落后于欧、美、日、韩这些国家与地区。对此中科院寻找到了两条出路,其中一条就是发展新的碳基芯片作为未来发展的新方向,而另一条路就是发展新的光量子芯片技术,以用于改变我国传统芯片技术总体落后的情况。2021年,在我国科研人员的不断努力下,我国在光量子芯片技术领域取得了重大突破。

在2021年6月11日的国际知名学术期刊《物理评论快报》上刊载了一篇我国中科大郭光灿院士科研团队所撰写的论文,在该学术论文中,郭光灿院士团队中的任希锋研究组联合中山大学董建文、浙江大学戴道锌等研究组共同阐述了"基于光子能谷霍尔效应"在能谷相关拓扑绝缘体芯片结构中实现了量子干涉点相关研究成果。该研究成果可以说是中科大方面在光量子芯片科研领域完成的又一次突破。

我们在看到我国芯片技术领域的成功突破之后,依旧不能忽略掉的一点是:光量子芯片技术到目前为止依旧无法投入到实际的生产运用当中。换而言之,要将该技术转变成实际的生

---

① 常河:《中国科研人员成功验证构建天地一体化量子通信网络的可行性》,《光明日报》2021年1月7日。

产力,我们还要有更多的投入。

五是操作系统领域。近年来操作系统领域最受瞩目的无疑是鸿蒙系统。华为鸿蒙系统,是前沿的全场景分布式操作系统,致力于构建超级虚拟终端互联的世界。它巧妙地将人、设备和场景融合在一起,使得消费者能够轻松地在各种智能终端间实现快速发现、无缝链接、硬件互助与资源共享,确保在各种场景下都能获得最理想的体验。截至 2021 年 9 月 12 日,已经有 1 亿华为终端用户升级到 HarmonyOS2,还有 300+应用和服务伙伴、1000+硬件伙伴、130 万+开发者共同参与到鸿蒙生态建设当中。

过去的成绩证明了华为在专注技术领域中的领先地位。华为的技术实力、人才储备以及中国整体的技术环境与市场支持都相较于之前华为追赶并达到 5G 技术领先地位时有了显著的提升。鸿蒙系统的诞生正值中国软件业急需提升之际,它为国产软件提供了重要的战略推动和激励。中国软件行业枝繁叶茂,但没有根,华为要从鸿蒙开始,构建中国基础软件的根。美国打压华为对鸿蒙问世起催生作用,它毫无疑问是被美国逼出来的,而美国倒逼中国高科技企业的压力已经成为战略态势。

中国全社会已经下了要独立发展本国核心技术的决心,鸿蒙是时代的产物。在后智能机时代,原本手机扮演的角色会被分散到其他硬件产品上,称作去中心化。举个例子,手机能够打电话上网,那么智能音箱、电视也能够从手机那接过相应的操作,并继续该任务。这是智能家居行业发展的一种成熟形态,亦是鸿蒙 OS 对应的场景。鸿蒙 OS 面向全场景智慧化时代而来,它更多代表华为在 IoT 领域的野心,代表中国高科技必须开展的一次战略突围,是中国解决诸多"卡脖子"问题的一个带动点。

目前,全球人工智能产业的生态系统正逐步成型。依据产业链上下游关系,人工智能可分为三个主要层级:基础层、技术层和应用层。基础层作为基石,涵盖了硬件(如芯片和传感器)和软件(如算法模型)的基础能力;技术层则专注于模拟人的智能特征,将基础能力转化为具体的人工智能技术,如开发计算机视觉、智能语音和自然语言处理等应用算法;而应用层则是这些技术的实际运用场景。其中,技术层能力可以广泛应用到多个不同的应用领域。应用层作为人工智能产业的自然延伸,致力于将先进的技术应用于多个具体行业,涵盖制造、交通、金融、医疗等共计 18 个关键领域。在这些领域和行业的人工智能应用开发尤为引人注目,受到业界的广泛关注。

基础层由于具有高创新难度和技术资金壁垒的特点,该领域市场主要由欧美日韩的几家国际巨头所控制。受限于技术积累和研发投入,国内在基础层领域显得较为薄弱。具体地,AI芯片领域已经由国际科技巨头构建了完整的产业生态,而中国在这一领域尚未掌握核心技术,难以与巨头抗衡。而在云计算领域,关键技术如服务器虚拟化、SDN 和网络开发语音等,主要由亚马逊、微软等少数国外科技巨头所掌握。

虽然国内阿里巴巴、华为等科技公司也开始大力投入研发,但核心技术积累尚不足以主导产业链发展;在智能传感器领域,欧洲(BOSCH、ABB)、美国(霍尼韦尔)等国家或地区全面布局传感器多种产品类型,而在中国也涌现了诸如汇顶科技的指纹传感器等产品,但整体产业布局单一,呈现出明显的短板。在数据领域,中国具有得天独厚的数据体量优势,海量数据助推算法算力升级和产业落地,但我们也应当意识到还有很长的路要走。

技术层是基于基础理论和数据之上,面向细分应用开发的技术。中游技术类企业具有技术生态圈、资金和人才三重壁垒,是人工智能产业的核心。相比较绝大多数上游和下游企业聚焦某一细分领域,技术层向产业链上下游扩展较为容易。该层面包括算法理论(机器学习)、开发平台(开源框架)和应用技术(计算机视觉、智能语音、生物特征识别、自然语言处理)。众多国际科技巨头和独角兽均在该层级开展广泛布局。近年来,我国技术层围绕垂直领域重点研发,在计算机视觉、语音识别等领域技术成熟,国内头部企业脱颖而出,竞争优势明显。但算法理论和开发平台的核心技术仍有所欠缺。

具体来看,在算法理论和开发平台领域,国内尚缺乏经验,发展较为缓慢。机器学习算法是人工智能的热点,开源框架成为国际科技巨头和独角兽布局的重点。开源深度学习平台是允许公众使用、复制和修改的源代码,是人工智能应用技术发展的核心推动力。目前,国际上备受推崇的开源框架主要有谷歌的 Tensor Flow、Facebook 的 Py Torch 以及微软的 CNTK 等,这些框架展示了美国在该领域的领先地位。然而,我国的基础理论体系尚待完善,国内企业的算法框架如百度的 Paddle Paddle、腾讯的 Tencent ML 等,虽然有一定进展,但与国际主流产品相比,竞争力尚显不足。

　　在应用技术的部分领域,中国实力与欧美比肩。计算机视觉、智能语音、自然语言处理是三大主要技术方向,也是中国市场规模最大的三大商业化技术领域。受益于互联网产业发达,积累大量用户数据,国内计算机视觉、语音识别领先全球。自然语言处理当前市场竞争尚未成型,但国内技术积累与国外相比存在一定差距。

　　应用层以底层技术能力为主导,切入不同场景和应用,提供产品和解决方案。受益于计算机视觉、图像识别、自然语言处理等技术的快速发展,人工智能已广泛地渗透和应用于诸多垂直领域,产品形式也趋向多样化。近年来,关注度较高的应用场景主要包括安防、金融、教育、医疗、交通、广告营销等。在融合深度上,场景复杂度、技术成熟度和数据公开水平的不同,导致各场景应用成熟度不同。例如,政策导向和海量数据助推下,AI+安防、金融和客服领域有较为深入的应用,医疗和教育领域是产品或服务单点式切入,尚未形成完整的解决方案。

　　应用场景市场空间广阔,全球市场格局未定型。受益于全球开源社区,应用层进入门槛相对较低。目前,应用层是人工智能产业链中市场规模最大的层级。在全球范围内,人工智能仍处在产业化和市场化的探索阶段,落地场景的丰富度、用户需求和解决方案的市场渗透率均有待提高。目前,国际上尚未出现拥有绝对主导权的垄断企业,在很多细分领域的市场竞争格局尚未定型。

　　中国侧重应用层产业布局,市场发展潜力大。欧洲、美国等发达国家和地区的人工智能产业商业落地期较早,以谷歌、亚马逊等企业为首的科技巨头注重打造从芯片、操作系统到应用技术研发再到细分场景运用的垂直生态,市场整体发展相对成熟;而应用层是我国人工智能市场最为活跃的领域,其市场规模和企业数量也在国内人工智能分布层级占比最大。人工智能最为核心的就是两部分,即"智"与"能"。算法决定了人工智能的智力高低,是在未来进行智力比拼时胜出的关键;算力,即运算速度,决定了它的能力大小。上面二者综合起来就最终决定了 AI 的智能水平,并由此带来整个经济、社会、军事、科技上的巨大变革。当前,人工智能研究领域重应用研究、轻基础理论的失衡发展局面必须加以扭转。

三、主动争取人工智能国际规则标准制定权

早在 2016 年,美国五大科技巨头谷歌、亚马逊、Facebook、IBM 和微软就提出尝试制定人工智能标准。目前,关于人工智能的法律框架、指导方针和政策在全球范围内主要由西方发达国家主导。例如,马斯克等西方企业家积极推动的"阿西洛马人工智能原则"产生了深远影响;而在人工智能伦理领域,阿西莫夫的"机器人三原则"同样源自美国科幻作家之手,成为了该领域的重要基石。

2019 年,美国国家标准与技术研究院(NIST)针对政府如何制定人工智能(AI)技术和道德标准发布了重要指导。这份指南并未直接提出具体的法规或政策,但为美国政府推动 AI 的负责任使用提供了方向,并设定了一系列高级原则作为未来技术

标准的参照。在追求技术进步的同时,美国期望制定的 AI 标准既要能够防止技术对人类造成潜在伤害,又要保持足够的灵活性,以鼓励创新和促进技术产业的繁荣发展。若缺乏更为明确的标准来评估 AI 工具的性能和可靠性,政府在平衡技术创新与风险防控方面将面临挑战。美国希望参与人工智能标准制定的人必须了解并遵守美国政府的政策和原则,包括那些涉及社会和道德问题以及治理和隐私的政策和原则。

2018 年中国首次发布了《人工智能标准化白皮书》(以下简称"白皮书")。这是目前直接规范中国 AI 的主要文件。它由 30 个研究机构、智囊团、私营技术公司编写,其中包括中国电子技术标准化研究院、中国社科院以及百度、阿里巴巴、腾讯、华为。

"白皮书"提出了一个新的总体标准开发框架。该框架同时规范了 AI 的基本概念以及该技术的最终产品和应用领域。"白皮书"中单独列出了伦理标准。在这方面文件提出四项基本原则:人类利益原则,责任原则,透明度原则,权利和义务的一致性原则。后者一方面旨在调和公司的商业利益,另一方面是为了维持 AI 系统的透明度。

中国十分清楚发展 AI 全面监管的重要性。2023 年,我国初步构建人工智能标准体系,重点研发数据、算法、系统、服务等关键急需标准,并优先在制造、交通、金融、安防、家居、养老、环保、教育、医疗健康、司法等重点行业与领域进行推广实施。同时,将建立人工智能标准试验验证平台,为社会公众提供标准化服务。未来我国要积极参与人工智能国际标准的制定,努力掌握人工智能国际标准制定的主导权。

第三节　智能化战争的 AI 技术支撑

在科技进步的推动下,人工智能在智能化战争的战场环境中,正逐步占据核心地位。它能够高效地处理、分析战场情况,并将精确信息反馈给决策者,助力其作出更为科学的决策判断。大模型军事应用主要注意把握几方面:第一,军事数据的数质量直接影响准确性,要求训练数据规模大,无法彻底清洗,但现实是缺样本、没数据、不开放、难共享;第二,战争的强对抗、高实时、过复杂、不确定等,对大模型复杂战场的适应性还有待检验,需要多次反复迭代;第三,大模型仍然是"黑箱子",过度自动生成是否会导致安全或道德问题发生,超长文本或特别专业的语言还难以处理,在未经大量语料训练的领域能力欠缺;第四,大规模训练对算力要求极高,构建和使用成本较大,无法实时吸纳学习新知识。在科技发展的浪潮中,随着更先进的人工智能技术的崛起,这些系统将全面担负起统筹各战场作战流程、精细把控作战节奏、精准分析战场环境、智能制定作战决策的重任,以夺取在战场上更为关键的"智能主导权"。

一、人工智能技术产业发展

世界各国已经认识到人工智能是未来国家之间竞争的关键赛场,因而纷纷开始部署人工智能发展战略,以期占领新一轮科技革命的历史高点。对于中国而言,人工智能的发展是一个历史性的战略机遇,对促进经济结构转型、应对可持续发展挑战以及提高国家军事竞争力至关重要。

一是军事智能化技术的发展运用。

面对人工智能对人类社会和对战争形态的巨大改变,习近平主席曾深刻指出,人工智能是新一轮科技革命和产业变革的重要驱动力量,加快发展新一代人工智能是事关我国能否抓住新一轮科技革命和产业变革机遇的战略问题。实际上习近平主席在党的十九大报告中对我们军队还专门强调指出,要加快军事智能化的发展。我们要落实习近平主席的重要指示,加紧研究人工智能的新特点新规律,提出应对举措。军事智能化是当今世界军事领域研究的重点。所谓军事智能化,是指以人工智能技术为核心,包括物联网、云计算、大数据等支撑技术以及新材料、新能源、增材制造等相关前沿技术群,在与战争、国防、军队直接相关的事项中得到高度应用,实现感知、记忆、思维、学习、决策等能力充分拓展,使军事活动中个人、自主化装备个体、组织的行为决策和资源利用合理、高效、优质的状态。同时,也是上述技术群不断创新发展并在军事领域广泛扩散、深度应用,使军事组织、结构和运行方式不断完善,趋于达到上述状态的一段持续的历史过程。

目前,军事智能研究领域包括情报收集和分析、后勤保障、网络空间作战、指挥和控制、军用无人装备、精确制导武器等。随着军事智能技术的蓬勃发展,我国在多种智能技术上获得突破性进展,并积极开发多种类型的自主军用平台,同时也在人工智能技术军事化运用上取得了如表8-1所示的成果。

表 8-1 人工智能技术军事化运用表

军事运用场景	人工智能技术应用需求
情报侦查	在大数据时代,人工处理海量信息能力的不足是制约情报工作的一个主要问题。随着科技的发展和战争形态的演变,无人侦察以其独特的作用给情报侦察领域带来了深刻的变革。怎样迅速准确地从海量原始信息中甄别出高价值情报信息,当前的机器学习和人工智能技术为这一难题提供了解决方案。
网电空间	在高端军事网络作战领域,人工智能是一项关键技术。凭借紧密契合网电空间海量数据特性,正极大影响和改变着网电空间认知模式,使网电战场可视化、网电意图可测化、网电行动可量化。例如传统的网络安全工具主要通过查找是否与已知恶意代码相匹配的方式来发现攻击,因此黑客仅需要对代码进行小部分修改就可以绕过防御。而基于人工智能的网络安全工具经过训练,可以发现更多形式的异常网络行为,从而能更有效地阻止攻击。
指挥控制	在智能化战争时代,一方面,随着战争规模、空间的不断扩大和作战行动的日益复杂,需要处理的信息逐渐超出了指挥员和参谋机构能够处理的极限;另一方面,无人装备的大量出现,如无人潜航器、无人值守地面传感器、战斗机器人和无人飞行器等为代表的无人作战装备,需要实现人与机器之间的协同指挥控制。观察、定位、决策以及行动的速度直接关系到战争的胜败,人工智能技术的运用可显著缩短决策周期。
训练管理	由于成本和系统复杂性的增加以及军用训练平台有限,未来军事系统将更多地在仿真、虚拟环境中进行测试、评估和培训。人工智能技术应用在军事训练中的最大优点,是不仅能够模仿非常逼真的训练场景,而且通过源源不断的数据收集和个性化分析工作,高效地提升训练管理的质量。
武器装备	随着科技的不断发展,智能化、无人化作战体系已经成为未来战争的必然趋势,智能化武器装备也越来越多地进入到现代战争中。"无人车""无人船""无人机"等智能化无人装备正迅速发展,并将广泛应用于实战。这些无人装备以多维空间、全天候作战、非对称对抗、非接触式打击、非线性战术和人员零伤亡为特点,它们将重塑战争的要素、观念、组织结构和保障方式,进而推动战争形态的变革。

续表

军事运用场景	人工智能技术应用需求
后勤保障	"智能后勤"即"后勤+人工智能",是在后勤领域广泛运用物联感知、大数据、人工智能等技术群,融合现代管理、信息化战争等理论方法,创新保障理念、优化体制结构、再造机制流程、改进方式手段,全面重塑军队后勤体系,更好实现需求自动感知、资源自动筹措、任务自主执行的智慧化、自动化后勤保障。智能化战争后勤保障力量编组、力量运用等方面将会发生根本性变化,未来作战中将逐步呈现出全维分散、精准动态、异地同步等新的运用模式。

随着军事智能化的发展,我国也涌现出了一大批优秀的人工智能装备,包括 AR-500CJ 舰载无人直升机、"翼龙"-Ⅱ无人机、"大狗"机器人、"灵蜥"系列机器人等。

AR-500CJ 舰载无人直升机由航空工业直升机所自主研发,已圆满地完成了人工起降、悬停、前飞、后飞等悬停机动科目并顺利着陆。舰载无人直升机系统,是当下世界上最尖端的海上新概念武器,一旦大规模装备,将会改变传统的海战模式。因此,舰载无人直升机系统等新概念智能化海战装备,正在成为世界各主要军事大国争先发展的目标。

"翼龙"-Ⅱ无人机是由航空工业成都飞机设计研究所自主设计研制的无人机,适合于军事任务、反恐维稳、边境巡逻和民事用途。

"大狗"机器人总重250千克,负重能力为160千克,垂直越障能力为20厘米,爬坡角度为30度,最高速度1.4米/秒,续航时间为2小时。该机械狗的尺寸与大型犬相仿,在战场上具有显著的战略价值:在地形复杂的区域为军队运输弹药、口粮以及其他必需品。它不仅能够在地面行走和疾驰,还拥有跨越特定高度障碍的能力,确保物资运输的顺畅与高效。

"灵蜥"系列机器人是广州卫富科技开发有限公司在国家"863"计划支持下研制出的,先后研制出 A 型、B 型、H 型、HW型等"灵蜥"系列机器人,都具有探测及排爆多种作业功能,可广泛应用于公安、武警系统。它具有卓越的地面适应性和多功能探测及作业能力,能迅速应对突发事件,性能达国际先进水平。

2021 年 12 月,联合国《特定常规武器公约》第六次审议大会在日内瓦启动。中国裁军大使李松率队参与,并递交了《关于人工智能军事应用规范的立场文件》,倡导各国通过对话和协作,共同探讨规范人工智能在军事领域的应用,建立广泛参与的国际治理机制,以防范人工智能军事应用可能给人类带来的严重风险。会议中李松传达了中方的立场:各国在推进人工智能武器系统的发展过程中,应秉持克制与审慎的态度。人工智能的军事应用绝不应成为发动战争和追求霸权的工具,我们坚决反对利用人工智能技术谋求绝对的军事优势,以致损害他国的主权和领土安全。必须坚守以人为本、智能向善的原则,确保人工智能的军事应用符合国际人道主义法的精神,从而避免相关武器系统可能导致的滥杀滥伤和误用恶用。此外,我们应不断强化人工智能技术的安全性、可靠性和可控性,增强人工智能的安全评估和管控能力,确保人工智能武器系统始终处于人类的严格控制之下。同时,应加强对人工智能军事应用的监管,以有效降低技术扩散所带来的风险。

二是我国人工智能技术的差距与不足。

在人工智能专利申请方面。中国专利数量略领先于美国和日本。中国、美国和日本申请量分列前三,分别是44.5万件占比68.5%,7.3万件占比11.2%,3.9万件占比6.0%。中国已经成为全球人工智能专利布局最多的国家,中美日三国占全球总体专利公开数量的85.7%。全球专利申请主要集中在语音识别、图像识别、机器人以及机器学习等细分方向。中国人工智能专利持有量前30的机构中,科研院所与大学和企业旗鼓相当,技术发明数量上科研院所与大学占据52%,企业占据48%。企业间的专利持有量差异显著,尤其是国家电网,在人工智能技术上取得了显著进展,其专利数量在国内遥遥领先,全球排名也达到了第四。中国的专利技术主要集中在数据处理、数字信息传输等关键领域,特别是在图像处理分析方面,相关专利占据了总数的16%。

在人工智能人才培养方面。中美两国在顶级AI学者数量上遥遥领先,分别拥有1598位和1483位,显著多于其他国家。但中国还需在顶级学者的人口参与率上加大努力。清华大学和中国科学院在AI人才投入上表现突出,成为全球领先的机构。然而,以H因子为评价标准,中国杰出AI人才数量少。在企业层面,中国AI人才投入相对也较少,仅华为一家企业跻身全球前20。中国AI人才主要聚集在东部和中部地区,但西安、成都等西部城市也显示出强劲的发展势头。全球AI人才的研究领域主要集中在机器学习、数据挖掘和模式识别等方向,而中国AI人才的研究领域则相对分散。

在人工智能领域的论文方面。自 1997 年至 2021 年，中国在该领域的论文全球占比从 4.26% 增至 22.4%，远超其他国家。在被引用最多的前 10% 的论文中，中国的作者比例稳步上升。2020 年，在学术期刊上有关 AI 的论文引用率在我国占比为 20.7%，美国为 19.8%，这是中国首次超过美国。高校是人工智能论文产出的核心力量，全球论文产出百强机构中，绝大多数为高校所占据。中国一流高校在人工智能论文产出方面，也展现出卓越的实力和全球影响力。在全球企业论文产出排名中，中国国家电网公司是唯一进入全球前 20 位的中国企业。从学科角度看，计算机科学、工程技术和自动化系统是人工智能领域论文产出最为集中的领域。国际合作在人工智能论文产出中扮演重要角色，中国通过国际合作发表的高水平论文占比高达 42.64%。

三是我国人工智能技术的实践运用。

随着人工智能技术的持续进步，其在计算机领域的应用范围日益扩大，尤其在仿真系统建立、系统控制及系统决策等方面发挥着至关重要的作用。目前，人工智能领域已成功研制并投入运用的技术涵盖了信息检索、语言处理、事件逻辑推理以及分析求解等多个方面，其中自然语言处理技术作为核心技术之一，扮演着举足轻重的角色。这一技术，亦被称为自然语言理解技术，为人工智能技术的广泛推广与应用提供了强有力的支撑。自然语言处理技术的主要内容涵盖了语音合成、语音识别、机器翻译以及语义理解等多个方面。其中，语音识别和语义理解在当下快速发展的现代化网络科技中得到了深入的开发和应用。

基于语义理解的实际应用,科研人员对智能语音识别技术进行了更为深入的研究与应用,为通讯信息的识别、应用及处理奠定了坚实的基础,成为网络时代发展的核心技术之一。

机器学习、深度学习技术的进步将推动计算机视觉、语音识别等技术的快速演进。在核心计算芯片领域,各大科技巨头纷纷展开布局,谷歌发布了新一代 TPU3.0,英伟达推出了强大的 GPU 产品,而国内企业如寒武纪也推出了首款云端智能芯片 MLU100。同时,阿里巴巴、华为、小米等公司也在 AI 芯片领域有所动作,这些芯片产品将逐渐进入大规模商用阶段。整体而言,人工智能产业将继续保持增长势头,并与更多垂直行业实现深度融合。但是主要方向都为视觉以及听觉方面的智能化。以智能音箱为例,汇集了华为、百度、小米、腾讯等诸多头部企业参与其中。目前,我国人工智能应用技术主要包括语音类技术(包括语音识别、语音合成等)、视觉类技术(包括生物识别、图像识别、视频识别等)和自然语言处理类技术(包括机器翻译、文本挖掘、情感分析等)。

中国的人工智能企业数量在全球排名第二,其中北京是人工智能企业最密集的城市。其应用程度相比国外,中国人工智能企业的应用技术更集中于视觉和语音,而基础硬件占比偏小。人工智能相关硬件设计制造的短板也会影响我国人工智能发展进程。最典型的就是美国近期打压华为的行动再次升级,不但进一步限制华为在产品研发和制造过程中使用美国技术,还一口气把华为旗下的 38 家子公司列入所谓的"实体清单",制裁范围横跨 21 个国家。

四是我国人工智能的发展道路。

人工智能发展的道路对我国至关重要,关系到发展的可持续性与最终的国际竞争格局。

道路一:统一技术体系走闭源封闭与开源开放相结合的道路。首先是构建专用封闭的 A 体系。在军事、气象、司法等专用领域构建企业封闭生态,基于国产成熟工艺生产芯片,相对于底座大模型更加关注特定领域垂直类大模型,训练大模型更多采用领域专有高质量数据等,这易于形成完整可控的技术体系与生态,我国一些大型骨干企业走的是这条道路。然后是全球共建开源开放的 B 体系。用开源打破生态垄断,降低企业拥有核心技术的门槛,让每个企业都能低成本地做自己的芯片,形成智能芯片的汪洋大海,满足无处不在的智能需求。用开放形成统一的技术体系,我国企业与全球化力量联合起来共建基于国际标准的统一智能计算软件栈。形成企业竞争前共享机制,共享高质量数据库,共享开源通用底座大模型。

道路二:比拼算法模型与新型基础设施。首先,数据已成为国家战略信息资源。数据具有资源要素与价值加工两重属性,数据的资源要素属性包括生产、获取、传输、汇聚、流通、交易、权属、资产、安全等各个环节,我国应继续加大力度建设国家数据枢纽与数据流通基础设施。其次,AI 大模型就是数据空间的一类算法基础设施。以通用大模型为基座,构建大模型研发与应用的基础设施,支撑广大企业研发领域专用大模型,服务于机器人、无人驾驶、可穿戴设备、智能家居、智能安防等行业,覆盖长尾应用。

道路三：一体化算力网建设推动算力基础设施发挥先导作用。算力基础设施化的中国方案，应在大幅度降低算力使用成本和使用门槛的同时，为最广范围覆盖人群提供高通量、高品质的智能服务。算力基础设施的中国方案需要具备"两低一高"，即在供给侧，大幅度降低算力设备、网络连接、数据获取、算法模型调用、运营维护、开发部署的总成本；在消费侧，大幅度降低广大用户的算力使用门槛；在服务效率侧，要在实现高并发服务的同时，使端到端服务的响应时间可满足率高。

二、人工智能重大科学前沿问题

科技部在科技创新 2030——"新一代人工智能"重大项目 2018 年度项目申报指南重点围绕新一代人工智能基础理论、面向重大需求的关键共性技术、智能芯片与系统三个方向部署实施。

一是新一代人工智能的基础理论。聚焦于人工智能的核心机制、模型与算法突破，致力于新一代 AI 基础理论的研究，这些研究有望触发 AI 领域的范式变革，并为 AI 的持续演进和广泛应用提供坚实的科学支撑。研究范围涵盖了前沿的神经网络设计、适应开放环境的智能感知技术、跨媒体因果关系的推理、非完整信息下的博弈策略、群体智慧的涌现机制与计算框架、人机融合的智能增强方案，以及在复杂制造环境中的人机物协同控制策略。

1. 新一代神经网络模型。借鉴神经认知机理和机器学习数学方法等，开展神经网络模型非线性映射、神经网络对抗和安全性、网络结构自动组织与演化、神经元和模块功能特异化、小样本学习/弱标签/无标签样本学习、可解释性等新理论和新方法的研究。大规模神经网络展现出强大的端到端表示能力和非线性函数的无限逼近能力，在多个领域表现出优异的性能，成为一个重要的发展方向。研究目标是突破大数据等限制，显著提升神经网络支撑解决现实人工智能问题的范围和能力。

2. 面向开放环境的自适应感知。针对应用场景变换易导致智能系统性能急剧下降问题，发展适应能力强的层次化网络结构、可连续学习的机器学习策略及一般性效能度量方法，结合跨领域的知识图谱、因果推理、持续学习等，赋予机器类似人类的思维逻辑和认识能力，特别是理解、归纳和应用知识的能力，突破无监督学习、经验记忆利用、内隐知识发现与引导及注意力选择等难点。研究目标是推动开放环境、变化场景下的自适应感知智能理论和方法突破。

3. 跨媒体因果推断。研究基于跨媒体的人类常识知识形成的机器学习新方法，并在常识知识支持下对跨媒体数据进行自底向上的深度抽象和归纳，有效管控不确定性的自顶向下演绎和推理，建立符号逻辑推理、归纳学习和直觉顿悟相互协调补充的新模型和方法，支持跨媒体知识的不一致性分析。机器处理海量图片数据、音频数据的本质是基于对原始数据的被动观察，进而拟合出层次丰富且复杂性更高的函数。研究目标是实现跨媒体从智能的关联分析向常识知识支持下因果推断的飞跃。

4. 非完全信息条件下的博弈决策。针对人类经济活动、人机对抗等非完全信息条件下的博弈特点,结合机器学习、控制论、博弈论等领域进展,研究不确定复杂环境下的动力学机制,将对抗学习、强化学习与动态博弈论进行融合,支持多群体博弈,这种方法的好处是倒逼人工智能更加深入理解可见信息,从而找到有效的决策依据。研究目标是突破非完全信息环境下智能基础模型和动态博弈决策理论。

5. 群智涌现机理与计算方法。研究开放、动态、复杂环境下的大规模群体协作的组织架构、行为模式和激励机制,建立可表达、可计算、可调控的复合式激励算法,探索个体贡献汇聚成群体智能的涌现机理和演化规律,突破面向全局目标的群体智能演进方法和时空敏感的群体智能协同决策。研究目标是建立行为可预知、目标可引导和过程可持续的群体智能涌现的理论和方法。

6. 人在回路的混合增强智能。由于人类所面临的复杂问题充满不确定性、脆弱性和多样性,机器的智能水平尚无法全面替代人类。因此,在人工智能系统中融入人的智慧和认知模式,构建人机协同的混合增强智能形态,成为人工智能发展的重要方向和可行路径。这种增强智能形态是推动人工智能持续进步的关键所在。研究不确定性、脆弱性和开放性条件下的任务建模、环境建模和人类行为建模,发展人在回路的机器学习方法及混合增强智能评价方法,把人对复杂问题分析与响应的高级认知机制与机器智能系统紧密耦合,有效避免由于人工智能技术的局限性引发的决策风险和系统失控。研究目标是实现可收敛的复杂问题人机双向协作和问题求解。

7.复杂制造环境下的协同控制与决策理论方法。面向离散制造业和流程工业中复杂多维度人机物协同问题,研究跨层、跨域的分布式网络化协同控制方法,突破人机物三元协同决策与优化理论,实现人机物的虚实融合与动态调度,探索无人加工生产线的重构及人机共融智能交互等。研究目标是探索建立自主智能工厂技术体系所必需的理论与方法。

以上理论方法可以解决许多实际军事场景中的军事应用需求,给智能化战争战场环境带来极大改变,具体可解决的需求如表8-2所示。

表8-2　实际军事场景中的军事应用需求表

新一代人工智能基础理论	军事应用需求
新一代神经网络模型	随着移动互联网、智能传感器等技术的不断发展,军事情报信息正经历着爆发式的增长时期。新一代神经网络模型的基础研究,对于突破大数据限制,提升军事信息处理效能具有重要现实意义。
面向开放环境的自适应感知	未来战场环境错综复杂、瞬息万变,智能装备需要具备在开放、变化的作战环境下,实时感知自身状态及战场环境变化并做出相应的处理决策,需要基础理论和方法的支撑。
跨媒体因果推断	通过信息融合技术,利用多种手段获取不同层次、不同特征的信息,并采用多层次、多方面、多级别的信息处理,包括检测、跟踪、关联、估计、识别、解译、决策等,以得到高级别、更易于理解、更加全面、更为精确有效的情报信息。
非完全信息条件下的博弈决策	智能化武器装备要能够在环境特征、目标信息等要素不完备的情况下,迅速进行自主调整、决策判断以及控制自身的作战行动,需要建立在现有的博弈基础理论突破之上。

续表

新一代人工 智能基础理论	军事应用需求
群智涌现机理与计算方法	智能化作战集群的核心能力包括自主侦察、自主决策、自主规划、自主执行和自主评估,旨在无人类直接干预下实现高效作战。当前,需要克服群智涌现机理及模型算法的局限性,以实现更先进的智能化作战水平。
人在回路的混合增强智能	随着人工智能、大数据技术的发展,计算机可以从海量的战场数据集中挖掘出更多有价值的军事信息,指挥员基于对数据的分析理解,结合自身经验,可以更好地实现决策指挥,有效的人机协作机制将大大提升决策系统的安全性和可靠性。
复杂制造环境下的协同控制与决策理论方法	智能化武器装备集成了多个学科、领域的研究成果,如何快速地将先进技术成果应用到最新的装备中,离不开智能化工厂技术体系理论的发展和完善。在指挥决策领域,通过整合脑机接口、神经网络、图像识别及自然语言处理等技术,实现对战场态势数据的深入解析和自主学习。这些技术不仅有助于识别战场环境,还能自动评估态势并感知潜在威胁。在此基础上,结合专家经验进行人为干预,最终形成科学的决策支持方案。

　　前沿理论是军事智能化的基础。智能化战争瞬息万变,军事信息错综复杂、多样异构,军事场景差异化大、覆盖面广,武器装备发展迅猛、功能复杂。新一代人工智能基础理论的突破将使智能化战争作战环境更加成熟,作战手段更加先进。

　　二是面向重大需求的关键共性技术。围绕我国人工智能在国际舞台上的竞争需求,需针对关键领域,攻克新一代人工智能的核心共性技术。以算法为引领,依托数据与硬件基础,全面提升感知识别、知识计算、认知推理、协同控制与人机交互等核心能力,构建开放、兼容、稳定且成熟的技术生态体系。主要包括可泛化的领域知识学习与计算引擎、跨媒体分析推理技术系统、认知任务下的场景主动感知技术、面向群体化软件开发的群智激发汇聚研究、人机协同软硬件技术研究、无人系统自主智能精准感知与操控和自主智能体的灵巧精准操作学习。

1. 可泛化的领域知识学习与计算引擎。突破知识加工、深度搜索和可视交互等核心技术,形成概念识别、实体发现、属性预测、协同推理、知识演化和关系挖掘等能力,实现知识持续增长的自动化获取,形成从数据到知识、从知识到服务的自主归纳和学习能力。在 1—2 个知识密集型领域进行服务验证,达到或超越领域专家/专业从业人员平均问答服务水平。研究目标是面向跨界融合新业态与知识创新服务需求,攻克大规模、综合性知识中心建立所需要的关键技术。

2. 跨媒体分析推理技术系统。研究跨媒体多元知识统一表征理论、模型和获取方法,研究海量、异构、分布的大规模跨媒体知识的管理方法和技术,构建十亿级别以上的适应跨媒体内容演化的知识图谱和分析推理技术,建立从定向推理到通用推理的泛化机制。研究目标是面向跨媒体内容管理、跨模态医疗分析等重大需求,实现可回溯、可解释的类人跨媒体智能推理系统。

3. 认知任务下的场景主动感知技术。主动感知技术包括信息收集、识别和分析等技术,是完成认知任务的重要内容,也是为认知任务提供信息的一环。针对复杂环境中的自主定位、目标搜寻、场景分析和解释等认知要求,研究自然场景的主动视觉感知、三维环境动态建模和定位技术;研究复杂场景中声学环境探测与基于听觉反馈机理的言语主动感知技术;研究视听觉协同的从自然场景主动发现新目标及其属性知识的认知技术。研究目标是面向具有重大产业前景的认知任务,建立典型应用场景实验平台并进行功能验证。

4. 面向群体行为的群智激发汇聚研究。研究群体智能的协同与演化、通信与规划、决策与控制等技术;研究群体智能行为的训练、验证和可解释性技术;研究群体活动的群智激发汇聚机理和技术,探索群智合作与竞争等激发模式,突破复杂不确定环境下的智能实时推理和对抗技术。研究目标是针对大规模复杂群体活动等典型应用场景进行群智行为激发的关键技术验证和应用示范。

5. 人机协同软硬件技术研究。研究构造软硬件一体化的人机协同技术平台。研究适应真实世界情境理解与协同决策的模型与方法;研究人机协同中混合人类直觉、经验、行为的新型学习方法;研究环境和情景的自然理解、大规模知识的处理技术等。研究目标是面向典型人机协同应用,研究提出人机交互智能软硬件及新型混合计算架构等。

6. 无人系统自主智能精准感知与操控。针对海、陆、空、天无人平台等自主智能发展需求,研究无约束环境、资源受限条件下的基于多传感器信息融合的协同感知方法;研究复杂场景下多源异构感知对象快速精准的分割、检测、定位、跟踪和识别方法;研究大范围场景地图构建、自主定位、透彻感知与动态认知等语义建模和理解方法等;研究复杂环境下面向多任务的协同、柔顺、精准操控方法。研究目标是建立或利用已有自主智能系统进行技术验证,实现自主智能无人系统中的自然、精准、安全的交互与精准操控。

7. 自主智能体的灵巧精准操作学习。研究基于智能人机交互的复杂灵巧精确操作技能传授和高效示范;研究实现对抓取、对准、趋近、装入等复杂技能的机器学习和技能生成;研究自主智能体的灵巧作业运动规划和协调控制,实现从技能到灵巧操作的运动映射;研究多层次操作技能表示方法,实现复杂技能的知识化表达。研究目标是针对不确定性生产系统中对自主操作的需求,围绕精密装配等典型场景,进行灵巧操作技能学习技术验证。

以上几项关键技术均可以在智能化军事中获得重大运用,为我国智能化系统升级换代与智能化装备快速发展提供助力,具体可见表8-3所示。

表8-3　实际军事场景中的军事重大应用表

面向重大需求 关键共性技术	军事重大应用
可泛化的领域知识学习与计算引擎	现代战争因传感器的大量使用而积累了海量数据,这些数据有多个来源且结构各异。为了支持决策制定,我们需要从这些数据中提取关键信息,识别目标的意图和战略动向。智能化技术的运用至关重要,它能够辅助指挥人员进行准确的情报分析和研判。
跨媒体分析推理技术系统	大规模高级别的作战筹划较为复杂,当前的机器智能在短时间内无法完全胜任。可以利用知识统一表征技术,对多维度的知识进行自动抽取、相似性分析、聚类、裁决和融合集成,形成众多知识经验的积累,协助指挥员拓展思维,实现多层面的智能辅助系统。
认知任务下的场景主动感知技术	在智能化作战场景下,智能感知系统通过对目标的声、视觉等动态信息的获取,借助神经网络、专门的智能处理硬件,可在复杂的战场环境下,自动识别出潜在威胁,为对任务目标的打击决策提供参考。

面向重大需求 关键共性技术	军事重大应用
面向群体行为的群智激发汇聚研究	智能无人集群作战中,群体各成员之间利用庞大的数据链,实时共享风速、地形、战场情况等各方面、各角度信息,通过集群作战中群体的数据分析与处理能力,可以高效地无人决策,实现真正意义上的智能无人作战,进而发挥出整体的战斗力,达到智能倍增的效果。
人机协同软硬件技术研究	在有人—无人自主协同系统中,人类智能与机器智能的平行交互与深度融合,对于实现有人系统与无人系统之间的双向互补至关重要。这种互补性使得系统在执行复杂任务时,能够更加适应人类的目标导向,进而展现出更为优异的表现。有人—无人系统在未来军事冲突中的占比将日益提高。与过去的战争相比,人类的位置将从前线后撤至相对安全的区域,战场上的作战行动将主要由大量的无人作战平台来完成。这些系统必须具备多域作战、互操作和智能化等特征。
无人系统自主智能精准感知与操控	当前无人武器系统智能化协同管控能力有限,无法适应瞬息万变的战场局势,未来战场对无人武器系统智能化控制和协同作战运用的需求日趋强烈。提升无人武器系统控制和作战管理水平,已成为未来体系作战亟待突破的瓶颈和未来无人武器系统体系作战能力形成必须解决的关键问题。
自主智能体的灵巧精准操作学习	用来装备部队的各类智能化武器装备甚至整个无人作战体系同样可以实现自主学习训练,通过学习人类知识经验,不断积累数据并进行算法优化,以提升战斗力。

关键共性技术是军事智能化的核心。智能化战争可在任意环境下展开,当战争环境人类无法前往时,人工智能技术水准就成了战争中最显而易见的评判标准。大力发展关键共性技术,将从多方面提升我军对智能化战争环境的感知,同时也会极大提升我军军事无人装备的核心竞争力。

三是智能芯片与系统。围绕人工智能产业的核心发展要素和生态构建,从创新平台和基础技术层面,深入探索新型感知技术的实现与应用,人工神经网络的核心技术标准,以及推动人工智能开源平台的发展。主要包括前沿感知技术与芯片设计、神经网络处理器的核心规范与验证芯片,以及人工智能的开源协作平台与智能操作系统的原型版本。

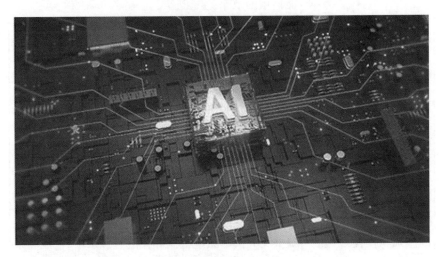

智能芯片

1. 新型感知器件与芯片。深入探索模拟生物视、听、触、嗅等感知通道的信号处理机制,设计并制造创新的感知器件与芯片。构建相应的神经网络感知信息模型,用于信息的表示、处理、分析和识别。开发高性能的感知系统,其能力超越生物,并验证其实际功能。

2. 神经网络处理器关键标准与验证芯片。设计支持训练和推理的神经网络计算指令集,制定神经网络表示与压缩标准,在此基础上开发高效基础算法库和接口标准,实现配套开发工具链,建立开放的、不依赖于具体芯片实现方式的芯片平台标准,实现软硬件系统接口的统一化。实现支持上述指令集、算法库、标准及开发接口的验证芯片和示例应用。

研发新型芯片,可以大幅提升传感器性能,加速人工智能硬件发展,以上芯片可用在军事智能化领域,如表8-4所示。

表8-4 实际军事场景中的军事运用方向表

智能芯片与系统	军事运用方向
新型感知器件与芯片	智能传感器是武器装备感受外界环境的重要硬件,决定了装备与外界环境信息交互的能力,也是装备智能化的重要硬件基础。
神经网络处理器关键标准与验证芯片	高运算速度的芯片技术是发展尖端人工智能技术的重中之重,而其标准化水平则决定了人工智能技术能否在军事领域实现快速应用,因此统一智能计算软硬件标准,具有极高的战略意义。

新型芯片是智能化战争的保证。国家自主研发制造的芯片,是智能化战争的保证,只有芯片研发与制造能力跟得上,才能在智能化战争中夺得话语权。芯片是人工智能技术发展的源头,运算能力强且符合市场需求的芯片,是一个国家硬实力的体现,新型芯片取得突破,才能保证我们在智能化发展中夺得先机。

三、人工智能创新平台落地见效

在2019世界人工智能大会上,10家国家新一代人工智能开放创新平台正式启动。这次新批准的第二批国家新一代人工智能开放创新平台涉及了视觉计算、智慧教育、基础软硬件、普惠金融、图像感知等领域。此平台的合作方广泛涉及多个领域,包含视觉计算行业的领军企业依图科技,智能营销领域的佼佼者明略科技,基础软硬件领域的巨头华为,普惠金融领域的行业标杆中国平安,视频感知领域的先锋海康威视,智能供应链领域的领先者京东,图像感知领域的创新者旷视科技,360 的安全智能系统,智慧教育领域的好未来,以及智能家居领域的小米。

开放创新平台建设专注于四大核心任务,包括推动细分领域的技术革新,加快科技成果的扩散与转化,提供开放共享的服务支持,以及积极引导中小微企业和行业开发者进行创新创业活动。开放创新平台的建设,将助力中国芯片设计业和人工智能的结合。依托依图先进的芯片设计及世界级算法的强大能力,视觉计算平台将建设开放的产业平台和生态体系,通过芯片—算法输出视觉能力,打造"即插即用"软硬件一体化套件,建立智能芯片、智能算法和智能产品开发者相互促进、相互竞争的良性生态。

建设布局人工智能创新平台,强化对人工智能研发应用的基础支撑。人工智能开源软硬件基础平台重点建设支持知识推理、概率统计、深度学习等人工智能范式的统一计算框架平台,形成促进人工智能软件、硬件和智能云之间相互协同的生态链。群体智能服务平台重点建设基于互联网大规模协作的知识资源管理与开放式共享工具,形成面向产学研用创新环节的群智众创平台和服务环境。混合增强智能支撑平台重点建设支持大规模训练的异构实时计算引擎和新型计算集群,为复杂智能计算提供服务化、系统化平台和解决方案。

自主无人系统支撑平台重点建设面向自主无人系统复杂环境下环境感知、自主协同控制、智能决策等人工智能共性核心技术的支撑系统,形成开放式、模块化、可重构的自主无人系统开发与试验环境。人工智能基础数据与安全检测平台重点建设面向人工智能的公共数据资源库、标准测试数据集、云服务平台等,形成人工智能算法与平台安全性测试评估的方法、技术、规范和工具集。促进各类通用软件和技术平台的开源开放。各类平台要按照军民深度融合的要求和相关规定,推进军民共享共用。

第四节　智能化武器装备的融合发展

一体化国家战略体系和能力就是把国防和军队现代化建设深深融入经济社会发展体系之中。一体化国家战略体系已上升为国家战略工程,是我们长期探索经济建设和国防建设协调发展规律的重大举措,是从国家安全和全局出发作出的重大决策,是应对复杂安全威胁、赢得战争、赢得国家战略优势的重大举措。"搞好一体化国家战略体系和能力要解决两个问题:一是拓宽一体化国家战略体系和能力的途径。美国国防部建立与硅谷的对接通道,还在硅谷设立了国防创新试验机构,目的就是把人工智能技术引入国防部。推进军事智能化,最佳的选择方式是围绕国家战略用军队的需求和资本,去吸引领先的企业、领先的技术和人才,来做一体化国家战略体系和能力。二是提高一体化国家战略体系和能力的效率。把速度作为一体化国家战略体系和能力的关键词,从第一次工业革命以来,中国在军事革命首次与世界强国站在同一条起跑线上,能不能抢占智能化战争的制高点,速度很关键。智能化武器装备发展是提升一体化国家战略体系和能力的关键。需全面推进经济、科技、教育、人才等领域深度融合,广泛、深入地结合国防和军队现代化与经济社会发展,为国防和军队现代化提供资源及可持续发展动力。

一、一体化国家战略体系和能力发展是国家战略

2017 年 1 月 22 日,中共中央政治局召开会议,决定设立中央军民融合发展委员会。该委员会是中央层面军民融合发展一体化重大问题的决策和议事协调机构,统一领导一体化国家战略体系和能力建设发展。2017 年 6 月 20 日,习近平总书记主持召开该发展委员会第一次全体会议,强化贯彻落实和改革创新,坚持法治思维,向重点领域聚焦用力。2017 年 10 月 18 日,习近平总书记在中国共产党第十九次全国代表大会上的报告中指出,坚持富国和强军相统一,强化统一领导、顶层设计、改革创新和重大项目落实,深化国防科技工业改革,形成深度发展的格局,构建一体化的国家战略体系和能力。2018 年 10 月 15 日,习近平总书记主持召开该发展委员会第二次全体会议,强调加快职能转变,通过战略性重大工程有效推动科技创新。

二、突出智能武器一体化国家战略体系和能力建设顶层设计

构建一体化国家战略体系和能力是实现党在新时代的强军目标的必然选择。构建一体化国防军工体系,支撑智能化军队

和智能武器装备发展,需军地协同推进。

为推进装备领域的深度发展,应系统研究并制定实施意见,精确设计装备领域的发展目标、方向重点和建设任务,确保实施过程有步骤、按计划进行。针对当前突出问题,我们积极推动市场准入的多证合一改革。同时,将加强军地信息的双向交流,扩大竞争范围,打破行业壁垒,以充分调动全社会优势资源,为国防建设提供有力支持。此外还将积极推进重大示范项目的落实工作,深化试点示范的成效,确保融合发展的实际成果得以显现。

随着信息技术日新月异的进步,计算机及电子信息数据的安全性和保密性成为重要议题,特别是在高度机密、业务范围广泛的特定行业。由于专业力量不足和监管手段的局限性,违规和泄密事件频发,有时甚至带来无法挽回的后果。中孚信息展示了多款先进的网络安全产品,包括涉密计算机自检、文印闭环管理和综合保密管理系统等,以高科技和互动式的展示方式吸引了大量观众。特别值得一提的是,其涉密计算机自检监管系统集成了信息精准分析、外联实时监测和设备过滤技术,企业部署后,能有效解决日常保密管理的难题。

三、人工智能在武器装备领域的融合发展

融合发展已成为全球军事强国的核心策略。随着冷战的结束,无论国家大小、强弱,都纷纷打破军民界限,整合国家资源,以实现国防能力的全面提升。为了应对全球军事变革的浪潮,世界主要国家纷纷加速国防建设的转型与创新,推动军事装备

的发展,调整国防战略,深化军民一体化的发展道路。近年,美、英、法、德、日等国军事专用技术比重下降,已不足15%。军民通用技术占比超80%,军队信息化建设主要依赖民用信息系统。人工智能在武器装备领域具有天然的融合发展特征,世界各主要国家越来越注重利用国家资源和社会力量实现战斗力的整体跃升。

美国是武器装备领域深度融合的例子。美国融合机制,建立在以政府为主导,以民营经济为主体的国防工业体系之上。美国波音公司是全球领先的飞机制造商之一,专注于民用和军用飞机的设计与生产。同时,波音公司也涉足旋翼飞机、电子和防御系统、导弹、卫星、发射装置等多个领域,并制造先进的信息和通讯系统。波音公司还是美国国家航空航天局的重要合作伙伴,负责运营航天飞机并参与国际空间站的建设与维护。[①]

2018年,波音和瑞典的萨博公司联合研制的教练机获得了美空军351架T-X教练机的超大订单,合同总价值约90亿美元。

美国Palantir科技公司通过整合人工智能和大数据分析技术,为美国军方和保密机构如CIA、FBI等量身打造专业软件。这些软件不仅支持大数据分析和信息检索,还在美国的反恐工作中扮演了至关重要的角色。该公司现在核心技术产品分两块,一块是国防、安保领域的大数据产品,另一块是金融、反窃取相关的人工智能数据分析产品。

---

① 谢涛:《国防信息化装备展:军民融合路径多》,《中国贸易报》2021年10月28日。

2021 年,美国空军向波音公司订购了一批 F-15EX 战机。

首批共订购 8 架,价值 12 亿美元。根据波音公司的最新消息,这只是第一批,美国空军计划在未来继续追加订单,最终可能购买 144 架 F-15EX 战机,总价值接近 230 亿美元。

国内的典型案例当属无人机发展。这种技术在应用于军事时,可以充当军用无人侦察机,用于搜集情报和观察战场态势。在民用领域则可以用来拍照摄影、无人测绘、森林防火巡检、灾难救援等,特别是一些人类难以进入的区域,可以借助无人机执行相关任务,随着技术的不断发展,无人机还会被用于农业,比如喷洒农药等。

智能化战争的条件建设注意把握两大重点:①加强大模型军事应用研究除了语言大模型外,还要研究 Sora、Figure1.0 等军事应用;②加快部队现有装备+AI 步伐,防止断链、卡壳。需要重点研究分布式、集群化、多模态、饱和式、智能化攻击,通过军民融合及陆海空平台发射"小、智、廉、多"蜂群系统,大量消耗敌方的防御能力,突破对手防御极限。其特点是多弹齐发,多机齐飞,多艇齐动。

我国军用行业的无人机发展备受瞩目,近年来更是拿下国外多笔订单,在世界范围内能够与美国、以色列的无人机争夺份额,比如中东的许多国家都向中国订购军用无人机。民用领域的无人机更是如此,特别是以深圳大疆为代表的企业将无人机卖到了全世界,大疆公司通过技术创新创造了消费级无人机新市场,占据全球约 80% 市场份额。

人工智能技术是交叉融合领域一个极为重要的应用方向。

人工智能(AI)的发展以及更高速集成电路的出现,促进了科技与传统行业深度结合。据悉,在5—10年后,医疗健保、自驾汽车、教育、服务业都将面临被淘汰的危机。根据中国一家知名互联网公司日前发布的研究报告显示,美国人工智能企业数量占全球总量的41%,中国排第二,占23%;美国人工智能企业融资总额占全球50.10%,中国紧随其后,占33.18%。虽然现在美国还坐在人工智能领域第一的宝座,但外界普遍预期,中国将其拉下来只是时间问题。因为该报告同时显示,中国人工智能企业的投融资速度与获投率高美国一筹,中国的环境更适合创业。

在人工智能行业这个领域里,中国出现了一大批的民营企业,其中百度公司尤为出色,可谓是国内人工智能企业的领头雁,取得了许多瞩目的成绩;在这个第一阵营的企业还有我国互联网科技巨头、中国第一大互联网企业腾讯,腾讯的AI技术也是非常发达;在第二阵营的还有阿里巴巴、搜狗、大疆创新、华大基因、碳云智能、新松机器人、图灵机器人、思必驰等。

加快部队现有装备体系化智能化改造,围绕新型态战争样式和打赢未来战争需求等任务,结合各类部队实际,实施智能化改造,加速各类OODA闭环:一是无人系统;二是平台、弹药和智能感知;三是集群算法;四是软件与认知无线电;五是杀伤链智能闭环。

第九章　智能化战争的理论创新

世上有两种力量:利剑和思想;从长而论,利剑总是败在思想手下。①

——拿破仑·波拿巴

战略思想先进的一方能战胜武器先进的一方。② 军事理论的创新与进步,是一支军队成熟的标志。我们必须努力创建具有我军特色的智能化战争理论。以辩证思维统筹推进军事理论创新工作,成为决定军事理论创新成效的关键。

第一节　瞄准智能化战争的理论前沿创新

一、美军智能化战争理论发展

美军很早就开始在人工智能领域布局。美军十分重视把先

---

① 参见著名的军事家、政治家拿破仑·波拿巴同法国政治家丰塔纳的对话。

② 参见美国学者伊尔·提尔福德的文章《美国军事革命:前景与忧虑》。

进的科学技术应用到军事领域,使之成为战斗力生成的倍增器。对于这一点,曾任美军参谋长联席会议副主席的杰里·迈亚说:"技术领先是美国武装力量的一个标志。"前任美国国防部长阿什顿·卡特也明确表示:"面向未来,我们需要最好的人才、最好的技术和最强的创新力,以维持我们世界领先的战斗力。"

一是单一作战域向多域转变。自"空地一体战"概念提出以来,美军针对多兵种联合作战的需求,相继推出了"空海一体战""分布式杀伤"以及"多域战"等战略构想,这些举措彰显了美军已将跨军种、跨领域的联合作战能力视为其核心作战能力的重点发展方向。通过这一系列举措,美军在体系对抗、信息攻防以及一体化联合等方面展现出了显著的能力优势。美军迫切需求智能高新技术来适应智能化时代的作战能力。近年来,美军为适应智能化时代特点,不断拓展作战概念,作战体系呈现出分布式部署、网络化链接、扁平化结构、无人化集群、模块化组合和自适应重构等特点,人工智能主导、无人化、集群化等智能化特征都预示着美军未来全域一体化作战的战争准备方向。

二是有人向有人—无人协同转变。美军自20世纪90年代起便投身于无人作战领域的深入探索。近年来,随着对手防御和打击能力的增强,美军的传统高性能武器在实战中面临诸多挑战。鉴于此,美军积极寻求无人自主系统与人工智能技术的突破,以期提高复杂任务的组织效率和精确协同作战能力,从而更好地应对高对抗环境中的各类威胁。多年来,美国各军种及国防部开展了如"小精灵"和"进攻集群使能战术"等无人集群项目的研究,这些研究为美军提出的"拒止环境协同作战"和

"无人机蜂群作战"等作战概念提供了坚实的技术基础。然而，由于当前无人系统的智能化水平尚有限，无法实现完全的自适应、自学习和自对抗能力，因此，发展有人无人协同作战模式，以提升作战效率和协同能力，仍是当前的主要战略方向。

三是有中心向去中心化演进。美军作战体系的认识逐渐从"网络中心战"转变为更加网络化、分布式、扁平化和平行化的特点。通过"马赛克战"的示范，美军正致力于构建以网络通信和分布式云为基础的新型作战架构，强调作战单元的灵活性和快速应变能力，以追求没有固定作战"中心"的作战模式。在复杂多变的战场环境中，美军正在寻求通过更加自主化的指挥控制和决策机制，快速生成"模块化"作战力量。因此，美军进一步推动了"任务导向"的作战能力生成模式，结合人工智能技术的支持，使得作战体系更加无人化、去中心化。

二、俄军智能化战争理论发展

俄罗斯对于人工智能的应用价值和发展潜力有着明确的战略判断。2017 年，普京总统表示，人工智能不仅代表着俄罗斯的未来，也是全人类的未来。人工智能蕴含着巨大的机遇，同时也将带来难以预测的威胁；谁能成为人工智能领域的领导者，谁就将主宰世界。

俄军十分注重对智能化战争，特别是混合战争的理论研究。混合战争作为当前俄罗斯军事领域的重要议题，备受军队领导人和理论家关注。俄军总参谋长格拉西莫夫大将深入探讨了"混合战争"的概念，并详细阐述了俄军对于此类战争的应对策略。他强调,俄罗斯将充分利用国家资源,防范任何可能针对俄罗斯的"混合战争"威胁。同时,俄罗斯著名军事分析家西夫科夫也发表观点,他认为随着俄罗斯与西方关系的紧张,核武器虽能保护俄罗斯免受传统大规模入侵,但"混合战争"已成为俄罗斯面临的主要和唯一威胁。

自2004年以来,一些国家相继发生"颜色革命",俄罗斯在积极应对的同时,从理论层面深入研究该问题,探索其发生以及发展的机理,由此"可控混乱"理论诞生。2011年西亚北非发生"阿拉伯之春",俄罗斯学者提出"第七代战争"理论,即信息网络战争理论。这些理论为俄军思考认识混合战争提供理论基础,催生并建立了国家防务指挥中心。俄军自2015年开始,在叙利亚境内实施的混合战争军事行动,在西方看来,俄罗斯此次行动是经过了精心谋划、谋定而后动。这场冲突,重要的不是传统军事力量,而是俄罗斯运用的混合战争模式——俄罗斯运用军事、政治、外交、信息、网络、舆论等工具,既打击现实敌人的软肋,又限制了"潜在敌人"的手脚。

第二节　构建我军智能化战争的基础理论

当前,世界军事强国竞相研究智能化战争,打造智能化军队,抢占技术制高点。打赢智能化战争是根本目的,也是推进军事智能化建设的起点。只有掌握智能化战争的制胜精髓,才能科学设计并推动军事智能化建设全面发展。

一、创新发展颠覆性军事理论

理论的创新带有根本性和指导性。智能技术不断向军事领域渗透，必然导致未来战争形态、作战方式、战争规则发生颠覆性改变，进而产生颠覆性智能化作战理论。重点加强军事智能基础理论研究，基础理论是关于对象的本质规律的理论，是理论系统的核心。理论创新要以基础理论的建立为根基，创新理论要依赖于基础理论的正确。着眼新时代新格局，解放思想，摆脱传统理论的束缚。当前，随着一批智能技术的军事应用，世界范围内已经产生了"算法战""有人—无人协同作战""快速全球打击""分布式杀伤""蜂群战术""作战云"等智能化作战概念。比如，美军智能化作战概念"作战云"是一个高度集成的作战体系，其核心在于通过综合运用网络通信技术、虚拟化技术、分布式计算技术及负载均衡技术，将分散部署的作战资源进行有机重组，形成一个弹性、动态的作战资源池。这一概念自 2013 年由美空军首次提出以来，迅速得到美国防部及其他军种的认可，并逐渐发展成为美军应对 21 世纪信息化战争的新方略。一定意义上讲，智能时代与信息时代相比，制胜方式将从"击溃"向"瘫痪"转变；制胜关键要素将从"信息优势"向"智能优势"转变，从信息域转到认知域；制胜技术原理将从"切断敌信息链路"转到"瘫痪敌作战体系"。要紧跟新时代发展步伐，把脉科技前沿，紧紧围绕大国博弈背景下，信息化智能化作战理论的创新，比如，自主并行作战等智能化作战概念。

二、适应变革性的组织形态

编制体制最重要的功能是实现人与武器的有机结合,以形成强大战斗力。新时代我军智能化发展,必然要使人与武器的结合发生根本改变。一方面,无人机编组、无人潜航器编组、机器人士兵编组必然走上战场。另一方面,无人与有人作战单元的协同编组,也将导致各类"混搭式"新型作战力量不断涌现。随着军事物联网、军用大数据、云计算技术在军事领域的应用,诸如"云端大脑""数字参谋""虚拟物流"等也将出现。此类的变化,必然使军队规模更趋小型化、灵巧化。作战力量编成则更加模块化、一体化,主要表现为各作战单元可以根据作战需要适时适地无缝链接;传统的军种体制将进一步转向系统集成。

三、创新革命性的作战方法

相比于信息化战争作战方法,新时代智能化战争作战将更加强调体系化。其中,获取网络空间优势仍是决定战争胜负的先决条件;"舆论攻击"和"心理打击"将全时域、无孔不入;太空、邻近空间将成为谋求军事优势的战略制高点;水下特别是深海作战重要性将越来越大。美军在作战试验中发现,当以无人机集群攻击其最先进的"宙斯盾"防空系统时,该系统根本无法实现全部拦截,大约存在30%的漏洞。无论是人机结合,还是机器与机器相结合的智能化集群,都可以在更高层次提高攻击力度,实现集群的去中心化及抗毁性,保证行动的更加自主化,由此必然带来战法创新空间的极大拓展甚至革命性变化。①

　　智能化的作战样式的创新,一是研发智能化作战概念,作战概念是未来战争里面的一个核心,是作战样式创新和发展,具有重大理论牵引作用。美军的作战理论体系由作战构想、作战概念加作战条例三部分组成,它通常预测 15—20 年作战能力需求,所以现在我们也需要核心作战概念的创造。美军出台了若干概念,多域精确战、无人蜂群战等,这些概念是从人工智能的角度提升概念,提升方法。所以未来谁率先创造出新的作战概念,谁就能引领和掌握新的作战样式。二是尽快建立实验基地,建立这种概念向实战转化的实验基地,用作战仿真、兵棋推演、虚拟现实、实装演练的手段推演模拟未来智能化战争。

四、在聚焦算法研究中注重数据和算力的提升

　　以算制胜,是智能化战争制胜的核心。但必须注意到,算法并不是以算制胜的全部,还有两大支柱要素不可或缺——数据和算力。数据是人工智能的根基,是生"智"的基础,如果数据拥有样本不大、颗粒度不高、质量不佳,就很难产生"高智"优势;算力是驱动大数据运算的高能超算装备,是产"智"的平台。未来战场数据海量产生,没有强劲的算力做支撑,再完备的数据、再高级的算法也无法有效实施智能作战。所以,智能化战争比拼的核心是"算",数据越完整、算力越强大、算法越先进,赢

---

　　①　赵明:《搭上军事智能化发展的快车》,《解放军报》2017 年 11 月 14 日。

得胜利的可能性就越大。① 我们要在人工智能关键硬件理论上下功夫,解决高端芯片等一系列"卡脖子"问题。

五、立足战场实际开展军事理论创新

一流军队设计战争,二流军队学习战争,三流军队尾随战争。信息化时代军事理论的研究范围、领域不断拓展,理论创新越来越紧迫,但又不能脱离战场需要,盲目地跟在他人后面亦步亦趋,而应紧贴战场需要和安全环境,面向军事实践主战场、面向军事技术新领域、面向战争发展新趋势,创造出可以拨开战争迷雾、引领建设发展的军事理论。以色列着眼自身安全环境,奉行先发制人、主动进攻的防御战略和速战速决、避免陷入持久消耗战的作战方针,实践中则贯彻实施严厉报复,通过威慑吓阻敌对行动的非对称作战思想;曾在冷战期间提出打击苏军后续梯队"纵深攻击"理论的英国,在冷战后提出保持"最低限度"核威慑力量,以及依靠北约积极参与西欧联合防务的联盟战略。这些都是结合战场实际进行理论创新的典型例子。②

第三节　创新中国特色的智能化战争理论

军事竞争历来有"强者更强、弱者更弱""一步落后、步步被动"的特征。因此我们必须以时不我待的精神找准起点,设好

---

① 柴山:《智能化战争的制胜精髓》,《解放军报》2019 年 6 月 4 日。
② 陈岳:《理论创新引领军事变革》,《解放军报》2016 年 3 月 22 日。

目标,奋起直追,争取"弯道超车",实现跟跑向并跑进而领跑的转变。美国军事理论家彼得·辛格曾这样说:"5000年来战争一直是人类的独角戏,而现在,这个局面已经结束了。"从战争形态的演变看,当"机械技术"走入战场时,它催生了飞机、坦克、大炮、战舰、潜艇等机械化作战装备;当"信息技术"走入战场时,它催生了导弹、精确制导炸弹、远程通信等信息化作战装备;而当"人工智能技术"走入战场时,它催生了军用机器人、无人机、无人车、无人船、无人潜航器等智能化的作战装备。可以说,人工智能正在颠覆人们的"自然界"思维、"人类社会"思维和"军人伦理"思维,它也不可避免地正在一点点地改变军队的战斗文化形态。

军事智能化,要求战斗文化建设的主要关注点由"以人为中心"向"人—机兼顾"转变。战斗文化所面临的全新问题已然展现出来。自从战斗文化诞生以来,它很重要的一个使命,就是培育"人"的战斗精神。拿破仑就曾说:"勇敢的行为可以获得胜利,同时也应该得到胜利。"然而在智能化战争中,在前线"拼命"的可能大部分都是军用无人机、无人车、无人船、无人潜航器、无人操作士兵等智能化机器人,有血有肉的人则远离战场一线,在后方"遥控",甚至有时连"遥控"的工作都不用做,因为智能化机器人是会"思考"的硅基生命,它们一旦受领任务便会自主地"寻思"完成任务的最佳方案。智能化的机器人,既不会感到害怕也不会感到胆怯,既不会为受伤感到疼也不会为死亡感到恐惧,但同时它们依靠高度发达的人工智能"大脑",却并不是完全被"操控"的,他们有自己的"思想"和逻辑推理,能够自主地与其他智能化机器人交流信息，或者说是"私聊""侃大山"，而且它们还可能有情感，有"喜怒哀乐"，有可能产生"喜悦""亲近""嫉妒""鄙视""厌恶"等情绪。因而，人与智能化机器人之间，就不再是过去那种简单的人与武器之间的关系，这种关系变得更加复杂。这是战斗文化建设需要关注的一个重要的新情况。

自主深度学习与类脑计算技术，很大程度上改变了我们对"学习"的认知。自主深度学习作为一种类脑计算模型，是机器学习研究的新领域，其核心是模仿人脑机制，建立模拟人脑分析学习的人工神经网络，解释图像、声音和文本等数据，实现大数据内在特征的分布式表示，以及从数据到知识的归纳学习。这一新情况，使得智能化机器人能够自主地学习它们出厂时所没有输入的"新知识"，向身边的人类学习甚至向身边的其他智能机器人学习。因而，"学习"将不再是官兵的专属"训练科目"，它也必须是为智能化机器人"充电"的重要项目，因此筹划和布置战时的"学习"，就必然需要涵盖"人"与"智能化机器人"两部分，这也是过去传统战争所无法想象的。在这样一种新情况下，传统的那种单纯着眼于塑造"人"的战斗精神、促进"人"在战争中学习战争的战斗文化形态，必然难以适应新型战争。为了适应未来智能化战争，战斗文化应跳出原来仅仅局限于关注"人"自身精神世界的传统模式，更加关注有着自身独立思维能力的智能化机器人的"精神世界"，将智能化机器人的"思想情况""情绪情况""战斗精神情况"和"彼此交流情况"作为战斗文化的重要关注点，努力形成适应智能化战争需求的智能型战斗文化。

同时,军事智能化对战斗文化建设的高科技含量特别是智能化含量也提出了更高的要求。一方面,从"物"的科技含量来看,人工智能新技术大量应用于武器装备的研制开发,导致武器装备体系的性能发生质的飞跃,武器装备的高科技含量特别是智能含量大幅度提高。人工智能技术的登场,很可能会从根本上改变战斗的"场景",由"人 vs 人"的战争,变成"机器 vs 人"或者"机器 vs 机器"的战争。另一方面,从"人"的科技含量来看,武器装备发生的质的飞跃特别是智能化武器的出现,又几乎强制性地要求提高武器装备使用者的科技素养特别是人工智能科技素养,即根据高科技武器装备特点培养塑造具有高科技素养的战斗人才。

人工智能技术正在颠覆性地改变战争制胜的内在机理和战斗文化的作用机理,这也倒逼着与智能化战争相适应的战斗理论文化必须迅速发展,它必须尽快回答这样一些紧迫的理论问题:智能化战争条件下的战斗文化是一种什么样的形态、如何建设这样一种形态的战斗文化? 智能化战争需要什么样的战斗精神、如何培育这种战斗精神? 智能化机器人参与的战争需要什么样的军人伦理、如何塑造这种军人伦理? 等等。总之,与智能化战争相适应的战斗理论文化,必然具有强烈的智能时代特征,不论其表述方式如何、侧重点如何,战斗的智能型文化已然深深地嵌入其中,这是其与以往任何一种战争形态条件下的战斗文化之根本区别。①

---

① 张杰:《智能化战争条件下的战斗文化》,《学习时报》2018 年 2 月 7 日。

第四节　创立智能化战争的并行作战理论

世界著名物理学家霍金最初提出了量子平行宇宙的概念。后来许多天文现象和实验验证了该理论的正确性。当前,战争形态向智能化方向加速演进,世界各国为抢占未来智能化战争先机,先后推出算法战、马赛克战等一系列面向未来的作战概念,推动新质能力发展和军事体系变革,力图持续保持与对手技术"代差"和能力优势。为抵消战略对手竞争性作战概念和军事技术优势,牵引我军军事智能化发展,夯实未来与战略对手智能化作战的能力基础,必须加速推进未来智能化战争智能并行作战的概念创新。

一、智能并行作战的基本概念

亨利·基辛格认为:"人工智能能力的战略使用为战略竞赛开辟了更广阔的领域。"智能化并行作战,是适应未来智能化战争"算法决定战法、软件定义战争"的制胜机理,着眼利用人工智能、无人系统等技术优势,牵引我军智能化作战体系构建和能力发展的前瞻性作战概念,其核心内涵和基本要义有自身质的规定性。

智能并行作战,是指运用多域分散部署的无人平台编组或有人无人平台混合编组,在智能化作战规则和智能算法支撑下,灵敏感知、自主决策、并行行动,快速捕捉、创造和利用即时优势窗口,涌现释放作战效能,夺取作战胜势的智能化作战概念。其中,智能自主是基础,并行同步是关键。

　　智能并行作战概念的核心是建立一个物理和虚拟交互、描述预测引导一体的智能网联系统。第一步,建立与实际军事系统相对应的人工系统;第二步,在人工系统中利用计算实验对所研究复杂问题进行分析评估;第三步,将实际系统与人工系统通过虚实互动的平行执行方式实现二者共同管理与控制。同时信息自主反馈的群体行动高度有序。各个分布式作战集群,根据上级明确的任务和制定的规则,在任务区自主感知敌方目标等情况,通过信息在集群内、集群间实时共享,动态调整任务和打击目标,自主优化调度作战资源,自主控制并行的作战行动,始终保持"体内平衡",通过空间上广域分布、时间上精准同步、行动上自主协同,将算法优势转化为战法优势,并行计算优势转化为并行观察、判断、决策和行动优势,将不同功能、不同作战域智能化作战平台的数量优势,转化为分布式作战集群涌现形成的新质能力优势。

　　随着互联网、物联网、云计算、大数据、人工智能等技术的快速发展,智能时代的平行理论和平行军事理论,开始从理论走向实践。[①] 智能并行作战可以是一个或者多个作战平台,并行打击一个或一类目标,也可以并行打击多个或多类目标,智能并行作战是未来战区联合作战战术级行动的基本形式,主要用于前沿近战区与敌直接接触作战;运用的力量主要是大量低成本无人作战平台和少量高价值有人作战平台;指挥控制模式是战区

----

　　① 吴明曦:《虚拟空间技术:道是无形却有形》,《解放军报》2020 年 5 月 15 日。

联合作战指挥机构统一指挥,各区域指挥节点自主决策和控制行动,无人平台自主协同与有人无人协同方式相结合;打击目标主要是敌无人、隐形、集群、高速等动态目标;行动方式主要是通过集群和集群之间、集群内部各平台间的并行行动,多方向、多区域、多空间同步遂行侦察监视、火力打击、信息攻击、防御等任务。智能并行作战理论的实践与应用,必将开启一个新的时代和境界。

二、智能并行作战的核心内涵

智能并行作战,是着眼打赢未来针对战略竞争对手的高端战争,降级、破坏甚至瓦解战略竞争对手智能化作战优势的竞争性作战概念。敌人针对我提出的一系列智能化作战概念和战法设计,是我未来实施智能化作战应瞄准的"靶标"。智能并行作战概念的基本要义就是对冲战略竞争对手对我战法设计的破解之策,主要内涵有:

(一)广域分散布局穿透式打击

战略竞争对手设想将大量无人、隐形、集群、高速等智能化作战平台,分散布局在各个作战域,进行"点多面广"的穿透式打击,以多域多战线的接触作战杀伤消耗对手。智能并行作战,强调在力量部署与运用上,以多域对多域、分布对分布,以少量大中型高价值有人作战平台,搭配大量中小型低成本无人作战平台,或以大量无人平台,组成单域或跨域作战集群,分散部署于前沿近战区多个作战域,形成覆盖一线战场、多域组合配置的分布式作战体系,应对战略竞争对手多域多作战线穿透式打击。

同时,可避免功能集中的大中型高价值作战平台遭敌摧毁后,对整个作战体系带来的灾难性后果,增强体系的鲁棒性和抗毁性。

（二）从个体到群体快速响应

战略竞争对手针对我"反介入/区域拒止"能力的日益提升,设想未来作战中以"明退暗进"策略,把能被我看得到打得着的功能集中的高价值作战平台往后撤、在外围打;把我难发现难打击的无人、隐形、集群、高速等智能化作战平台往前推、在前沿顶,我传统主要以大中型作战平台为攻防目标的体系将面临严峻挑战。智能并行作战,针对战略竞争对手与我接触作战的低成本无人作战平台,强调依托泛在网、大数据以及分散在各作战域的大量传感器节点,实时探测、定位和识别临机出现的上述低暴露特征移动目标,利用"黑板机制",实现目标信息在群内和群间的快速有序共享。基于目标变化,按需动态调整任务,优化调度作战资源,形成新的能力包,重构杀伤链,从个体感知到群体反应自下而上地驱动作战体系整体灵敏响应。

（三）局部精准授权自主操控作战

未来战略竞争对手实施智能化作战,"快"是其追求的核心,强调精简指挥控制流程,缩短指挥控制链路,以先于我完成OODA循环,形成对我优势。智能并行作战,充分利用智能技术在分析、计算等方面的优势,提高指挥效率和决策速度,改变传统多个指挥机构间逐级信息传递的链式指挥控制模式,采取1个集中指挥机构、N个区域指挥控制节点的"1+N"式新型指挥控制模式,将指挥节点下移并分散部署于近战区各个区域,指挥权限分级分类精确赋予到能够胜任的最低级别"黑板机制",是无人集群或有人/无人混合集群实现自组织、自协同的一种信息和相应的平台。依托机器学习和战术前沿直接进行"不落地"情报融合处理并共享战场态势,自主权衡作战优势和风险,敏锐捕捉即时优势窗口和即时低风险窗口。以"预先规划+临机快速重规划"方式,运用竞拍算法等多种任务规划算法,根据目标性质、类别、状态,以及目标附近可用兵力兵器的位置、速度、高度、受威胁程度等信息,进行"任务—能力"实时匹配,按需动态组合作战资源,形成适应当前任务要求的能力包。

(四)动态自适应组网多链并行杀伤

战略竞争对手针对我的战法设计中,强调电子干扰与火力打击软硬复合,对我从战场感知到打击链路中的关键节点实施毁瘫,如不能迅速重组修复,将导致我整条杀伤链断裂失效。同时,要打击战略竞争对手防护严密的高价值目标或隐形、无人等时敏目标,没有多条杀伤链互相配合、同步攻击,将难以完成任务。智能并行作战,通过组合运用能力包中多个分散部署的观察、判断、决策和行动等功能节点,形成多条从传感器到打击平台的杀伤链,构成自适应杀伤网,以不同方向、不同作战域的多条杀伤链并行攻击目标。即使一条杀伤链某一功能节点出现问题,也可利用其他冗余功能节点进行修补重构;即使一整条杀伤链被破坏,仍可利用其他杀伤链完成打击任务。通过组合运用多条杀伤链构成的杀伤网,对目标实施多轴、并行、饱和式攻击,从而置敌于难以防御的多重困境。

智能并行作战是智能化作战规则和智能算法支撑下的平台智能、群体智能和体系智能,实现新质能力涌现,与战略竞争对手智能对抗的基本要求。其态势感知、体系构建、动态组网、跨域机动速度快,在观察、判断、决策、行动上对敌形成时间顺差,创造和利用即时优势窗口,夺取作战主动。在信息的高效反馈下,平台资源、火力资源、信息资源、保障资源等作战资源调度分配精准,既不浪费资源,也不会因为资源不够而影响任务完成。其作战体系是一个"活体系",可按需实时定制、动态临机构建,以灵活并富有弹性的编组方式,取代传统的固定式预先编组方式,作战体系的活力韧劲明显增强。分布式作战体系多功能集成的节点少和多中心,带来的强对抗环境下体系生存率高;大量低成本无人平台对敌体系集群式消耗带来的效费比高。

三、智能并行作战的体系支撑

自主反馈的群体行动高度有序是实现智能并行作战的关键,需要智能对抗中的高效通信支撑、跨域集群中的前端网络支撑、人机协同中的指挥控制支撑、跨域行动中的级联投送支撑、战场体系中的作战保障支撑。

(一)智能对抗中的高效通信支撑

广域配置分散部署的作战集群实施智能并行作战,需要有效顺畅的通信联络,满足信息高效传输、数据实时共享,以实现集群内、集群间密切协同和高度有序。实施信息"致盲"、夺取制信息权,是战略竞争对手一以贯之的"头板斧"。战略竞争对手未来实施智能化作战,在注重传统大面积、高强度压制干扰的基础上,提出认知电子战新理念,强调运用大量小型电子战无人机、高能微波巡航导弹等手段,对近战区我通信、导航、定位、授时等用频系统,抵近实施"低—零功率"精确灵巧干扰,遮断我体系的高效信息反馈,使我集群行动失序、功能失衡。未来面对上述强对抗环境,实施智能并行作战,需要满足以下通信要求。

第一,广域跨域大规模集群通信。实施智能并行作战,需要满足广阔战场分散式部署的集群之间、集群与指挥机构之间、集群与天基信息系统之间、集群与空中通信中继平台之间、有人平台与无人平台之间等开环控制通信需求;需要满足不同作战域作战平台之间的跨介质通信需求;需要满足大规模集群内部协同作战、集群构型保持和调整等闭环控制的自组织通信需求。第二,极端条件下最小限度通信。实施智能并行作战,需要极端条件下确保作战集群功能和行为一致性的最少共享信息,满足完成指定任务集群内最少数量平台的通联,满足任务指令信息传输的最小带宽,满足维系集群正常运行的时延要求。通信手段上,需要多手段综合运用,在其他常规通信手段均已失效时,至少有一种保底通信手段;通信技术上,需要基于认知通信敏锐感知、规避敌方通信干扰,捕捉通信频域、时域窗口,运用跳频通信、猝发通信等。第三,低截获率低破译率安全通信。实施智能并行作战,群内通信、群间通信都采取无线通信,大量通信信号暴露在战场空间,战略竞争对手十分注重对战场电磁信号的截获破译,持续发展基于人工智能、量子计算、大数据等的先进破译技术。采取新机理、新体制轻量级加密方式,解决集群通信安全性要求高与中小型平台算力低的矛盾,降低被敌破译概率;运用智能通信算法,恰当选择通信时机和迂回路径,捕捉和利用低风险通信窗口,实施安全通信。

（二）跨域集群中的前端网络支撑

实现将平台的数量优势转化为集群涌现的新质能力优势，关键是通过异构网络集成，打通不同军种、不同作战域多种平台之间通联的微循环，因敌因情因势动态调整或构建新的杀伤网，实现集群动态随机编组的涌现功能。

第一，随机互联的跨域异构网络。由于网络协议等技术体制不同，不同军种间即使同一作战域同一功能的平台之间还不能实现完全的随机互联，联合的层次难以向战术级延伸下沉。实现无人机、无人车、无人潜航器、无人舰艇跨域随机编组，满足不同作战域不同功能平台的互指挥、互控制、互引导、互评估，达成不同作战域资源的共享复用。智能并行作战主要是在战术层次和不同军种作战平台之间的联合，强调在战术前端不同作战域不同功能平台之间随机互联、动态组合，形成新的侦察监视、火力打击、信息攻击等作战编组。需要通过"翻译器""中间件"等异构网络互联技术，打通各军种间异构网络。第二，持续互联的集群构型变化。在实施智能并行作战中只有在构型动态变化中保持持续不间断的互联和信息的有序交互，才能使集群稳定、有序运转。这种因集群构型变化的情况是激烈对抗中任务变化引起构型变化。比如，根据战场目标变化情况，集群需要分散执行攻击、监视、干扰等不同任务时，平台间的位置关系动态变化导致构型变化。跨域编组与跨域协同引起构型变化。比如，在遂行广域任务时，不同作战域平台立体跨域编组，不同域作战平台存在速度差、位势差，导致各自行动存在时间顺序差，其编组构型始终是动态变化的。战场自然环境突变引起构型变化。例如,多云大雾、强雨雪天气使得光通信组网链路受阻而引起构型变化。第三,按需互联的其他网络。未来智能并行作战的体系,在天基互联网、移动互联网、物联网等先进信息技术快速发展和运用的同时,旧的战场网络并未被完全抛弃,仍可能发挥重要作用,不同体制网络将会多代并存、新旧共用。围绕泛在互联理念,实施智能并行作战,需要新旧体制网络之间、不同安全级别网络之间、军用和民用网络之间的按需互联,以此作为核心作战网络对集群行动支撑作用的有效补充。

（三）人机协同中的指挥控制支撑

着眼对有人无人平台协同作战和无人平台自主作战的有效指挥控制,构建与之相适应的指挥控制模式,将人类的灵活性创造性优势与机器的计算速度和存储容量优势有机结合,达成人制定和调整规则、机器分区控制的高效分工,保持作战体系高度有序运行和"体内平衡"。

第一,重塑指挥体系架构。为压缩指挥链路、拓展指挥宽度、提高指挥效率,各战略方向遂行联合作战的指挥体系架构,总体上表现为两级。一是战区联合作战指挥机构,主要负责依托人机智能的快速深度交互,发挥机器辅助下"人在回路中"的指挥作用;同时若干个战术指挥机构,或指挥机、指挥舰、指挥车等大型平台,主要是直接指挥控制不同集群实施智能并行作战。二是若干个战术指挥机构和无人平台自主编组中预先确定的或作战过程中根据算法推选出的集群指挥控制节点,或是有人无人平台混合编组中的有人平台,主要担负集群内信息汇总融合、自主决策等任务,同时作为作战体系引接上情、上送下情、群间互联的信息流节点。第二,构建集群多模式指挥。根据集群内编组方式和平台智能化水平的不同,主要指挥控制模式有:一是就近交互、动态随机互联的应急型指挥控制模式。集群因遂行不同任务等发生构型变化时,群内每个作战平台通过与周围有限范围内平台建立交互关系,自组织构成稳定的控制结构,扩展集群活动范围,降低通信带宽,并使集群能够动态缩放。二是"一控多、多汇一"的集中型指挥控制模式。通常用于有人无人平台混合编组或单体智能支撑下的无人集群编组,要能满足有人平台或簇首无人平台,对无人平台各种构型变化的有效指挥控制。三是"多控多,无固定中心、各平台皆可为中心"的共识型指挥控制模式。满足集群内所有成员全向互联互通互操作,共同实施群体任务规划和群体决策。创新智能算法和规则。运用智能并行作战实施作战行动,需要明确的作战规则来规制和约束。这些规则应最大限度地发挥群体智能和平台自主优势,应是有利于实现智能并行作战新质能力整体涌现的最优化规则。智能算法是智能并行作战的"大脑"和"灵魂"。实施智能并行作战,需要把最优化的作战规则,转化为驱动智能化作战平台单体和群体高度有序行动的智能算法。如,从战场海量大数据中获取有价值情报的算法;提供微循环前端网络互联最优方案的算法;动态构建杀伤链、能力包,实现最优手段组合的算法;等等。

（四）跨域行动中的级联投送支撑

智能并行作战需要快速级联投送和平台敏捷跨域机动,并结合战场预置,使作战力量和平台能够按需快速到达指定作战区域,实现分布式兵力的动态编组和重组,根据战场需求快速形成任务能力包。

第一,级联投送远程精确。参与智能并行作战的多是中小型无人作战平台,其机动距离、速度和持久力有限,需要综合利用大型运载手段、高速运载工具、智能无人化运载器、高吞吐量转运设施设备等,从不同的起始位置、沿着不同的路线,分批次或一次性向任务区机动,在防区外预定区域释放。无人平台释放后,按照遂行任务需求进行自主编组,或与有人平台混合编组,向任务区域机动。第二,跨域机动平台敏捷。在前沿近战区内,根据多杀伤链下的动态任务分配需求,分散部署在各个作战域的中小型无人作战平台,需要具备敏捷迅速、灵活跨域的战术机动和适时回收与自动再补给等能力,根据战场态势和自身状态,通过自主机动,选择动作执行策略,按需形成即时定制、极具弹性、灵活机动的作战体系,自主执行电磁干扰、追踪引导、火力打击等作战任务。

(五)战场体系中的作战保障支撑

智能并行作战需要整个大体系为其提供"智力""物力"等支持,实现火力资源、信息资源、保障资源的精准调度分配。

第一,战场大体系的火力、网电等支援保障。智能并行作战在级联投送、机动接敌和近战区执行任务过程中,可能面临敌火力拦截和电磁攻击等威胁,需要通过信息反馈机制,向战场大体系申请火力和网电作战支援,为其快速接敌开辟安全通道,为其完成侦察、攻击、破袭和要点防御等任务消除直接威胁。第二,战场大体系的信息、信道和计算等支援保障。智能并行作战离不开"云—边—端"的支撑,从战场大体系获取对敌动态研判、目标位置区域等情报信息,进行任务预规划;根据预定权限,从战场大体系中获得卫星导航、定位、授时等信息保障,依托战场大体系云计算中心的强大计算能力,以及边缘计算平台抵近用户、分布部署、随时处理的优势,避免信息过载拥堵传输信道、冗余信息处理挤占计算资源、信息传输时延过长等问题。第三,战场大体系的弹药、油料等支援保障。智能并行作战力量运用分散,单平台载荷有限,持续作战能力弱,需要全新的实体物资保障机制。小体系应采用预测模型、分布式库存等途径,尽量减少资源再补给需求;战场大体系应通过优化补给分配算法和补给体系结构,综合采用分散前送、机动预置、伴随支援等补给方式,为小体系提供有效的物资保障。

四、推进智能并行作战体系建设的策略思考

(一)推进智能并行作战概念体系开发

智能并行作战是一个面向智能化战争的主体概念,需要结合各战略方向未来作战任务、战场环境、作战对象等,提出适应各方向作战需求、覆盖智能并行侦察探测、指挥控制、攻防对抗、支援保障等各作战环节、各功能领域的支撑性概念,形成满足各方向未来智能并行作战的概念体系,牵引针对性的装备建设和新质能力发展。

(二)推进智能并行作战概念实验验证

运用实验手段,结合具体运用样式,对装备体系、力量编组、行动设计等的合理性进行分析验证,从技术和应用理论两个层

面搞好反馈改进,提出适应我军未来作战任务需要的智能并行作战运用样式和战法设计。针对未来与战略竞争对手对抗最复杂最困难情况,构建电子干扰、火力威胁、复杂目标等强对抗环境,对智能并行作战典型运用样式,分步滚动开展虚拟环境下的过程预演分析和量化评估优化,通过对比研究,提出改进措施,实现对作战概念的迭代优化完善。加强模拟仿真、半实物替代试验和实装试验等实验验证条件建设,构建实物、虚拟、仿真一体的实验验证环境,使概念创新和验证条件相互促进、螺旋迭代、快速演进。

(三)推进智能并行作战网络支撑环境建设

着眼无人集群高动态、异构化、强对抗网络需求,大力发展"人工神经网络"通信、无中心自组网等智能网络技术,开发移动网络节点自动认证、动态路由、多跳中继、链路修复智能算法,加快向智能并行作战无人平台的转化应用,打通不同空间、不同功能各类无人平台间的微循环。对标智能化网络信息体系技术体制,打通无人集群与各类有人机动平台、远程精确制导弹药的互操作链路,为实现智能并行作战不同军种、不同功能平台间互联互通提供支撑。

(四)推进集群运用的智能化装备体系建设

智能化装备体系是智能并行作战的物质基础。要统筹布局各领域、诸军兵种智能化装备发展,在发展高价值、多功能的大中型有人作战平台的同时,同步发展低成本、功能分散、可级联投送、模块化组合的中小微型无人作战平台,突出低成本中小型装备的地位作用,实现低成本装备与已有或新研高价值装备的共存、组合与互补,形成功能齐全、谱系完善的智能化装备体系。出台相关的智能化装备建设标准、技术规范,实现智能化装备的标准化和通用化,将各类系统融合为一个有机整体,实现信息无缝流通。着力发展包括体系架构技术、控制管理技术、动态组网技术、协同自主技术等体系综合集成技术,创新开放式体系架构,增强作战体系对任务和环境的适应性。

第五节　推进我军智能化战争理论体系建设

一、树立正确的智能化战争发展理念

(一)起步阶段要树立抢占"先机"的发展理念

积极应对未来智能化战争,首先要转变思想观念,克服智能化战争离我们还很遥远,对其必然性、紧迫性、重要性缺乏足够重视等模糊认识,以敏锐前瞻的眼光充分认清智能化战争虽然是未来,但这个未来并不遥远,现实已显露端倪并迅速发展,正深刻改变着战争形态和作战样式。阿富汗战争、伊拉克战争、叙利亚战争和伊朗击落美军"全球鹰"无人侦察机等就是有力的例证。我们应争当加快军事智能化发展的建设者、积极应对智能化战争的促进派,投身于发展军事智能化和研究智能化战争的实践中,为提高我军智能化无人作战能力做出应有贡献。①

当前,我军对智能化战争的思想认识要实现三个转变。第一是"超级战士"。传统的战士是在前线撕杀,现在的战士能在

_____

① 何雷:《智能化战争并不遥远》,《解放军报》2019 年 8 月 8 日。

几千公里,甚至几万公里之外的地方,操控全球无人机完成作战任务。未来一个战士可以赋能成为超级战士,通过操控系统能控制若干的无人作战装备冲锋陷阵,甚至操控陆海空天电网一体作战,完全超越传统意义的战士。第二是"新型军种"。未来无人机将成为陆军的主战装备,传统的坦克车、装甲车、火炮被智能化装备取代,大量的武器装备更新并交叉应用,陆军将不再是传统的陆军。所以陆军的定位发生变化,"新型军种"成为建设智能化军队面临的首要问题。第三是"新形态战争"。人工智能正在改变战争的设计。传统战争是攻城略地的暴力和流血,是战死疆场的战争。但智能化战争可能是战术无人攻击、依托人工智能的无人作战特点呈现出流血少但效果超好。

(二)运用阶段要确立智能化"作战"的理念

随着网络信息技术飞速发展,人工智能成为大势所趋。但无论技术怎么发展,技术本身从来不是发展的障碍,人的思想观念才是最大的桎梏。智能化时代的到来,军事指挥员要突破传统作战理念的束缚,确立与智能化作战相适应的理念。

智慧主导理念。实现在战场感知、态势研判、任务规划、调控行动、效果评估等军事活动中全程智能化,要求军事活动的主导因素必须适应智能化作战能力的需要,即由"信息主导"转化为以大数据、人工智能技术为支撑的"智慧主导",融合大数据与云计算等技术,以智能管理与聚合平台为基础,增强知识价值洞察力,提升作战数据收集、处理、共享速度。

算法制胜理念。算法、数据和计算能力构成了人工智能发

战争理论体系

展的"三驾马车",其中算法是用好数据和计算能力的关键,处于核心地位,控制着军事活动的速度、效率和耐力等因素。例如,美国辛辛那提大学研发的"阿尔法"智能软件,使用"遗传模糊树"的新算法,其反应速度比人类快 250 倍。因此,在军事智能化领域,谁创新和控制了算法,谁将占据军事智能化主导地位。美军为抢占军事领域智能化的制高点,专门成立算法战跨职能小组,积极推进算法创新与运用。据报道,成立仅半年的算法战跨职能小组就开发出首批 4 套智能算法。这些算法目前正在接受测试,预计很快将投入实战应用。

数据驱动理念。2017 年 12 月,《华盛顿邮报》发文称,根据美国军方的一份报告,未来战争将愈加依赖人工智能、大数据与云计算。智能化条件下,数据驱动决策成为可能,人们在决策过程中,主要利用大数据软件处理各种传感器或模拟实验产生的海量数据,将得到的信息或知识存储在计算机中,再基于各式各样的数据而非已有规则编写程序,利用高性能计算机对海量信息进行挖掘,并智能化寻找隐藏在数据中的关联,发现未知规律,决策结果可信度高。资料显示,美国海军在研发一款微型机器人潜艇时,将潜艇放入水下自动运行并收集各种数据,每隔 1 小时短暂浮出水面,通过卫星回传数据,技术人员基于海量数据的分析结果,不断改进完善设计方案。

二、科学设计我军智能化战争发展战略规划

(一)主动融入国家智能化发展战略大局

军事领域的人工智能建设发展,是一项长期的战略任务,必须搞好战略筹划。应参照国家《新一代人工智能发展规划》,抓紧制定军事领域人工智能技术发展专项战略规划,对人工智能的地位作用做出战略判断,对人工智能发展趋势做出战略预测,对人工智能发展重点做出战略部署。像 20 世纪五六十年代发展"两弹一星"一样推进国家战略工程。①

以国家智能化发展战略为底图,做好军事智能化发展宏观规划;与国家智能化发展同频共振,搞好军事智能化发展政策衔接;以考察国家智能化项目军事价值为抓手,搞好项目跟踪及评估。人工智能在军事领域的运用要用科学的眼光去审视,要保持战略清醒,不能盲目地认为人工智能可以解决所有问题。人工智能能够做什么,能够做到什么程度,还有哪些需要人类智能与人工智能深度融合才能做得更好等问题,在不同的发展阶段都需要科学的解答。

---

① 戚建国:《抢占人工智能技术发展制高点》,《解放军报》2019 年 7 月 25 日。

（二）构建我军智能发展的战略框架

军事智能化发展是一项宏大的战略工程,首先要搞好顶层设计,从全局上把握方向,立起框架,明确路线。应充分认识军事智能化发展的长期性复杂性艰巨性,坚持技术融合与理念融合相统一,防止简单套用机械化信息化原有建设模式抓军事智能化发展,避免军事智能化发展被"泛化"和"贴标签",发展重心飘忽不定、难以聚焦等问题。军事智能化发展技术性强、涉及面广、周期长,能否取得成效并达到预期目标,关键在于能否以强有力的组织领导进行统筹协调,理顺多重关系,汇聚各方力量,形成正向合力。具体可从以下几个方面着手。

健全完善军事智能化发展的领导管理体制。在国防和军队建设中把智能化与信息化摆在同等重要的位置,根据智能化源于信息化、相辅相成紧密相关的特点,可在现行全军网络安全和信息化领导管理机制基础上,赋予其统筹协调军事智能化发展的职能任务,建立健全军委机关、军种军事智能化发展领导小组,科学划定各领域各层级相关权责,形成上下衔接、有统有分、顺畅高效的整体运行格局。通过健全完善全军军事智能化发展领导体制,协调解决跨领域跨部门的重难点问题,有效避免各方面的认知差异、利益矛盾和执行冲突。

认真抓好军事智能化发展的顶层设计。依托全军军事智能化发展领导管理机制,定期召开专题会议,充分开展调研咨询,加强需求论证,集体把关决策,明确军事智能化发展的基本指导、预定目标、发展路径、时间节点、目标要求和重点项目等。同时,要将这些顶层设计内容充实到国防和军队建设的各级各类发展战略规划中去,推进军事智能化发展尽快从技术领域转向国防和军队建设所有领域,同步创新与军事智能化发展要求相适应相匹配的装备体系、体制编制、条令条例、训练方式等,使我军军事智能化发展走上全领域、成体系整体推进的快车道。

着力构建军事智能发展的战略技术布局。结构决定功能,从分析体系结构入手,瞄准总体布局,提出发展重点,勾画军事智能技术建设的结构体系图谱,奠定构建军事智能技术建设发展的战略基础。需求牵引建设,从分析军事需求入手,明确军事智能技术发展的任务要求,理清体系架构,找准相互关联,勾画军事智能技术建设的结构关系图谱,构建具有开放特征的军事智能技术建设发展的战略布局。规划战略蓝图。方向引领路径,从分析发展方向入手,提出军事智能技术发展建设路线图,找准历史方位,设计发展阶段,勾画军事智能技术建设的发展路径图谱,描绘军事智能技术建设发展的战略蓝图。

用好用足先进管用的统筹协调方法。借鉴学习国家推进工业化和信息化融合发展、外军推进信息化和智能化融合发展、我军推进机械化和信息化复合发展的历史经验和成功做法,综合运用用于战略环境分析的净评估方法,用于战略规划的路线图方法,用于顶层设计的体系结构方法,用于系统之间互联互通的系统集成方法,用于系统安全管理的风险管理方法,用于系统建设计划实施的项目管理方法,用于系统建设进展考察的绩效评估方法等,通过目标量化、路径规划、过程控制、动态完善,以体系化、工程化管理方式统筹协调军事智能化发展。例如,借鉴国家和地方政府推动信息化与工业化融合发展的经验做法,从军事智能化各要素相互关联度、目标一致度和均衡发展度三个维度,每1—2年组织一次对全军军事智能化发展进度和深度的全面评估。

（三）选准我军智能化发展的突破口

习近平主席深刻指出,加快发展新一代人工智能是事关我国能否抓住新一轮科技革命和产业变革机遇的战略问题。错失一个机遇,就有可能错过整整一个时代。要推动军事智能化发展。尽快推行我军军事智能化的发展战略。在国家层面,美国、日本、俄罗斯、德国、英国等世界主要发达国家,都出台了国家层面人工智能的发展战略。我们也要描述出军事智能化发展基本态势、总体要求、任务重点、阶段划分、资源配置、装备措施、组织实施等,引领全军向智能化方向发展;成立智能化的领导机构。军队建设试验表明专门的机构是落实战略目标的一个关键性举措,美国也曾成立联合人工智能中心,专司人工智能。我国在人工智能领域基础较好,与美、日等国技术差距不大,总体上不落后,我国首次与世界强国站在技术发展的同一起跑线上,这为我军智能化建设奠定了良好基础,为实现弯道超车提供了难得的战略机遇。应采取以下措施,全面推进军事智能化快速发展。

未来的国防科技工业,将由目前的单装实物械机验证为主向综合集成虚拟样机验证为主转变,采用分布式、虚拟化、协同设计的方法,大大缩小从需求到研发的周期和时间。军地多方联合设计、建用共同研发、虚实迭代优化、作训完善提升,边研边试边用边建,是智能化体系发展建设和战斗力生成的基本模式。相对封闭、实物为主、周期较长的研究制造模式将被开源开放、智能设计与制造、快速满足军事需求模式取代。主要突破口是：

一是加强智能化核心作战概念开发。智能化核心作战概念，蕴含着智能化战争的根本制胜理念和基本作战方法，是构建智能化作战力量体系的逻辑起点和根本依据。应着眼"个体智能＋群体智能"全面渗透各作战要素并赋能增能，围绕人机混合编成与协同作战方法、无人系统自主编成与自主协同作战方法、无人化作战力量融入联合作战力量体系等问题，加强智能化核心作战概念开发。目前，强国军队提出多种适应智能化作战要求的作战概念。例如，美军就提出了"母舰""蜂群""忠诚僚机"等多种有人无人系统协同作战概念。其中，在"小精灵""郊狼"等项目的无人机"蜂群"战法运用中，为实现区域搜索与攻击、侦察监视、战术压制、心理战等作战任务，需提高无人机间的实时数据共享、多机组网、协同配合等基础能力。美军提出了多无人机冗余配置阶段、多机协同及通信阶段、智能化无人机集群阶段的发展路径。

二是加强作战大数据的建设。完善数据汇集机制、数据融合机制、数据更新机制、数据共享机制，明确作战数据建设职责分工，统筹大数据中心建设，统一大数据标准，大量收集积累外军数据、战例数据、演习数据、作战环境数据等，为军事智能化提供足量的数据支撑。

三是加强武器装备智能化发展。大力发展无人作战系统。应结合我国国情军情，制定和持续滚动编修具有我军特色的无人作战系统综合路线图，科学确定无人作战系统发展方向、发展重点和发展路径。运用人工智能技术有针对性地对传统武器进行智能化改造,实现智能排查目标、分配任务、组织协同、反馈信息。

四是组建智能化试验部队,加强无人作战与反无人作战实验。着眼人工智能技术发展及其物化武器装备运用带来的力量要素变化,以及战术层次的跨域协同和新技术武器装备的编配使用,组建新力量编成结构和新型武器装备作战运用试验部队,一旦有事,这支部队拉出去也能战,并能发挥奇兵作用。

五是建立人工智能军事应用的标准规范。建立健全人工智能军事应用的基础标准、支撑标准、关键技术标准、应用及维护标准;按照"急用先行、成熟先上"的原则,开展人工智能术语、参考框架、算法模型、技术平台等重点急需标准的研究设置,逐步形成科学统一的人工智能军事应用标准规范体系。设置人工智能军事应用的安全规程,确保人工智能军事应用的安全性、稳定性,建立完整统一的通信协议和通用接口,消除技术壁垒和体制障碍,确保人工智能军事应用技术标准上下兼容,格式接口规范,推动新型作战体系感知能力、决策能力、行动能力融合发展。

(四)合理划分发展阶段目标

以新时代国家现代化发展战略、国防和军队建设发展战略为指导,根据军事智能化建设发展现状与趋势,大体可分三步走:

第一步,到 2025 年,智能化建设扎实起步。完成基于智能化的网络信息体系顶层设计,军事大数据建设稳步推进,信息化对智能化的基础支撑逐步夯实。以无人机为代表的无人系统发展力求取得重大进步,民用人工智能技术在军事领域得到较大程度和范围的应用,智能化因素逐渐渗透嵌入到机械化信息化建设之中,并牵引机械化信息化升级,人工智能开始成为重要的战斗力增长点。

第二步,到 2035 年,智能化建设取得重大进展。技术先进、自主可控的网络信息体系基本建成,军事大数据极大丰富、算力强大,为智能化提供有力支撑。在类脑智能、自主智能、混合智能和群体智能等领域,以及高性能、高可靠、强对抗、可解释的军用人工智能关键技术取得重大突破,人工智能核心算法和高端芯片实现自主可控,指挥信息系统、无人作战平台和弹药的智能化自主化水平不断提高,智能化在战斗力生成中的提升作用明显。在智能化引领下,通过"人工智能+"方式进行"再机械化""再信息化",以高超声速技术、深海技术、可控核聚变等为代表新一代机械技术,以及以量子信息技术、太赫兹技术等为代表的新一代信息技术力争取得重大突破。

第三步,到 2050 年,基本实现智能化。强人工智能、超人工智能力求取得重大突破并在国防和军事领域得到广泛运用,军事智能化的可控性、可靠性、鲁棒性、适应性、可解释性等指标完全满足实际需要,全面建成智能化军队,国防和军队总体实力达到世界一流水平。

第十章　智能化战争与国家安全战略

> 在人工智能军备控制方面的清醒努力与国家安全并不冲突，它是一种尝试，为的是确保在人类未来的框架下寻求和实现安全。①
>
> ——亨利·基辛格

亨利·基辛格认为："为管控人工智能，战略家必须考虑如何将其纳入负责任的国际关系模式。"在当前社会飞速发展的技术浪潮中，智能化战争的崛起对国际秩序、国家安全带来了严峻挑战。历史上，社会为了寻求安全，不断努力将科技进步转化为有效的防卫手段。然而，随着时间的推移，战略调整的脱节和技术破坏性的增加使得战争的性质变得越来越难以捉摸，尤其是人工智能时代的到来，使得现代战争和战略学变得更加复杂，正在逐渐超越人类的理解力。

---

① 参见美国前国务卿、著名外交家、国际问题专家亨利·基辛格著作《人工智能时代与人类未来》，中信出版社 2023 年版。

在智能化的时代背景下,智能无人系统可能带来的问题日益凸显。它催生了新型的作战领域和作战方式,降低了军事冲突和局部战争爆发的门槛,造成战争决策更为复杂和困难,给国际局势和国家安全带来难以预料的风险和影响。战略家们需要认识到,人工智能的发展既为国家安全提供了新的机遇,也带来了前所未有的挑战。在人工智能时代,国际社会需要共同努力,界定与人工智能相关的战略理论,进而通过国际合作和协调来规范人工智能在军事领域的使用,确保其不会导致不可控制的后果,共同维护国际格局和国家安全的稳定。

第一节　智能化战争与国家安全

未来智能化战争的作战体系是一把"双刃剑"。由于它具备自我进化并达到"超人类"的能力,如果人类不事先设计好控制程序、控制节点和"终止按钮",结果很可能会带来灾难。需要从人类新文明和可持续发展高度重视这个问题,设计战争规则,制定国际公约,从技术上、程序上、道德上和法律上进行规范和强制性的约束。

一、智能化战争新的"技术优势窗口"与国家安全

亨利·基辛格指出:"最具颠覆性且不可预测的影响,可能发生在人工智能和人类智能遭遇之时。"[1]从技术的角度看,人

---

[1]　参见美国前国务卿、著名外交家、国际问题专家亨利·基辛格著作《人工智能时代与人类未来》,中信出版社 2023 年版。

类社会的进步过程是不断颠覆和取代原有技术的过程。技术的发展具有不平衡性和扩散性的特点,技术的突破往往首先在某个国家完成,然后逐步向其他国家扩散。技术扩散虽然不可避免,但由于技术保密和专利保护等因素,技术扩散的过程会被延长,这就导致技术发展与技术扩散之间形成一段时间差,形成"技术优势窗口期"。一方面在这个窗口期内,率先掌握和运用新技术的国家将享有"敌无我有"的技术代差优势和不对称军事优势,形成"降维打击"的势能。这一时期,先发国家发动战争的胜算更大,损失更小,因此会激励其进行更为冒险的军事行动。另一方面,无人飞机、无人汽车驾驶、无人商店、无人酒店、无人银行,这些无人化的劳动成果和财富集中到少数人手中,可能使穷人更穷,富人更富,造成贫富差距越拉越大,大到惊人的地步,后果不堪设想。不论是科技还是资本,都不能无限制地任其野蛮生长,因为它们没有终点,终点就是毁灭。这势必对国家安全带来灾难性的影响。

当前,人工智能加速向军事领域渗透转移,改变了人与武器的关系,颠覆了战斗力的传统表现形式,正在引发军事领域的链式突破,其军事应用水平将成为大国军事实力比拼的重要标志。①

发达国家正积极抢占新一代智能科技"高地",希望形成和延长自身的"技术优势窗口期"。自主化和低成本的远程无人机以及深海无人潜航器等新型武器系统,正在对传统武器平台

---

① 徐林:《军事安全遭遇新变局新挑战》,《解放军报》2018 年 11 月 8 日。

形成非对称作战优势,显著降低了这些传统"大国重器"的作战效能和军事影响力。这些具有不对称军事优势的国家在未来战争中将更有可能取得胜利,其挑起军事冲突或战争的概率更高。

因此,对于每一个国家而言,把握军事智能化发展的机遇,迎接技术优势窗口期的到来,将成为制定军事战略和决策的当务之急。在这个军事科技的新时代,技术的优势将决定战场上的胜负,而谁能够在"窗口期"中脱颖而出,谁就能在国际军事竞争中占据重要地位,这对国家安全形成了严峻的挑战。

二、智能化战争的成本门槛低与国家安全

战争成本低是指军事智能化发展显著降低武器制造和军队训练成本。首先,智能制造、自动化生产等技术的广泛运用不仅提高了武器系统的性能,还大幅降低了制造成本。通过采用智能化制造工艺,军事装备的生产效率得以提升,降低了物资投入,使得军备综合成本得到有效控制。其次,智能无人系统的广泛使用还会缩短军队训练时间,降低培训成本。传统的军事训练需要大量时间和资源,而智能化的无人系统不仅能够在短时间内完成训练任务,还可以通过模拟真实战场情境提高训练效果。这不仅节省了大量人力、物力资源,也提高了军队的战备水平。此外,智能化系统只需保障油料及弹药,这大大降低了部队的后勤保障成本。

智能化战争的门槛降低是指在战场上智能化无人系统的应用能带来多重效益。首先,智能化战争中的时间要素不断升值,战争进入发现即摧毁的"秒杀"时代。这使得作战行动时间大

大压缩,敌对双方人员伤亡很少,不仅降低了医疗、退休福利等后勤支出,也使得在国际舆论和其他国际势力干预前即达成战略目的,政治风险小。其次,大量智能化无人装备投入战场,能够提高战争的精确性,机器人、无人机、无人潜航器等自主武器成为主要杀伤目标,后台操纵人员的伤亡也将进一步减少,甚至有望实现作战人员的"零伤亡"。这能有效限制战场范围,从而减少因民意和经济等因素对政府发动战争的制约,事实上给战争的爆发降低了门槛。

在未来智能化战争中,军事智能的发展还将催生新的低成本作战方式,包括认知战、失能战等非杀伤性作战手段。这些手段不再以消灭对手为目的,而是以控制对方认知、行动等方式取胜,减少了实际的杀伤性行动,降低了敌方人员伤亡数量。这些因素使得战争看起来更加"人道",进一步减轻了战争决策者发动战争的道义责任和政治压力。以上因素将使战争综合成本大大降低,这可能导致军事强国在武力使用上更加随意,造成智能化技术在军事上滥用和失控的风险。

三、智能化战争的隐蔽性与国家安全

随着军事智能化的飞速发展,未来战争的时空特性将发生重大变革,呈现出更为复杂和隐蔽的格局,战争的隐蔽性将达到前所未有的程度。

首先,智能化的无人作战系统是新型作战领域的主力。该系统不仅拓展了传统作战空间,还将成为太空、深海、网络和极地等新型作战领域的主力。在太空领域,卫星技术和太空飞行器的智能化应用使得军事活动能够在全球范围内进行,而这些在地球表面难以被察觉的太空战争行为极大地增加了战争的隐蔽性。深海作战同样如此,智能化潜艇和水下设备的使用使得海底战争的发生变得更为不可察觉、难以预测,增加了作战行为的神秘感。这些新型作战领域和作战行为难以被察觉,使得对抗更具隐蔽性。而且智能无人作战平台的组装构件可能来自不同国家,其国别难以明确界定。例如,一艘潜艇可能搭载了来自多个国家制造的智能无人潜航器,使得潜艇的攻击来源不容易追溯。这种情况使得国际社会在面对新型作战行为时更难做出迅速而准确的判断,也增加了误判和紧张局势的可能性,使国家安全出现更大的不确定性。

其次,智能化使得网络攻击隐蔽性更强。随着技术的不断进步,网络攻击变得更为精密和难以察觉。攻击者可以利用智能化工具,以更复杂、更难以识别的方式渗透目标系统,这使得网络战争具有更高的隐蔽性、破坏力与波及性更广,国家安全变得更加脆弱。攻击者能够在未被察觉的情况下持续进行潜在的破坏活动。智能化的网络攻击也不再局限于特定目标,而是能够在短时间内迅速扩散至广泛的网络范围。例如,恶意软件的置入和扩散升级使得它们能够迅速感染和传播,导致破坏更为深远且波及面更加广泛。难以溯源成为智能化网络攻击的一个显著特点。攻击源可以通过使用匿名化技术、利用多层次的代理服务器等手段来隐藏身份,使得对攻击源的追踪变得更加困难。这增加了网络战争的难以防范和追踪的复杂性,使得国家和企业在应对网络攻击时需要更加高效和创新的手段。

此外,新型领域战争行为的认定存在差异,相关国际法不完善。在太空、深海、网络等新型领域,各国对于何为军事行为的定义存在较大的分歧,并缺乏统一的国际规范和界定标准。例如,在太空领域,尽管已有《外层空间条约》等相关国际法文件,但并未对具体的太空军备竞赛、反卫星武器测试等行为进行详细规范。这使得一些军事行为难以被明确认定为违反国际法,给予军事行动的决策者更多的操作空间。在深海领域,目前还缺乏明确规范深海军事行动的国际法条款,一些军事行为可能被解读为科研探测、资源开发等非军事性质。这使得国际社会在对深海军事行为的评估和认定上存在较大的不确定性,为部分国家的安全提供了冒险倾向的机会。

四、智能无人系统中的意外性与国家安全

智能无人系统的不可靠性或引发意外军事冲突。尽管 AI 技术有突破,但在复杂战场环境中,其"创造力"和"能动性"仍难以完全适应,存在不少风险,可能导致战争爆发或局势失控。

首先,智能无人系统可能出现识别错误导致滥杀无辜,影响国家安全。智能系统的学习和训练过程可能无法充分覆盖战场上的各种变数和复杂性,即便在设计阶段对系统进行了大量的模拟和测试,真实战场上的不确定性和动态性仍然是一个巨大的挑战。随着战场环境的复杂性不断增加,这些系统可能陷入误判的困境,可能将友军误认为敌军,或者在识别目标方面遇到困难,从而导致意外的军事行动。这样的误判可能引发一系列无法挽回的后果,其中包括但不限于滥杀无辜和引发不必要的冲突。

其次,智能无人系统失控导致战局混乱,影响国家安全。通信降级和受到电磁、网络攻击可能导致智能无人系统失去正常的指挥与控制。在战场环境中,通信线路可能受到损坏或被敌方干扰,导致系统无法及时获取命令或传送关键信息。这种情况下,智能无人系统可能无法按照原定计划执行任务,甚至可能导致行动中断,使得军事行动失去协调性和战斗力。敌对势力也可能通过电磁脉冲、网络病毒等手段影响智能无人系统的正常运行,使其失去对战场的有效控制。在这种情况下,系统可能受到"倒戈反击"的威胁,即被攻陷并被用于对己方发动攻击,使得战局更加混乱和难以预测。

此外,智能无人系统缺乏人类情感因素,导致国家安全和国际社会局势升级。在决策时只关注军事效果而忽视其他风险因素。这可能导致系统在追求实际军事利益时,无法充分考虑到人道主义和道义等方面,从而引发难以预料的意外冲突。而且深度学习的人工智能目前还无法解释和复现决策推理过程,这意味着在智能无人系统作出决策时,人类无法准确理解其背后的逻辑和思考过程。缺乏对决策的解释性可能导致意外的行为,增加了军事行动的不可预测性。某些国家和恐怖分子也可能利用智能无人系统的不可靠性,将其作为发动战争突袭的合理借口。在缺乏明确法规的情况下,对于智能无人系统的误用和滥用可能导致国际社会的紧张局势升级。

当前,全面战争仍是大国间战争选择禁忌。爆发战争是多种因素共同作用的结果,军事智能化的发展虽然降低了军事冲突和局部战争爆发的门槛,但并没有根除导致全面战争的风险。

全球鹰无人机

大国间的全面战争将是核常兼用的战争,是以摧毁对手战争潜力、打垮对手意志的全纵深高强度的毁灭性战争,对手的工业基础、科技基础、人才基础将是重点打击对象。也就是说,对于大国间而言,军事冲突和局部战争爆发的门槛降低了,并不意味着一定会发生战争,尤其是全面战争。同时,要看到全面战争是相对而言的,比如伊拉克战争,对美国而言是局部战争,对伊拉克而言则是全面战争,因此,准确地说是,军事智能化发展降低了军事强国对弱国的战争门槛,降低了智能化先发国家对后发国家发动战争的门槛,增加了国际安全形势的突变性和复杂性。

第二节　智能化战争风险与机遇

随着智能化时代的到来,未来战争是智能化的战争,这是现代战争发展的必然趋势。军事战争向来是对科学技术最为敏感、也是竞争和对抗最为激烈的领域,由于人工智能等技术快速发展,智能化战争步伐正在加速迈进,在智能化战争或将成为常态的今天,它带来的风险和挑战主要有人工智能风险、人为干预风险、军备竞赛风险三个方面,必须对以上风险和挑战加以防范。

一、人工智能风险

当前人工智能的快速发展与广泛应用,正在引发一场全新的技术革命和产业变革,进而对大国的国家安全和国际力量平衡产生深远影响。人工智能对国家安全的影响是多方面的,包括军事、经济、社会和文化等领域。比如人工智能呈现出的深度学习、跨界融合、人机协同、群智开放和自主操控等一系列突出特性,正在对国家文化安全建设、治理体系变革,以及国际格局变动产生深远影响。

人工智能作为一种科学技术,无疑是一把"双刃剑"。其发展既为人类社会带来了巨大的机遇和动力,同时也伴随着一系列潜在的风险和挑战。知名企业家如特斯拉创办者埃隆·马斯克、微软创始人比尔·盖茨等都对人工智能的发展表示担忧,他们认为,人工智能理论上能自我进化至"类人"或"超人类"水平,若未预设控制程序和终止机制,可能带来毁灭性灾难。

一是机器人水军在互联网制造虚假信息。例如,数字分身技术,曾以韩国尹锡悦为原型,借助其 20 小时的影像资料以及专门录制的 3000 多个句子,让研究人员创建了虚拟形象 AIYoo;伪造视频技术,伪造领导人视频极可能引起国际争端、引起突发舆情、扰乱选举秩序等事件,并导致社会对新闻媒体行业失去信任;伪造新闻技术,主要通过自动生成虚假新闻牟取非法利益,如使用 ChatGPT 生成热点新闻,赚取流量,这严重扰乱了社会秩序。

二是 AI 大模型面临严重的信任危机。这些问题包括:被诱导输出错误知识和有害内容;以西方价值观叙事,发表政治偏见和错误言论以及"一本正经胡说八道"的事实性错误等数据安全问题越来越突出,大模型已成为重要敏感数据的诱捕器,ChatGPT 将用户输入纳入训练数据库,用于改善 ChatGPT,因此美方能够利用大模型获得大量中文资料,甚至可能掌握我们自己都不掌握的"中国知识"。

三是人工智能在军事领域应用的不确定性。人工智能可能带来未曾预料的事故。由于人工智能内部的脆弱性问题(internalvulnerbility),当前阶段的人工智能技术仍停留在弱人工智能阶段,这些系统只接受非常专门的任务训练并只能执行特定的任务,如下棋和图像识别。然而,战争作为人类活动的极端复杂形态,充满着庞大而不规律的物体运动,战场环境往往被比喻为一片"迷雾",难以看清和预测战争全貌。在这样的环境下,系统的应用环境每时每刻不在发生变化,人工智能系统可能将难以适应。因此,当前弱人工智能存在的根本脆弱性(brittleness)很容易损害系统的可靠性。特别是在交战双方部署的人工智能系统交互复杂性日益加剧的情况下,系统出现事故和错误的风险将大大增加。

四是智能算法神秘"黑箱"运行机制缺乏可解释性。这种不透明性导致人类很难准确预测人工智能系统的最终结果,同时也加大了出现未曾预料的事故的风险。这样的情境不仅使得对人工智能系统的理解受到限制,更在战争背景下产生了负面影响,削弱了人们对战争局势的掌控感。在这种缺乏透明度的情况下,战略决策者难以完全了解人工智能系统的运作方式,进而可能导致误判和不可预见的后果。①

五是人工智能的绝对理智能否适应战场特殊情况。特别是对人类士兵和平民的态度问题还需考量。人工智能决策算法可能受到训练数据的偏见影响,导致对特定群体或情境的不公正对待。在具有致命可能性的复杂、紧密耦合系统中,潜在的灾难是不可避免的。智能化战争亟待相应的法则政策约束,以确保战争的规模和危害在可控范围内,否则战争的规模与危害将远超想象。②

二、人为干预风险

人为干预的风险已经成为智能化战争中一项严峻而迫切需要解决的问题。这一风险的本质包括对数据的欺骗性、对模型设定的偏执性以及对应用的不对称性的复合运用。当使用攻击人工智能系统或武器装备时,可能引发严重的战斗失败,甚至导致危机升级。不论是强化学习、深度学习,还是专家系统,都存在不能完全准确反映人类直觉、情感等认知能力的问题。智能化战争的复杂性在于"人—机—环境"综合协同,机器的可解释

---

① 文力浩、龙坤:《人工智能给军事安全带来的机遇与挑战》,《信息安全与通信保密》2021年第5期。

② 诸杨帆:《智能化战争会带来哪些"副作用"》,《科普中国》2021年6月5日。

性差、学习性弱、缺乏常识等缺陷,再加上人类的目的不良、蓄意破坏等缺陷,将极大放大非预期事故和战争的风险。

智能化战争伦理也存在不对等的不对称性,尤其是在大国与技术水平相对较弱的国家之间。技术强国更容易快速部署致命人工智能应用,而技术较差的国家可能无法受到战争法和全球规范的有效约束,包括对附带损害的关注较少。黑客和"战争狂人"可能利用智能化技术设计难以控制的战争程序和作战方式,从而导致机器脑 AI 和机器人在战场上自主执行先前设计的作战规则,最终造成难以掌控的局面。研究证明图像识别算法易受像素级"毒"数据影响,导致分类问题。开源数据训练的算法更易受挑战,因人为"投毒"可能用于军事算法练习。当前针对数据"投毒"有两种方式:

第一种攻击模式是采用"模型倾斜"的方式,主要攻击目标是人工智能的学习训练的数据样本。黑客通过对人工智能程序采集的数据和网站进行系统性攻击,篡改相关数据和参数,使得人工智能程序所抓取的数据出现偏差。这种偏差导致学习模型出现"倾斜",不能得到正确的学习认知结果。这种做法就像是给人观看大量伪造的彩票中奖的案例,从而让这个人误认为这种小概率事件是一种普遍现象。攻击者可通过操纵这种倾斜的方向来实现对人工智能的操弄。

第二种攻击模式是采取反馈武器化的方式,主要攻击目标是人工智能的学习模型本身。在这种情况下,黑客直接向人工智能程序"注入"数据或信息,将数据和信息进行伪装,从而误导人工智能做出错误判断。这些攻击模式使人工智能在决策和行动中产生混乱,增加了战争的风险。例如,攻击者会将正常的电子邮件"污染成"垃圾邮件,导致人工智能系统对更多正常邮件产生错误的反馈,将其误认为是垃圾邮件。这种做法就像是让人长期生活在一个目无法纪的社会,这个人即便回到了正常社会,也会有强烈的自我防备心理,无法正常与他人交流。

三、军备竞赛风险

世界著名物理学家霍金指出,"人工智能进一步发展便可能会通过核战争或生物战争摧毁人类。人类需要利用逻辑和理性去控制未来可能出现的威胁"。当前,美、俄、日、印、韩等主要国家已将人工智能视为国家间战略竞争的新战场,这一竞争态势可能导致人工智能技术的"水平扩散"和"垂直扩散"进一步加剧。由于人工智能技术的战略红利,尽管国际社会要求停止研发和部署自主武器系统的呼声日益高涨,但全面禁止该武器的国际条约的实施难度较大。① 在大国战略竞争日益激烈的国际背景下,人工智能技术在军事领域的迅猛发展引发了人们对于军备竞赛可能性的担忧。随着自主武器系统的广泛研发和部署,人工智能可能深刻改变战争的成本收益对比,降低战争门槛,世界各主要国家陷入人工智能军备竞赛的风险在不断上升。人工智能技术可通过军民一体、军地两用途径不断得到推进,其研究平台更加广泛,获取途径更为多元。

人工智能在核武器系统中的应用,可能加剧大国核战的风

---

① 罗曦、廖军俊:《战争智能化的安全风险与有效管控》,《中国社会科学报》2019 年 1 月 10 日。

险。核武器是大国战略威慑的基石,而 AI 增强的网络攻击对核武器可靠性构成新威胁,战时可能极大削弱国家威慑力,破坏战略稳定。各国在激烈战略环境下,倾向于以最坏设想来揣测他国意图,并据此进行斗争准备。针对核武器系统的网络攻击能力在人工智能赋能下越来越强大,"先下手为强"成为国家自保手段,可能强化"先发制人"的核打击动机。人工智能技术在核武器系统领域的应用还将压缩决策时间,增加战略误判的可能性。网络攻击几乎瞬间发生,一旦使核武器系统瘫痪,国家安全将失去屏障,给决策者判断是否使用核武器带来巨大压力,可能导致战略误判,进而给世界带来灾难。

由于 AI 对国家安全可能产生的深远影响,各国正筹划非传统政策来应对。全球范围内,AI 军事竞赛已悄然启动,各国竞相加大研发,并加速军事应用,力求在新一轮军事技术革命中掌握主动权。为了维护国家军事安全和整体国家利益,国际社会迫切需要加强人工智能技术治理,特别是在安全领域进行全球治理。共同磋商关于人工智能在军事应用边界(如是否应当将其用于核武指挥系统)、致命性自主武器系统军备控制等方面的合作,构建人工智能时代的安全共同体和人类命运共同体,是维护国际和平与安全的重要一步。

随着人工智能技术的发展,战争的形态和手段已经发生了重大变革。智能化战争虽带来了新风险挑战,但同时也带来了新的机遇。智能化战争有助于提升作战实力,在新时代,战争的主导因素已经从传统的武器装备、人员素质转变为信息技术、人工智能等新兴技术。通过引入智能化手段,可以大幅提高作战能力。智能化战争有助于保持战略优势,在当今世界,大国之间的竞争愈发激烈,大力发展智能化战争,通过抢占先进技术的制高点,可以巩固和提升自身的战略优势,提高整体国防现代化水平。智能化战争有助于提升国际地位,随着全球化的深入,国际社会对于安全、和平等问题的关注日益加强。加强人工智能技术的研究,有利于加强世界各国军队的交流与合作,从而提高国家在全球军事领域的话语权和影响力。智能化战争的发展可以提升军队作战实力,有效应对战争形态的变化。面对未来战争的风险挑战,必须抓住机遇,为国防力量建设发展注入强大动力。

第三节　智能化战争伦理与治理

一、道德机器与智能决策的伦理挑战

道德机器是借助在人工智能中植入伦理系统或通过机器学习而具有类似于人类的伦理能力,并实现可与人类相比拟的伦理行为。2016 年可谓是人工智能历史上的里程碑,谷歌公司的 Deep Mind 团队推出的 AlphaGo 首次战胜顶尖人类棋手,引领了人工智能的新时代。深度学习、强化学习等技术的突破,让机器在诸如围棋和扑克等复杂认知任务上表现出超越人类的能力。随着这一浪潮的推进,我们正迈入智能机器的时代,机器辅助和取代人类进行各种决策的现象逐渐变得普遍。深度学习作为人工智能的中流砥柱,具备自我学习、自我编程的能力,广泛应用

于开车、人脸识别、法律咨询等领域。这种机器学习技术的进步,结合大数据、云计算、物联网等技术的发展,使得机器智能在认知任务上取得了重大突破。然而,随着机器智能的普及和广泛应用,有关道德机器的呼声逐渐升高。

一方面,人工智能的决策过程通常是基于大量的历史数据和算法模型,这带来了一个值得关注的问题——机器的决策是否能够符合人类的伦理标准?在 AlphaGo 横扫围棋界和 Libratus 战胜扑克高手的过程中,机器的决策显然是基于数学模型和游戏规则,而非道德观念。这引发了对于智能机器是否能够理解、遵循和执行人类道德准则的担忧。另一方面,随着机器在越来越多的领域进行人类决策的替代,涉及到生死、财产、法律等重大领域,如何确保机器的决策是道德的和可接受的,成为了一个急需解决的问题。特别是在自动驾驶汽车、医疗诊断、金融投资等需要高度敏感道德判断的场景中,人工智能的决策是否能够真正体现社会的共同价值观,是一个需要深入思考和解决的问题。

有关道德机器的研究开始变得尤为重要。如何在人工智能系统中嵌入道德原则,使得机器在做出决策时考虑到伦理、公正和社会责任,是当前急需研究的方向之一。此外,制定和执行相关的法律法规也是确保机器决策合乎伦理的关键。唯有如此,我们才能够在人工智能的发展过程中确保其服务于人类的价值和道德观念。

二、智能机器正从被动工具向能动者转变

随着人工智能技术的蓬勃发展,智能机器正加速从被动工具向能动者转变。"计算机仅能执行强制的指令,对其编程不是为了使其能够作出判断。"纽约一家法院曾经如是说。这或许可以代表公众对计算机和机器人的固有看法。传统观念中,计算机和机器人被视为执行预定指令的工具,而如今,人工智能的进步正将这一观点推向边缘。机器正在转变,不仅仅能执行任务,还具备感知、认知、规划、决策、执行等人类特有的能力。

随着持续改进的机器学习、智能计算机和物联网的兴起,在多个因素相互助力下,人工智能技术在信息通信技术领域获得了飞速的发展。人工智能技术在自动驾驶汽车、医疗机器人、护理机器人、工业和服务机器人等领域的广泛应用正在改变着人类生活和工作的方方面面。在国外,一些金融、保险和法律行业已采纳具有认知功能的人工智能系统,正逐步替代传统人力。从棋类游戏到复杂决策,如医疗诊断和语音识别,AI 正逐渐展现出超越人类的智慧,成为决策过程中的重要辅助甚至替代者。展望未来,我们可预见智能机器和智能机器人将在交通、医疗、护理、工业以及服务等多个领域中变得无处不在,成为人类社会中不可或缺的一部分。

以自动驾驶汽车为例,其最大特征在于高度甚至完全的自主性。深度学习算法的应用使得汽车能够从数据中学习,而不是通过逐步手动编程。机器学习算法取代了程序员的角色,自

行创建规则。其运作方式是,通过输入训练数据,算法能够基于数据的分析生成一组新的规则,这些规则被称为机器学习模型。自动驾驶汽车通过一系列传感器、摄像头和复杂的分析性程序,像人类一样观察路况、分析交通流量、注意周围环境和其他汽车、行人、障碍物、绕行道等,并不断调整车速和路线。机器学习的进步使得自动驾驶汽车能够独立判断和决策,并应对复杂的认知任务。

然而,智能机器的加速到来也带来了新的伦理挑战。机器的自主性可能导致其"打破"事先设定的规则,甚至超出设计者的预期。人们担心,赋予机器自主"思考"的能力可能导致其有能力违反被设定的"规则",以人们意想不到的方式行为。已经有证据表明高度"智能"的自主机器可以学习打破规则以保护其自身的生存。例如,自动驾驶汽车在交通领域中学习和适应,可能会使其行为和决策超出预先设置的规则。虽然它们仍然需要人类启动和间接控制,但从本质上说,智能机器已经不再是被动工具,而成为了人类的代理者,具有自主性和主动性。

这一转变对伦理和道德提出了严峻挑战。以前针对人类和人类社会的伦理规范现在需要延伸到智能机器,可能需要新的伦理范式。我们需要认真思考如何确保智能机器的决策符合人类的伦理标准,以及在面对不确定性和复杂情境时,如何保障智能机器的行为合乎道德。随着智能机器的不断发展,构建一个既能促进技术创新又能维护人类价值观和社会规范的伦理框架将变得尤为关键。

三、以道德代码为自主智能机器设定行为准则

道德代码是将某些道德共识、道德原则和道德案例程序化，嵌入智能系统中，以应付某些确定情景中的道德选择问题。未来的自主智能机器将具备完全自主行为的能力，摆脱了人类的直接指令控制，这引发了对人工智能、机器人等的新伦理挑战。在这个新的机器范式中，人工智能系统将通过自主的"感知—思考—行动"循环进行决策，其反应和判断可能是创造者无法预料和事先控制的。这一转变不仅对机器本身提出了新的要求，更呼唤着一种新的伦理范式，以引导自主智能机器的行为准则，确保其决策在合理、道德和法律的框架内。

当人类决策者与机器仅仅是工具的关系时，人类对于机器的使用行为需负道义和法律的责任。人类决策者有义务以善意、合理、合法的方式使用机器，并在使用过程中遵循相应的伦理规范。在人类决策者借助工具来从事不当或者违法行为时，需要接受道德和舆论层面的谴责和批判。然而，对于高度自主的智能机器，传统的法律和伦理路径并不适用。因此，在设计智能机器时，人们需要建立一套类似于人类的法律、伦理体系，以确保其决策是符合伦理、法律标准的，并具有相应的外在约束和制裁机制。

智能机器伦理的必要性在于解决决策中的问题，特别是深度学习算法的"黑箱"性质。由于人工智能系统的决策通常是不透明的，其中可能存在着歧视、偏见和不公平的问题。这些问题在人工智能决策中表现得尤为突出，如在开车、货款保险、雇

佣、犯罪侦察、司法审判、人脸识别、金融等领域。这些决策直接关系到用户和社会的切身利益,因此确保智能机器的决策是合情合理合法的,对维护每个人的自由、尊严、安全和权利至关重要。这就是说,需要让高度自主的智能机器成为一个像人类一样的道德体,即道德机器(Moral Machine)。特别值得关注的是在军事领域中的智能机器应用。军用机器人的自主性不断提高,如美国海军的无人机和韩国、以色列等国开发的哨兵机器人。这些机器在未来可能成为真正的"杀人机器",因此有必要制定道德规范,约束它们的行为。确保军用机器人遵守人类公认的道德规范,如不伤害非战斗人员、区分军用与民用设施等,是为了降低潜在危害,维护战争中的人道主义原则。①

尽管实现这样的目标在技术上存在一定的困难,但这并不意味着我们可以忽视道德代码的必要性。相反,正是因为技术上的困难,我们需要更加积极地思考、研究,并推动相关伦理法规的制定,以确保未来的智能机器在其自主行为中能够遵循合理的、道德的、法律的准则。只有这样,我们才能更好地应对自主智能机器的挑战,建立一个技术创新与伦理共存的未来。

四、"道德机器"需要伦理规范与人工智能相交融

随着机器人、智能机器等人工智能系统在日常生活和工作中的广泛应用,如何确保它们遵守人类社会的道德、法律等规范并受其约束成为一个迫切需要解决的问题。实现"道德机器",

---

① ［美］亨利·基辛格:《人工智能的时代与人类未来》,中信出版社2023年版。

即在人工智能系统中嵌入人类社会的法律、伦理规范和价值观，是一项巨大的挑战。解决这一挑战需要思考如何将法律、伦理等要求和规范转化成计算机代码，确保其与人类利益相一致，并使其在不断变化的社会环境中与时俱进。

首先，我们需要问的是，法律、伦理等要求和规范是否可以被转化成计算机代码，即是否存在"道德、伦理的计算机代码"？这涉及到将抽象的道德准则具体化为可以在计算机系统中执行的指令。其次，嵌入人工智能系统的规范和价值应该是什么，以及应该以何种方式将这些法律和道德的要求嵌入到人工智能系统中？这需要综合考虑人类社会的多样性和多元文化，确保嵌入的规范是符合特定社会或团体中特定任务的一套规范。

为了解决这些问题，IEEE（国际电气和电子工程师协会）在2016年底启动了人工智能伦理工程，并发布了《合伦理设计：利用人工智能和自主系统最大化人类福祉的愿景》。该愿景提供了在伦理嵌入方面的指导，为实现机器伦理奠定了基础。IEEE将人工智能伦理的实现分为三个步骤。

第一步是识别特定社群的规范和价值。这要求明确需要嵌入 AI 系统的规范和价值是什么。法律规范相对容易确认，但社会和道德规范通常体现在文化、语言、习俗等方面，更难以确认。此外，若 AI 系统受到多种规范和价值的约束，可能发生冲突，因此需要考虑哪些价值应该被优先考虑。这也涉及到解决数据或算法歧视问题，确保系统具有包容性，不歧视任何群体。

第二步是将发现并确定的规范和价值嵌入人工智能系统。目前存在两种主要路径：自上而下和自下而上。前者利用伦理理论进行分析,指导实现运算法则和子系统的计算,而后者注重为主体创造环境,鼓励实施道德可嘉型行为。嵌入规范需要解决复杂的伦理困境,如自动驾驶汽车在紧急情况下的道德选择。这涉及到人类价值观的复杂性和多样性,以及如何在系统中实现对这些价值的理解和综合。

第三步是评估嵌入人工智能系统的规范和价值是否与人类相符。建立人与 AI 之间的信任涉及透明性和可验证性。在第三方评估方面,需要建立标准,包括机器规范和人类规范的兼容性、AI 的信任度等。此外,解决价值对接问题是评估中的关键问题,因为机器人可能执行其程序,但并不理解人类真正的意图,产生与人类价值相悖的行为。

在实现"道德机器"的过程中,我们不仅需要技术上的突破,更需要跨学科的合作和深入的伦理思考。只有通过伦理道德规范与人工智能技术的融合,才能找到合适的解决方案,确保人工智能系统成为像人类一样善意、正当、合法行为的能动者。

五、智能化战争伦理需要实施综合治理方式

人工智能伦理与道德机器的实现不仅是技术上的挑战,更是一项需要全方位参与和共同治理的跨学科工程。前书中指出了两个主要方面的问题:一是可操作的伦理标准,二是伦理工程的方法论。为了有效应对这些问题,需要综合的治理方式,促使人文学者、技术人员、政府、企业和社会公众等多方参与,实现对人工智能系统的全面规范与监督。

第一,伦理标准的设定至关重要。正如人类通过学习、社会

交往等方式习得道德、法律、伦理等规范一样,机器伦理也需要建立相应的标准。这需要跨学科的对话和交流,确保嵌入人工智能系统的规范是符合特定社会或团体中特定任务的一套规范。同时,解决数据或算法歧视等问题,确保系统具有包容性,需要对弱势群体的利益给予特别关注。第二,伦理嵌入人工智能系统艰巨复杂。不仅需要技术人员的参与,还需要政府监管机构、社会公众等多方的共同努力。为了确保人工智能系统符合人类社会的规范和价值,需要建立事中或事后的监督和制裁机制。政府监管机构的参与是至关重要的,以确保人工智能系统的行为符合伦理规范,同时社会公众的参与也可以起到监督的作用,促使行业更加透明和负责。第三,加快推进《人工智能法》出台。构建人工智能治理体系,确保人工智能的发展和应用遵循人类共同价值观,促进人机和谐友好;创造有利于人工智能技术研究、开发、应用的政策环境;建立合理披露机制和审计评估机制,理解人工智能机制原理和决策过程;明确人工智能系统的安全责任和问责机制;推动形成公平合理、开放包容的国际人工智能治理规则。

人工智能技术的不断突破和应用领域的不断拓展,使人工智能治理逐渐成为一个研究热点。人工智能治理就是指通过政策、法律法规等方式,对人工智能技术及因人工智能发展而可能对社会秩序、伦理道德、价值观念和法律规则等产生冲击而形成的规制和管理。因此,只有通过综合治理方式,各方通力合作,才能应对人工智能伦理面临的复杂挑战,创造一个符合伦理标准的人工智能时代。政府、企业、社会各界以及用户共同参与、各司其职,以适当的角色加入到治理大军之中。政府作为民意的代言人需要牢牢把握人工智能的发展方向,为人工智能产业制定统一安全标准与法律规范;企业作为技术的拥有者需要在人工智能技术研发和实际应用中积极履行社会责任,并以符合人工智能伦理道德的标准自我约束,与同行相互监督;学术界和研究机构提供跨学科的研究支持,社会公众参与,确保人工智能系统的运作符合社会伦理、法律等规范,维护整个社会的公平正义,保护每个个体的自由和尊严。

第四节　反人工智能与人类未来

一、反人工智能的必然性

反人工智能研究是维护国家安全、提高军队战斗效能、减少不确定性,以及确保在人工智能时代军事行动的道德和法律合规性的必要战略部署。这不仅有助于应对当前的挑战,也为未来军事技术的发展提供了必要的指导原则。一是保护军事系统安全。随着人工智能在武器系统、通信、情报分析等方面的应用增多,军事系统变得更加依赖这些技术。研究反人工智能是为了防止对军事系统的攻击和操控,确保其稳定运行。二是应对智能武器威胁。智能自主武器的出现使得战场变得更加复杂和动态。这些武器系统能够自主决策和执行任务,但也可能脱离控制,引发意外或误判。通过研究反人工智能,可以有效减缓智能武器带来的潜在威胁。三是减少信息欺骗风险。人工智能系统可能会被用于制造虚假信息、欺骗对手,甚至误导军事决策。通过研究反人工智能,可以提高对抗虚假信息的能力,确保军事指挥官能够依靠准确的情报做出决策。四是防范智能系统失控。智能系统在执行任务时,可能由于技术故障、错误数据或外部干扰而失控。这种失控可能导致严重后果,包括意外的冲突升级。通过研究反人工智能,可以提高系统的稳定性和可控性,减少不受控制的情况发生的可能性。五是解决伦理和法律问题。军事领域的人工智能引发了一系列伦理和法律问题,包括对平民的伤害、隐私侵犯等。研究反人工智能有助于制定和遵守相关的道德和法规,确保人工智能在军事应用中符合国际法和人权标准。

二、反人工智能的本质

反人工智能的本质是诈与反诈,《孙子兵法》有云:"兵不厌诈""以虞待不虞者胜"。在这场博弈中,发现对手的欺诈行动、同时采取反制措施成为至关重要的任务。然而,面对迷雾重重的欺诈行动,不要过度追求反人工智能的全面性,而是需要学会辨别真伪,在欺诈的迷雾中前进。

反人工智能技术的发展经历了两个关键阶段。初期,大多数技术主要通过误导或混淆机器学习模型或训练数据来实现。这种方法虽然有效,却显得简单而直接。然而,随着神经网络的崛起,对抗神经网络成为了反人工智能技术的另一条技术路径。通过对抗数据周围的神经网络生成反馈数据,使机器学习模型在识别和执行任务时产生错误判断。这使得反人工智能技术更趋于复杂和智能。

反人工智能领域的重要课题是博弈游戏。博弈游戏的信息集分为完整和不完整两类。在完整信息集中，参与者可以全面了解游戏的所有信息，例如，在围棋和象棋游戏中，双方都可以完全了解所有的碎片信息和对手的行动计划。而在不完整信息集中，参与者只能获得部分可见信息。例如，在麻将或扑克中，玩家无法控制另一位玩家的分布或手牌，只能根据当前情况做出最优决策。这种分类对于制定反人工智能策略至关重要，因为不同的信息集决定了反人工智能系统的决策空间。

三、军事领域的反人工智能

人工智能的迅猛发展已经在军事领域掀起了一场全新的革命。而在这场博弈中，反人工智能成为一门关键的技术科学，旨在从多个角度反制对手的人工智能算法和装备。

反人工智能与人类未来

人工智能和反人工智能的本质是相互博弈。反人工智能是在人机协同的条件下,从数据、算法、硬件等角度反制对手人工智能算法、装备的理论、方法和技术。反人工智能的核心任务包括让敌方人工智能失效、误导其人工智能、获取对方人工智能真实意图,甚至进行反击。这一领域的研究涵盖了数据分析、算法破解、硬件干扰等多个层面,通过多方位的手段来破解和应对敌方的人工智能系统。

反人工智能在军事领域的应用已经开始催生一种全新的战争形式。在新世纪的局部冲突中,一些反人工智能军事武器已经初步投入实际战斗,从根本上改变了现代战争的模式和战斗方法。在实际应用中,军队已经开始采用各种反人工智能技术。例如,通过对敌方通信网络进行干扰和入侵,可以使其人工智能失效,降低作战效能。此外,采用虚假信息和欺骗手段,军方还能成功误导对方人工智能,使其产生错误的判断,为我方谋取战略优势。举例来说,一些先进的反人工智能系统已经成功用于电子战争中。通过对抗对手的无人机和智能导弹系统,我方反人工智能系统能够实时感知、干扰和摧毁敌方的无人作战装备。这种能力的发展将在未来的军事冲突中发挥越来越重要的作用。①

四、人工智能、自由信息和独立思考

我们与人工智能的关系应该是怎样的呢?在管理这些领域时,人工智能应该被约束、被授权,还是被当作伙伴?

① 刘伟:《人机融合——超越人工智能》,清华大学出版社 2021 年版。

　　对于信息的传播,特别是故意制造的虚假信息,我们必须认识到它可能带来的损害、分裂和煽动。在这方面,一些限制是必要的,但对于"有害信息"的定义却应该更为精确。若对于有害信息的谴责和打击过于宽松,就可能引发对社会中"自由信息"的反思。在这个问题上,我们需要找到一个平衡点,避免过度压制自由信息传播,同时又有效地防止虚假信息的传播。对于自由信息的监管,我们可以考虑将监管责任交给相关政府机构、小组,或者人工智能算法。如果是政府机构,应该依照公共标准并通过可核查的程序运作,以防止滥用权力。而如果是人工智能算法,必须确保其目标、学习决策和行动清晰,并接受外部审查,同时要考虑满足某种形式的人类诉求。

　　面对人工智能造成的虚假信息,我们也需要保持独立思考。人工智能算法和决策受到设计者的影响,它可以被训练来学习和模仿人类的行为,但并非免疫于错误和偏见。人工智能也可能会被用来有意制造虚假信息,通过深度学习技术模仿人类语言和思维方式,使得虚假信息更加难以辨别。当面对通过人工智能传播的信息时,我们不能盲目地接受,而是要保持独立思考和对信息的辨别力,依赖我们的判断力,审视信息的来源、逻辑和可信度。

五、人类的未来

　　无论你接受与否,人工智能时代都已经到来,人类也终将接受一个碳基结合的未来世界。人工智能技术进步突飞猛进,必将深刻影响人类社会的长远发展。近年来,利用生物医学、外骨骼、脑机接口、人体增强等科技手段,大力研发超越人类生理极限的"超级战士",有关概念构想日趋成熟,正加紧推进项目落实。未来随着大国竞争日趋激烈,大国高端战争准备提速,"超级战士"将逐步走向实战运用。美国防部首次提出"为战争而改造人类"的"超级战士"构想,建议借助高科技手段打造远超人类体能、认知、心理和反应极限的军人,大幅提升未来智能化军队作战的效能。

新世纪,智能化战争的列车正快速行驶,是任由人类的贪婪和科技的强大推向更加残酷的黑暗,还是迈向更加文明和光明的彼岸,这是人类需要思索的重大哲学命题。智能化是未来,但不是全部。智能化可以胜任多样化军事任务,但不是全能。面对文明之间、国家之间、阶层之间尖锐的矛盾,面对自杀式爆炸、群体性骚乱等极端事件,智能化作用仍然有限。[①] 军事实力决定不了政治,但可以影响政治,决定不了经济,但可以为经济发展带来安全。智能化作战能力越强大,其威慑强敌、遏制战争的功能越强,和平就越有希望。

未来智能化战争因技术上的突破、经济利益互利共享的加深,特别是有生力量的对抗逐步让位于机器人之间的对抗、AI之间的博弈,损伤会越来越小,给人类带来了希望。未来人类的身体不再受到创伤,精神不再受到惊吓,财富不再遭到破坏,家园不再遭到摧毁,这是智能化战争发展的最高阶段,也是人类的美好远景!

---

① 吴明曦:《智能化战争时代正在加速到来》,《人民论坛·学术前沿》2021年第10期。

参 考 文 献

1. 亨利·基辛格:《人工智能的时代与人类未来》,中信出版社 2023 年版。

2. 刘伟:《人机融合——超越人工智能》,清华大学出版社 2021 年版。

3. 庞洪亮:《21 世纪战争演变与构想:智能化战争》,上海社会科学院出版社 2018 年版。

4. 石海明:《人工智能颠覆未来战争》,人民出版社 2019 年版。

5.《中国大百科全书·军事》,中国大百科全书出版社 2007 年版。

6. 吴明曦:《智能化战争——AI 军事畅享》,国防工业出版社 2020 年版。

7. 吴明曦:《智能化战争时代正在加速到来》,《人民论坛·学术前沿》2021 年第 10 期。

8. 李大鹏:《我们该如何应对智能化战争挑战》,《中国青年报》2019 年 4 月 4 日。

9. 魏继才:《人工智能对未来战争的深刻影响》,《学习时报》2020 年 4 月 20 日。

10. 朱启超:《人工智能推动智能化战争来临》,《国防参考》2017 年第 4 期。

11. 黄飞跃:《2021 十大人工智能趋势》,《计算机视觉论坛》2021 年 6 月 8 日。

12. 李晓华:《世界主要国家人工智能战略及其产业政策的特点》,《经济日报》2019 年 4 月 17 日。

13.《中共中央政治局就人工智能发展现状和趋势举行第九次集体学习》,新华社,2018 年 10 月 31 日。

14. 安东·拉夫罗夫、阿列克谢·拉姆:《自由飞行员:国防部制定无人攻击机发展计划》,俄罗斯《消息报》2022 年 1 月 10 日。

15. 王凤春:《关注智能化指挥决策新变化》,《解放军报》2022 年 1 月 6 日。

16. 袁艺:《也谈智能化指挥"自主决策"》,《解放军报》2019 年 4 月 18 日。

17. 魏岳江:《有人与无人系统协同作战模板》,《中国航空新闻》2021 年 5 月 18 日。

18. 董治强:《认知域下智能化战争制胜机理》,《解放军报》2019 年 12 月 24 日。

19. 贾珍珍:《智能化战争的作战样式》,《军事文摘》2019 年第 1 期。

20. 郭云飞:《认知域作战进入制脑权争夺时代》,《解放军报》2020 年 6 月 2 日。

21. 沈寿林:《认识智能化作战》,《解放军报》2018 年 3 月 1 日。

22. 杨民军:《智能化战争:"强者胜"的三个维度》,《解放军报》2021 年 11 月 30 日。

23. 刘文术:《探求智能化作战保障实现途径》,《解放军报》2021 年 4 月 28 日。

24. 李明海:《智能化战争的制胜机理》,《解放军报》2019 年 1 月

15 日。

25. 张全礼：《智能化作战的制胜关键有这几点》，《光明日报》2019年 7 月 10 日。

26. 李明海：《快准狠！美军无人机实施斩首行动颠覆传统作战模式》，《国防时空》2020 年 1 月 8 日。

27. 甘林：《未来战争中如何实施"斩首行动"》，《军事文摘》2021 年第 13 期。

28. 刘鹏：《美军马赛克战的"阿喀琉斯之踵"》，《中国国防报》2021年 3 月 1 日。

29. 郭彦江：《美国马赛克战概念发展分析》，《航天防务》2020 年 4月 2 日。

30. 张燕：《博弈论视角下马赛克战的有效性分析》，《国防科技要闻》2021 年 5 月 17 日。

31. 李明海：《认知域正成为未来智能化混合战争主战场》，《环球时报》2022 年 3 月 17 日。

32. 沈文科：《回首纳卡冲突：小国也能打现代化战争》，《解放军报》2021 年 9 月 22 日。

33. 胡鑫：《浅析"灰色地带"与"混合战争"作战理论》，《中国军转民》2022 年第 1 期。

34. 许三飞：《试析混合战争基本构成》，《解放军报》2021 年 8 月12 日。

35. 君谭：《透视混合战争基本特性》，《解放军报》2021 年 8 月19 日。

36. 李锦星：《揭浅析联合全域作战》，光明军事，2021 年 7 月 5 日。

37. 刘杰：《美军"会聚工程 2022"演习展现多域融合、跨域协同新能力》，《航天防务》2022 年 11 月 18 日。

38. 刘昱：《美军"全球公域进入与机动"作战思想》，《军事文摘》2017 年第 3 期。

39. 陈有荣：《全面透视美军"施里弗-3"太空战模拟演习》，《解放军报》2005 年 2 月 23 日。

40. 王涛：《美军"施里弗"太空战系列演习》，《军事文摘》2020 年第 9 期。

41. 李伟强：《元战场与元战争：未来智能化战争的主战场与主要形态》，《军事文摘》2022 年第 21 期。

42. 陈东恒：《元宇宙：未来认知战的新高地》，《解放军报》2022 年 3 月 3 日。

43. 胡乐乐：《军事元宇宙：用途与案例》，《光明日报》2022 年 7 月 10 日。

44. 周小程：《反无人机作战有啥特点》，《解放军报》2020 年 3 月 24 日。

45. 闫晓峰：《智能化时代，人与武器关系如何变化》，《解放军报》2020 年 2 月 25 日。

46. 许春雷：《智能化战争，变化在哪里》，《解放军报》2020 年 1 月 21 日。

47. 潘金桥：《探析智能化作战任务式指挥》，光明军事，2021 年 7 月 16 日。

48. 邹力：《智能化作战应"化"在哪里》，《解放军报》2019 年 1 月 24 日。

49. 训必实：《加快构建新型军事训练体系》，《解放军报》2021 月 1 月 7 日。

50. 王涛：《疫病蔓延与军事训练的未来——分布式虚拟训练解决方案》，《知远战略与防务研究所》2020 年 3 月 31 日。

51. 陈云雷:《如何抓好智能化装备保障训练》,《解放军报》2020 年 8 月 25 日。

52. 刘海江:《提高军事训练的智能化程度》,《解放军报》2021 年 2 月 25 日。

53. 王云宪:《智能化作战呼唤智能化训练》,《解放军报》2018 年 8 月 23 日。

54. 王鹏:《把握智能化战争特点规律,推动智能化训练创新发展》,《国防科技》2019 年第 1 期。

55. 吴思亮:《不断提升军事训练保障水平》,《解放军报》2021 年 2 月 4 日。

56. 季自力:《智能化时代战场建设的发展趋势》,《军事文摘》2019 年第 5 期。

57. 刘玮琦:《"三深"作战——制胜未来的新样式》,《学习时报》2018 年 3 月 29 日。

58. 常河:《中国科研人员成功验证构建天地一体化量子通信网络的可行性》,《光明日报》2021 年 1 月 7 日。

59. 谢涛:《国防信息化装备展:军民融合路径多》,《中国贸易报》2021 年 10 月 28 日。

60. 张杰:《智能化战争条件下的战斗文化》,《学习时报》2018 年 2 月 7 日。

61. 文力浩:《人工智能给军事安全带来的机遇与挑战》,《信息安全与通信保密》2021 年第 5 期。

62. 诸杨帆:《智能化战争会带来哪些"副作用"》,光明军事,2021 年 6 月 5 日。

63. 刘玮琦:《智能化战争大幕拉开》,《解放军报》2018 年 5 月 17 日。

64. 吴明曦:《现代战争正在加速从信息化向智能化时代迈进》,《科技中国》2020 年第 5 期。

65. 金宁:《美军"算法战"能否改写现代战争规则》,《军事文摘》2018 年第 13 期。

66. 陈曦:《智能化情报手段对大国战略稳定的影响评估》,《情报杂志》2021 年第 6 期。

67. 谭雪平:《云技术将引发作战指挥革命》,《中国国防报》2017 年 6 月 29 日。

68. 张清亮:《边缘计算,助力军事智能化》,《中国国防报》2019 年 5 月 21 日。

69. 付翔:《人工智能支撑马赛克战机理研究》,《航空兵器》2020 年 9 月 16 日。

70. 李小历:《警惕"星链"的野蛮扩张和军事化应用》,《国防科技工业》2022 年第 5 期。

71. 郭若冰:《深刻认识和科学应对混合战争》,《军事文摘》2023 年第 3 期。

72. 李孟远:《无人化作战还需要"超级战士"吗》,《解放军报》2020 年 4 月 21 日。

73. 戚建国:《把握战争形态演变的时代特征》,《解放军报》2020 年 1 月 16 日。

74. 何雷:《智能化战争并不遥远》,《解放军报》2019 年 8 月 8 日。

75. 胡剑文:《智能化作战指挥形态有啥特点》,《解放军报》2019 年 10 月 8 日。

76. 吴蕾:《增强联合作战　筹划智能化应用》,《解放军报》2020 年 9 月 24 日。

77. 梁蓬飞:《努力开创新时代军事训练新局面》,《解放军报》2018

年 2 月 1 日。

78. 洪镜涛:《关注智能化训练的变与不变》,《解放军报》2020 年 12 月 8 日。

79. 王行自:《推动军事训练智能化发展》,《中国社会科学报》2018 年 2 月 1 日。

80. 张瑷敏:《让未来战场扑面而来》,《解放军报》2019 年 4 月 7 日。

81. 王云宪:《加快构建高水平训练保障体系》,《解放军报》2021 年 1 月 5 日。

82. 赵明:《搭上军事智能化发展的快车》,《解放军报》2017 年 11 月 14 日。

83. 柴山:《智能化战争的制胜精髓》,《解放军报》2019 年 6 月 4 日。

84. 陈岳:《理论创新引领军事变革》,《解放军报》2016 年 3 月 22 日。

85. 吴明曦:《虚拟空间技术:道是无形却有形》,《解放军报》2020 年 5 月 15 日。

86. 戚建国:《抢占人工智能技术发展制高点》,《解放军报》2019 年 7 月 25 日。

87. 徐林:《军事安全遭遇新变局新挑战》,《解放军报》2018 年 11 月 8 日。

88. 李明海:《推演智能化战争面貌》,《解放军报》2019 年 4 月 2 日。

89. [美]克里斯·米勒:《芯片战争》,浙江人民出版社 2023 年版。

90. [美]保罗·沙瑞尔:《无人军队:自主武器与未来战争》,世界知识出版社 2019 年版。

91. [美]罗伯特·H.拉蒂夫:《未来战争:科技与全球新型冲突》,中信出版社 2019 年版。

92. [美]亨利·基辛格、埃里克·施密特:《人工智能时代与人类未来》，中信出版社 2023 年版。

93. ［美］凯伦·Z.海格、朱莉娅·安德鲁森科:《认知电子战中的人工智能方法》，国防工业出版社 2023 年版。

94. ［意］菲利普·奈里:《电子防务系统导论》，国防工业出版社 2018 年版。

95. ［美］雷·库兹韦尔:《如何创造思维》，浙江人民出版社 2016 年版。

96. ［美］萨姆·J.坦格里迪、乔治·高德瑞斯:《大数据、人工智能和机器学习如何改变海战》，电子工业出版社 2023 年版。

后　记

　　中华民族伟大复兴需要一支强大的军队,而军队强大必须有先进理论引领支撑。尤其在智能化时代,战争理论发展快慢直接关系军事发展速度,关乎国家安危和前途命运。哪怕只是普通教研工作者,也有责任为此有一份光发一份热。战争理论的创新艰巨而复杂,一直处于超越和被超越的常态,本书受作者理论积累、素材来源、能力水平的局限,存在一定的缺陷与不足,但由衷的期望本书能为广大读者提供启示与借鉴,也盼望专家学者能在本书的基础上继续研究创新,为我国智能化战争理论的创新再添佳作。

　　行书至此,对智能化战争的阐述也告一段落,回顾成书的历程深感不易,萌生撰写此书的想法始于 2015 年,以作者在《参考消息》和《解放军报·军事论坛》发表的系列智能化战争理论文章为起点,通过历时八年对国内外相关研究的广泛学习和在教学科研中的长期思考,数易其稿,玉汝于成。撰书过程虽艰辛苦楚,如同思想在浩瀚的星空,用滚烫的文字飘落在空白的书稿中,唯恐有散落和错漏之处,但看到本书斐然成章的一刻深感慰藉。

本专著从立项到出版（项目编号：20CDJ30242C）撰写多年。感谢军内外的有关领导、学者近年来对智能化战争的研究，为本书撰写提供了借鉴与指导，特别是本院杨旭光院长、刘泉政委，庞宏亮主任等领导以及吴明曦研究员和石海明副教授的大力支持，因人数众多在此不一一列举。

2015 年 12 月 22 日—2024 年 8 月 29 日

北京红山口

责任编辑:刘敬文
封面设计:王欢欢

图书在版编目(CIP)数据

智能化战争论:重塑人类认知的智能化战争机理与演变趋势/李明海 著. —
　北京:人民出版社,2024.6(2025.1 重印)
ISBN 978－7－01－026442－4

Ⅰ.①智… Ⅱ.①李… Ⅲ.①高技术战争-研究 Ⅳ.①E866

中国国家版本馆 CIP 数据核字(2024)第 065146 号

智能化战争论

ZHINENGHUA ZHANZHENGLUN

——重塑人类认知的智能化战争机理与演变趋势

李明海 著

人 民 出 版 社 出版发行

(100706 北京市东城区隆福寺街 99 号)

中煤(北京)印务有限公司印刷 新华书店经销

2024 年 6 月第 1 版 2025 年 1 月北京第 3 次印刷
开本:710 毫米×1000 毫米 1/16 印张:27.5
字数:300 千字

ISBN 978－7－01－026442－4 定价:65.00 元

邮购地址 100706 北京市东城区隆福寺街 99 号
人民东方图书销售中心 电话 (010)65250042 65289539